UM CORPO PARA COMPREENDER E APRENDER

LEITURA INDICADA

O corpo: território do sagrado, 2ª ed.
Evaristo E. de Miranda

Pesquisa na escola — o que é, como se faz, 6ª ed.
Marcos Bagno

Psicologia para professores
David Fontana

Relação professor-aluno — o que é, como se faz, 2ª ed.
Pedro Morales

Véronique Girard
Marie Joseph Chalvin

Um corpo para compreender e aprender

Edições Loyola

Título original:
Un corps pour comprendre et apprendre

ISBN: 2-09-177878-8

Ilustrações de Marc Chalvin

Tradução:
Maria Stela Gonçalves
Adail Ubirajara Sobral

Preparação:
Silvana Cobucci Leite

Revisão:
Renato Rocha Carlos

Edições Loyola
Rua 1822 nº 347 – Ipiranga
04216-000 São Paulo, SP
Caixa Postal 42.335 – 04299-970 – São Paulo, SP
☎: (0**11) 6914-1922
📠: (0**11) 6163-4275
Home page e vendas: www.loyola.com.br
Editorial: loyola@loyola.com.br
Vendas: vendas@loyola.com.br

ISBN: 85-15-02218-4

Agradecimentos

Esta obra é fruto de uma eficaz e enriquecedora colaboração e não teria vindo à luz sem a qualidade dos intercâmbios — ajuda, atenção, escuta — que se estabeleceram entre nós. Expressamos nosso reconhecimento a Suzanne Mollo, que orientou Véronique Girard em sua tese, Apprentissage ou apprentis-sage, *origem deste livro. Os conselhos de Suzanne foram uma ajuda valiosa e um estímulo a aprimorar seu olhar e sua redação.*

Devemos muito também a:

— Françoise Lereboullet Bourgeat — especializada em adolescentes no serviço mantido pelo Dr. V. Courtecuisse (no centro hospitalar universitário de Kremlin-Bicêtre) —, que nos aconselhou e orientou na redação do capítulo 7: "A adolescência ou o corpo transformado";

— Paul Alart, professor no SUAPS (Service Universitaire des Activités Physiques et Sportives, Universidade de Paris V), que nos forneceu o ponto de vista de um especialista em Educação Física sobre o lugar do corpo na escola;

— Georges Schaller, que nos ensinou alguns exercícios para alcançar ao mesmo tempo concentração e serenidade.

Agradecemos-lhes por terem dedicado uma parte de seu tempo para nos fornecer documentos, responder a nossas perguntas e nos orientar de acordo com suas especialidades.

Manifestamos também nossa gratidão a Chantal Girard, por seu apoio moral e logístico, e a Hélène Magnier, cujo profissionalismo tornou esta obra atraente.

SUMÁRIO

PREFÁCIO

Numa época em que os meios de comunicação enaltecem o culto ao corpo, em que produtos "light" e institutos de beleza invadem o mercado, em que se multiplicam academias de ginástica e a reeducação e as terapias corporais estão em alta, nossas escolas ainda seguem um modelo tradicional e a classe ainda conserva o mesmo dispositivo do século XVIII, quando Kant observou: "Enviamos as crianças à escola não para que aprendam alguma coisa, mas para que ali se habituem a ficar tranqüilamente sentadas e a observar pontualmente o que lhes é ordenado".

Ainda hoje, inúmeros pais de alunos e professores pensam que imobilidade do corpo e vivacidade do espírito caminham lado a lado, são indissociáveis. Como no tempo de Kant, os comportamentos e as atitudes se perpetuam, ignorando as mensagens do corpo. Em contrapartida, espera-se ter condições de ensinar alguma coisa aos alunos. Para garantir seu sucesso, mestres e professores, concentrados no saber, procuram transmitir-lhes bons hábitos, condicionando-os à estabilidade e à calma. Reproduzem assim o modelo que conheceram. Como constatam que seus melhores alunos se adaptam a ele sem problemas, empenham-se em impô-lo a todos.

Embora a meta da maioria seja chegar à universidade, os alunos não apresentam um único perfil: seu olhar, o espaço em que se movem não é o mesmo, os processos de aprendizagem se alteraram. Muitos dentre eles[1] *apreendem as noções abstratas graças à comuni-*

1. Em sua obra *La Fatigue à l'école* (5. ed., Paris, ESF, 1987, p. 97), G. Vermeil assegura que cerca de 30% dos alunos têm facilidade e obtêm sucesso na escola, enquanto os 70% restantes não conseguem adaptar-se de maneira satisfatória.

cação corporal, gestual e afetiva. O esforço para se manter quietos os deixa tensos, cansados, limita-os, sem contudo melhorar seu rendimento. Ansiosos e frustrados, sua energia contida transforma-se em agitação e violência. Para evitar esses desvios, os professores reforçam os limites do corpo e multiplicam as proibições, sem resultado.

Ao fazer "sempre mais da mesma coisa"[2]*, ao querer transformar os alunos em "máquinas de saber", a escola não os estará impedindo de aprender?*

Levando em conta as contribuições da ergonomia e do estudo da fadiga muscular e nervosa, este livro enfatiza o lugar do corpo, o papel do espaço e dos limites no processo de aquisição de conhecimentos. Apresenta assim pistas para melhor compreender as dificuldades escolares e ajuda a encontrar o meio-termo entre liberdade e coerção em sala de aula, para permitir que cada aluno descubra o modo de trabalho que facilite sua aprendizagem.

O corpo também revela os sentimentos indizíveis, as pulsões e contradições. Estudando a linguagem do silêncio, mostrando como "ouvir" o corpo — gestos, movimentos, voz, emoções —, este livro se propõe ajudar os que desejam compreender o que não é verbalizado, as dificuldades e conflitos e ensina a tornar a comunicação mais eficaz.

A leitura do corpo, do maternal à adolescência, evidencia o papel dos condicionamentos e das regras na aquisição da aprendizagem: corpo travado, cérebro embotado. As entrevistas de crianças do ensino fundamental[3] *são bem significativas: para aprender, não podemos ignorar nosso corpo. Crianças que "convivem" bem com seu corpo, um professor satisfeito com seu trabalho: eis o segredo para o sucesso de todos na escola.*

---

2. Fórmula criada por P. Watzlawick, da chamada escola de "Palo Alto", exposta em *Changements*, cap. 4.

3. Privilegiamos aqui as entrevistas e as fotos de alunos da primeira etapa do ensino fundamental, que ainda não são condicionados. Eles permanecem espontâneos e naturais para falar de seu corpo; ainda não têm o pudor e a vergonha dos alunos de ginásio, em plena adolescência.

1

DO CORPO IGNORADO AO CORPO DECIFRADO

O pediatra Guy Vermeil foi um dos primeiros a aplicar os conhecimentos de ergonomia ao estudo das condições do trabalho escolar. Em seu livro La fatigue à l'école[1]*, ele lançou um grito de alerta, afirmando que as dificuldades escolares tornaram-se um problema de saúde pública. Empenhando-se em fazer da escola não apenas um lugar de instrução mas também um espaço de formação que leve em conta o corpo, o caráter e a inteligência, Vermeil deseja que os professores pratiquem a verdadeira pedagogia, isto é, a arte de formar o homem.*

Os professores, por sua vez, sentem que é cada vez mais difícil realizar seu trabalho, embora não compreendam bem por quê. São muitas as dificuldades com que deparam: físicas, psicológicas, culturais, sociais, políticas...

O corpo transmite inúmeras mensagens a quem sabe escutar, e o cansaço físico e mental põe o professor e seus alunos em dificuldades. Esta obra se dedica ao estudo da linguagem do corpo com a ajuda de três instrumentos: a ergonomia, a cinesiologia e a Gestalt.

---

1. G. Vermeil, *La fatigue à l'école*, op. cit.

O CORPO NA CLASSE

História da correção corporal

Depois que "São Carlos Magno" inventou a escola, os alunos, no Ocidente, foram obrigados a se adaptar e a aceitar as regras impostas. Seu corpo é modelado por nossas práticas cartesianas.

A ABORDAGEM OCIDENTAL E CARTESIANA DO CORPO

Na linguagem comum, o corpo é a entidade orgânica, visível. Trata-se do corpo físico: volume no espaço, estrutura móvel capaz de se dobrar, de se estender, de se fechar, de se abrir. É a parte material, o aspecto exterior, considerado sobretudo a partir de seu funcionamento interno:

— o corpo anatômico e fisiológico considerado pelos médicos;
— o corpo mecânico da maioria das disciplinas esportivas;
— o corpo analisado pelos higienistas do século XIX em seus estudos biológicos ou mecanicistas.

Em todos os casos, o especialista deve garantir o bom funcionamento motor do corpo para que ele tenha eficácia e rentabilidade. Mas trata-se de **um corpo dividido, fragmentado em elementos justapostos**, que perdeu a alma e a unidade como no conceito cartesiano: "Entendo por corpo tudo o que pode ser sentido pelo tato, pela visão, pela audição, pelo paladar ou pelo olfato; que pode ser movido de várias maneiras"[2]. Muitos professores ainda adotam essa definição e, dessa forma, separam corpo de espírito, aptidões físicas de aptidões intelectuais.

A ABORDAGEM ORIENTAL: UMA LEITURA GLOBAL

A abordagem oriental do corpo humano, em contrapartida, destaca que nosso corpo não é somente um objeto físico e observável em si. Há

2. Id., ibid..

diversos meridianos do sistema nervoso que não têm existência material e se apresentam na forma de fluxos energéticos que circulam por todo o corpo, da cabeça aos pés, da parte frontal à parte dorsal, de um lado ao outro... Tais meridianos **fazem a ligação entre as diferentes funções do corpo: anatômicas, orgânicas, fisiológicas**.

Para os orientais, é no ventre, ponto de convergência de todas as energias, que se situa o centro em que "o espírito do homem se une a seu corpo". No Ocidente, porém, sobretudo a partir do Renascimento, o interesse se dirige para a cabeça e para as funções intelectuais.

A abordagem oriental leva em conta essa dualidade das relações, não para transformá-las em duas entidades opostas, mas principalmente para mostrar sua complementaridade original, que inscreve o indivíduo numa unidade vivida que não se limita ao invólucro corporal, estendendo-se para além dele a fim de inscrever o homem em sua relação cósmica com o céu e a terra, com os elementos do alto e os de baixo.

O Ocidente tem-se interessado cada vez mais por essa abordagem, que permite analisar o envolvimento do corpo nas realizações mentais e intelectuais. **A abordagem global das posturas** permite compreender as implicações motoras da postura sentada, identificar as ligações e qualificá-las a partir dos indicadores de leitura obtidos: contração dos músculos, bocejos, distensões, retrações etc., sinais de fadiga ou de vivacidade, de bem-estar ou de indisposição, de agitação ou de calma.

Enfim, uma análise mais detalhada, que leve em conta as contribuições de diversos domínios, permite compreender melhor os efeitos internos dos sinais percebidos e dos processos que levam à sua instalação. Foi nesse sentido que a história da pedagogia evoluiu.

1 O corpo tem sua história

Em *Le Corps redressé*, G. Vigarello[3] pinta um vigoroso afresco da educação corporal ao longo das épocas. Ele descreve as diferentes concepções do corpo, da Idade Média aos nossos dias, e de suas inci-

3. G. Vigarello, *Le corps redressé*, Paris, Jean-Pierre Delarge, 1978.

dências sobre a pedagogia. Da opressão à libertação — mas não é tão simples assim. Cada época define posturas ideais que ditam as respectivas pedagogias.

Da Idade Média ao século XVIII: um corpo ereto para ser admirado

Até o século XVIII, a sociedade mostra-se disposta a **endireitar o corpo,** em todos os sentidos do termo. A moral e as sanções devem vencer a lassidão; os valores estéticos contrariam o fraco e o disforme.

- Na Idade Média, a força tem a primazia, e o cavaleiro, valente e robusto, está perdido em caso de doença. Na corte, recomenda-se às mulheres que andem "bem eretas", sem correr nem saltitar, evitando olhar para os lados. A postura ereta deve ser acentuada pelo olhar. Evitam-se assim os exageros, suprime-se a gesticulação.
- No século XVI, controla-se mais estritamente a postura e a posição ereta. "Saiba que os homens anseiam pela beleza, pela proporção e pelo decoro." Os preceitos relativos ao endireitamento do corpo tornam-se mais rígidos. Depois da cota de malha, do corpete apertado, surge o espartilho, que modela o peito e segura as costas para criar a forma que os padrões estéticos exigem, indiferente às doenças e aos desmaios.
- No século XVII, a regra e a ordem regem o comportamento a ponto de torná-lo artificial. É preciso se "mostrar". Desaparece toda a espontaneidade; o corpo ereto assume um sentido claramente social. A criança é enfaixada, com o objetivo de prepará-la para ficar de pé e evitar que fique corcunda ou disforme. Ajustam-na em roupas apertadas e, se ela se desvia, cingem-na com um espartilho.

No âmbito pedagógico, o exercício ainda é moderado mas possível. Contudo, as atividades propostas concorrem para aperfeiçoar a postura ereta. Procura-se **fixar o corpo do aluno para ajudá-lo a dominar suas paixões**, impedir exageros e turbulências. A tática consiste em circunscrever materialmente o corpo, na verdade deixando-o travado; esses entraves visavam reter a criança, como prolongamentos imediatos da mão do professor.

Do século XVIII à metade do século XX: um corpo saudável e domesticado

Alterando inteiramente essa concepção do corpo cingido e modelado, o século XVIII **exalta o músculo**, a liberdade de movimento na roupa, a força viril. Mas não abandona a idéia do corpo sem defeito; pelo contrário! É preciso corrigir o corpo, o que se fará por meio do exercício.

"Nossos hábitos interrompem a atividade da nossa admirável máquina", diz Rousseau; é necessário azeitar suas engrenagens. A partir de 1830, os homens bem-nascidos freqüentam ginásios. Nasce a **ginástica, "ciência dos nossos movimentos"**: o ginasta torna-se o especialista do corpo, cuja harmonia e higiene são enfatizadas.

Essa libertação do corpo ainda não influencia a pedagogia, assombrada pela escoliose (decorrente das más posturas diante do púlpito ou da mesa do professor) e pela tuberculose. Não apenas se domestica o corpo, mas **age-se sobre o estado de espírito**, cuida-se de **disciplinar os rebeldes** e **civilizar os rústicos**: do modo de vestir à postura, das regras de etiqueta à correção da linguagem (despida de seu sotaque), a vigilância deve ser permanente. Procuram-se erradicar tanto as malformações como os comportamentos inconvenientes:

> O professor "não permitirá que seus alunos se sentem em má postura, apóiem o peito contra a mesa, mantenham os olhos muito perto do livro, a fim de combater a miopia. [...]
>
> Curvar-se pode prejudicar a saúde facilmente, raras vezes se escondem as mãos com uma boa intenção"[4].

O argumento higienista ordena **a correção** e **a vigilância das posturas** no interior da sala de aula. Procura-se prevenir e curar, e isso acarreta um aumento de rigidez. Para onde foram as reivindicações de J.-J. Rousseau em prol da liberdade de movimento e a luta contra as "opressões" do vestuário?

4. L. Leterrier, *Programme instructions — Répartitions mensuelles et hebdomadaires*, Paris, Hachette, 1954.

UM MOBILIÁRIO ESCOLAR QUE FAVORECE O CORPO ERETO

Na segunda metade do século XIX, o corpo, assim como todos os objetos que o tocam ou a ele se referem serão submetidos a um trabalho de estruturação. Pouco a pouco, com o objetivo de se tornar mais funcional, a disposição da sala de aula passa a privilegiar a vigilância e a rigidez. Os longos bancos e mesas com duas ou três alturas diferentes, que comportam dez alunos, testemunham as primeiras tentativas de adaptação do espaço escolar. O mobiliário é responsabilizado pelos comportamentos repreensíveis dos alunos.

> "Muitas vezes tende-se a atribuir essas más atitudes à preguiça e à indolência dos alunos ou à negligência dos professores. A verdade é que elas são o efeito inevitável de um mobiliário escolar inadequado."[5]

A partir da Exposição Universal realizada na França em 1857, surgem as primeiras propostas de produção de um mobiliário escolar próprio e de organização mais racional da sala de aula. Pouco a pouco, vai-se constituindo uma **indústria das mesas e dos bancos**, que mistura **preocupação com a ordem e com a boa postura**, precedendo de algumas dezenas de anos a organização científica do trabalho concebida por Taylor para as fábricas Ford.

2 A ginástica obrigatória na escola (1880)

A ginástica, obrigatória nas escolas francesas desde 1880, é investida de múltiplas tarefas: domesticar o corpo, organizar os grupos, desenvolver o tórax por meio de movimentos respiratórios que favoreçam a combustão, discernir as deficiências, as anomalias, as taras. Costuma ser tão rigorosa e tão normativa **que está mais voltada para a ordem militar** e para a autoridade científica **do que para o desenvolvimento do corpo**.

HIGIENE E ORDEM

A ginástica continua o trabalho realizado nas salas de aula: "É preciso aproveitar esse conjunto de alunos reunidos para corrigir sua pos-

5. Id., ibid..

tura". As crianças devem ser acostumadas a assumir uma postura correta. **A prática de movimentos visa cultivar a atenção e a obediência**, hábitos que serão conservados pelos alunos na sala de aula. Lentamente surgem interditos para ajustar as distâncias, enfatizam-se as conveniências e tenta-se regulamentar, o mais amplamente possível, o comportamento dos que praticam ginástica.

Todo contato com o corpo da criança é objeto de suspeita. A mão do professor deve manter-se numa neutralidade instrumental. Esse **distanciamento** é pensado não somente no âmbito de eventuais ressonâncias afetivas ou sociais, mas também no de um reforço racionalizado do olhar sobre o grupo. As ordens, as indicações e imagens que as acompanham, a padronização de posições e movimentos precisam ser concisas a ponto de o mestre poder desencadear correções de postura apenas com sua voz.

Vigor e energia

As instruções dadas aos professores nos programas de educação física publicados na França em 1954, a partir de instruções de 1923, conservam as mesmas preocupações: higiene e ordem[6].

6. Id., ibid..

> "Todos devem se convencer de que a educação física não pode se constituir em disciplina acessória que possa ser tratada sem nenhum critério. [...]
>
> Vigiar a postura das crianças em seus bancos e em sua mesa, sugerir, em recreação, uma atividade física proveitosa; buscar também, sempre que possível, uma certa solidariedade entre os exercícios intelectuais e os exercícios físicos; cuidar da higiene alimentar, da ventilação da classe etc. é duplicar a eficácia das aulas especializadas que são necessária mas infelizmente demasiado reduzidas diante da atenção que requer a saúde da nossa juventude. [...]"

A partir de 1923, insiste-se contudo no equilíbrio e na harmonia; a educação física perdeu seu aspecto militar e restritivo:

> "Além da influência que exerce na educação intelectual, ao renovar a atenção, e na educação moral, ao disciplinar a vontade, a educação física se propõe, na escola primária, um duplo objetivo: corrigir as posturas defeituosas que o trabalho escolar impõe com muita freqüência ao corpo da criança e desenvolver suas qualidades físicas, sua força, sua destreza, sua agilidade".

Recomenda-se uma roupa adaptada à disciplina, mas as tentativas ainda são tímidas:

> "A criança que se apresenta à aula de educação física deve ter plena liberdade de movimentos; deve ficar livre de sua boina, de seu colarinho, de sua gravata; no curso da aula, ela se despirá progressivamente, se a temperatura o permitir. Ela deverá usar sapatos que não a impeçam de correr ou de saltar".

A educação física não é negligenciada nas escolas de meninas, ainda que o objetivo não seja propriamente o mesmo: a graça convém às meninas; a força, aos meninos:

> "Tudo o que acabou de ser dito convém tanto às meninas como aos meninos. Cabe aos professores escolher os jogos e movimentos mais apropriados ao sexo feminino, os que conferem agilidade e graça mais do que os que dão força. Sempre que possível, procurar-se-á, nas escolas de meninas, associar a música à ginástica".

A correção corporal justifica-se agora sobretudo como empreendimento encarregado de tornar mais proveitoso o ensino da escola. Corrigir as desarmonias posturais, indicar e garantir a postura ereta é conduzir os alunos a aproveitar melhor os ensinamentos propostos ou, mais simplesmente, a ter melhores condições de suportá-los.

3 O corpo tem a palavra: de 1950 aos nossos dias

Em nossa época, a partir da Segunda Guerra Mundial e da "liberação" de maio de 1968, a ideologia se modificou, evoluiu. A psicologia desceu às ruas. Hoje levam-se em conta primordialmente as relações, e o discurso focaliza a higiene corporal. A idéia central é expressa inteiramente pelo *slogan* "**Mens sana in corpore sano**".

Viver seu corpo

O indivíduo é estimulado a desenvolver a auto-afirmação, a reexaminar as restrições a que está submetido, selecionando as que são úteis para se livrar dos outros e se libertar assim de contingências inúteis. Cada um se torna **consciente de seu corpo e responsável por ele**. É convidado a prestar atenção às mensagens e informações enviadas pelo organismo, a experimentar bem-estar, indisposições, indícios diversos, para fazer desaparecer toda crispação, toda tensão. O mal deve falar a partir do interior do corpo: é preciso **viver seu corpo!**

O objetivo continua a ser, como em 1923, a harmonia, mas ela se torna pessoal e individual, não mais se molda numa silhueta exemplar, reta como um "i", mas num **corpo desenvolvido**.

Eliminar as tensões

Por isso a pedagogia atual é mais solta. A ginástica busca mais flexibilizar que endireitar. Ela leva em conta mais o **prazer de mover** os músculos **que o domínio** do corpo. As novas técnicas de expressão corporal procuram liberar as pulsões, e os professores de educação física estudam psicologia. Já não se trata de endireitar, mas de se abandonar, de sentir, **de eliminar as tensões** acumuladas, de desfazer os nós que nos crispam os músculos, de recuperar a espontaneidade dos gestos, de **dar a palavra ao corpo** para nele ler a história oculta do inconsciente e dos afetos.

Os professores insistem mais na tomada de consciência do corpo e na descoberta da melhor posição descontraída, no domínio da cinestesia:

> "Já não se trata mais de educar numa postura única, mas de atrair a atenção do aluno para os meios de controlar sua postura. O aluno deve tornar-se sensível ao que acontece em si mesmo. [...] Tratar-se-á, por exemplo, de habituar a criança a recuperar sua posição correta sem recorrer à visão, de olhos fechados, depois de fazê-la assumir diversas posturas que se afastam de sua posição normal".
>
> Se se constata que "a coluna vertebral apresenta enrijecimentos, pontos de bloqueios, ou é sede de dores [...], é preciso agir para lhe devolver uma mobilidade normal"[7].

Os professores também são incentivados a conhecer o histórico familiar de seus alunos, a detectar os traumas que podem estar na origem de bloqueios prejudiciais às aprendizagens cognitivas. Mas a libertação do corpo é efetiva?

Conforto material e vazio afetivo

Nunca se fez tanto pelo conforto dos alunos em sala de aula; ao menos é o que se pensa. No entanto, as condições de trabalho na escola nunca foram tão criticadas. O que acontece exatamente?

As classes têm mesas e cadeiras mais bem adaptadas; as aulas são mais curtas; as pausas e recreios, mais freqüentes; as férias, mais longas e mais bem repartidas no ano; a roupa não é mais imposta, o uniforme desapareceu, a flexibilidade e a escolha permitem que cada aluno expresse livremente sua personalidade; os professores costumam reconhecer o direito ao cansaço, ao movimento e à expressão corporal e verbal... O que mais querem as pessoas?

O **conforto material** dado pela escola de fato **progrediu de maneira espetacular**, mas **a frustração aumentou ainda mais**.

7. Id., ibid..

- Os jovens aspiram a ter "sempre mais" bens materiais. Seus pais, com freqüência ausentes, às vezes separados, fazem o máximo para realizar seus desejos. Algumas crianças vivem assim numa relativa abundância e numa vida afetiva empobrecida. Infelizes e insatisfeitas, elas buscam preencher esse vazio.
- Uma parcela de jovens, sonhando em possuir o último equipamento da moda, cobiça as mercadorias expostas nas prateleiras dos supermercados. Alguns quebram e roubam o que não podem conseguir legalmente: a jaqueta ou a caneta do vizinho de classe, sua mesada...
- Grande número vive na **insegurança**, seja porque seus pais estão desempregados, ou porque o ambiente é ameaçador, porque seus resultados escolares são catastróficos ou porque têm medo de não conseguir emprego.
- Eles **já não obtêm o reconhecimento** que esperam do seu círculo de amizades. **Não se confia neles** na escola nem, muitas vezes, em casa. Quando os meios de comunicação os reconhecem, quase sempre o fazem por causa de suas dificuldades ou da violência de alguns deles. Essa violência latente amedronta os professores, que procuram impedir que ela se manifeste, mantendo-os mais severamente sentados e imóveis, quando eles não conhecem limites fora da escola.
- Enfim, os **sombrios horizontes** que nossa sociedade oferece aos jovens não são favoráveis ao desenvolvimento e à realização pessoais. Quando eles manifestam o desejo de realizar alguma coisa, recebem com freqüência respostas desanimadoras... Ninguém engana mais...

Por todas essas razões, os jovens que freqüentam a escola são frustrados. A frustração gera o desejo de viver melhor, o tédio, a agressividade e a violência. Se seus corpos gozam de certo conforto, sua alma está ferida, e isso se reflete em sua saúde e em seu equilíbrio físico.

É por isso que este livro se interessa pelo corpo, tanto do aluno como do professor, para ajudá-los a melhor viver juntos e fazer que se reduzam o cansaço corporal e a frustração psicológica, ensinando-lhes a identificar os sinais não-verbais.

A ERGONOMIA:

Uma ciência preocupada com o corpo

O estudo do trabalho humano sempre existiu, já que sempre se desejou melhorar, mais ou menos, as condições do trabalho para preservar os trabalhadores do cansaço e dos acidentes. A ergonomia tornou-se **uma disciplina científica** há pouco tempo. O termo foi empregado pela primeira vez por um polonês[8], em 1857, mas só cem anos mais tarde um inglês, Murrel, fez que essa disciplina fosse reconhecida. A Société d'Ergonomie de Langue Française surgiu em 1963. A ergonomia desenvolveu-se quase exclusivamente nas empresas. Com exceção de algumas experiências isoladas[9], ela entrou timidamente na escola, por intermédio do mobiliário escolar. Alguns médicos que atendem escolas se interessam por ela, mas os professores nada conhecem dessa disciplina científica.

1 A ergonomia ou a adaptação do ambiente ao indivíduo

UMA PRÁTICA PRAGMÁTICA

A ergonomia agrupa sob sua designação todas as ciências relativas ao trabalho humano[10].

8. W. Jastrzcbowski, *Esquisse de l'ergonomie et science du travail basée sur des vérités prises de l'science da la nature*, apud A. Laville, in *Ergonomia*, São Paulo, EPU, s.d.).

9. Há vários anos, arquitetos e psicossociólogos se interessam pelos ambientes da pedagogia. No início, tiveram o apoio do Ministério do Ambiente. Eles adaptam os espaços e o mobiliário para atender às necessidades dos alunos e aos projetos dos professores.

10. O que segue é inspirado em P. Bugard, *Stress, fatigue, dépression*, tomo 1, Paris, Doin, 1974.

— **a fisiologia do trabalho**, que estuda os meios do trabalho: ferramentas, móveis, deslocamento de volumes... Para o estudante: a mesa e a cadeira, a lousa, a mochila, a caneta;

— **a psicologia do trabalho**, que se interessa pelas percepções, pelas capacidades de atenção e de compreensão... Para o estudante: é ele visual, auditivo ou cinestésico? Tem boas faculdades de atenção, uma memória declarativa ou procedimental?

— **a higiene do trabalho**, que estuda os locais, o ambiente e as condições de trabalho... Para o estudante: sala de aula muito pequena para o número de alunos, divisórias muito finas, o que provoca um barulho excessivo ou uma elevação da temperatura além do permitido;

— **a organização científica do trabalho**, que estuda o tempo, os movimentos e deslocamentos, as pausas e sua incidência sobre a qualidade da tarefa realizada... Para o estudante: passagem da hora-aula para 55 minutos; intervalo de 20 minutos; pausas em excesso desconcentram; a insuficiência de intervalos leva ao cansaço.

A ergonomia é, pois, uma **prática**: uma maneira de ver e de abordar, de compreender e de dominar a relação do homem com seu ambiente material. É, portanto, bastante **pragmática**.

O principal estudo da ergonomia é a atividade, isto é, o conjunto de operações físicas, mentais, sensoriais que a pessoa faz para realizar **a tarefa** — o objetivo a alcançar — com os **meios** de que dispõe, nas condições fixadas — tempo, instruções, ambiente:

O aluno organiza suas idéias, analisa o enunciado, esboça seu plano, reflete, raciocina, mobiliza sua memória, escreve, faz um esquema, sublinha, apaga.

Ele está sentado em sua cadeira, a luz está acesa. Ele dispõe de 20 minutos para fazer seu exercício. Seus vizinhos são estudiosos e silenciosos. A sala é espaçosa.

Todos esses elementos permitem avaliar o bem-estar ou o cansaço do aluno na classe. O esquema a seguir indica todos os elementos que podem ter influência decisiva sobre a saúde dos alunos. Pode-se utilizá-lo como instrumento de análise para conhecer a condição deles.

Os fatores determinantes da saúde na escola[11]

O ALUNO
- **Idade — sexo**
- **Deficiências**: miopia, nervosismo, ansiedade, agressividade...
- **Estado físico**
- **Posição:** classe freqüentada
- **Nível:** pontos fracos, pontos fortes
- **Vida fora da escola:** trajetos, família, quarto próprio...
- **Ferramentas:** o material
- **Organização do trabalho:** caderno
- **Produção:** trabalhos feitos, deveres, provas, exame oral, participação

O PROFESSOR
- **Personalidade**: simpático, antipático
- **Normas:** aplicáveis, úteis, flexíveis
- **Material**: apostilas, lousa, transparências
- **Instruções**: claras, confusas

O ESTABELECIMENTO
(diretor + colegas)
- **Emprego do tempo:** "buracos", jornadas sobrecarregadas
- **Classes:** exíguas, espaçosas
- **Locais:** claros, de boa acústica, quentes, sujos
- **Turmas:** cheias, vazias
- **Mobiliário:** confortável, impróprio

A EDUCAÇÃO NACIONAL
- **Férias** demasiado longas
- **Horas semanais de aula**
- **Duração da hora-aula,** 55'

ATIVIDADE

TAREFA

Aquisição de conhecimentos e habilidades necessárias para passar de ano

CARGA DE TRABALHO

Bem-equilibrada, malrepartida: provas concentradas antes da reunião de professores, excesso de lição de casa

CONSEQÜÊNCIAS PARA A SAÚDE

Estafa, doenças físicas, ansiedade, insônia, bom estado geral

11. Esquema elaborado a partir de A. Laville, op. cit.

O professor pode adaptar o quadro à sua situação pessoal para conhecer os diferentes determinantes que condicionam sua situação de saúde pessoal e agir, se necessário.

Que fazer na classe?

Observando seus alunos, o professor tem condições de identificar os fatores que lhes trazem bem-estar ou, ao contrário, cansaço. Alguns desses fatores dependem diretamente do professor, que pode assim modificá-los para melhorar a forma física e, portanto, o bom humor dos alunos. Outros dependem do aluno; e às vezes pode-se intervir, por exemplo, quando se trata de um problema de método. Outros ainda dependem da escola e podem ser alterados com um pouco de tempo e de paciência. Os últimos dependem do Ministério da Educação e requerem um longo trabalho de negociação coletiva para ser modificados.
Quem deseja melhorar o ambiente de suas classes deve começar pelas coisas que dependem de sua própria responsabilidade.

2 A ergonomia a serviço da classe

Cuidar da clareza e da intensidade dos sinais

- **Uma informação** (e Deus sabe o que têm de fazer os professores para transmiti-la!) **é em primeiro lugar um sinal físico:** som, luz, gesto, cor, vibração... É, portanto, necessário que esse sinal se situe acima do limiar de percepção dos órgãos dos sentidos, que não seja mascarado por outro sinal físico. O professor que tem consciência disso lerá com interesse as páginas seguintes, que codificam os sinais não-verbais e podem ajudá-lo a tornar mais claras suas mensagens.
- **Uma informação é um sinal físico dotado de significado para aquele que o percebe**. Portanto, esse sinal não pode comportar nenhuma ambigüidade, a fim de permitir que a informação seja compreendida, memorizada e classificada.
- **O nível de atenção** diminui **quando os sinais são raros, quando a situação é monótona.**
- **O nível de conhecimento permite distinguir os sinais úteis** para novas aprendizagens. Quanto mais se sabe, mais se aprende.

- **A fadiga mental** sobrevém quando há uma **sobrecarga de informação**; a fadiga se caracteriza por diversos problemas: agressividade, irritabilidade, hipersensibilidade a certos estímulos (luz, som...), dificuldade de manter a atenção e diminuição das áreas de interesse.

Por todas essas razões, o professor ganha ao ser um pouco teatral, ao organizar sinais claros no espaço e ao repetir sem medo da redundância para ajudar seus alunos a memorizar, a ficar atentos e a assimilar rapidamente novos conhecimentos.

Dados antropométricos e fatores de conforto

A ergonomia interessa-se pelo corpo no trabalho com o objetivo de evitar sua fadiga. Ela mede os segmentos ósseos, as distâncias interarticulares, os volumes ocupados pelos segmentos corporais, a fim de determinar a altura das mesas e cadeiras, o tamanho das ferramentas e assim proporcionar a melhor postura a cada um. Alguns fabricantes de móveis escolares levam em conta as normas ergonômicas. Já há escolas equipadas com esse tipo de mobiliário.

Os professores nem sempre são informados da presença de um mobiliário ergonômico em suas salas e por isso não o utilizam da melhor forma. Certas mesas ou cadeiras podem ser graduadas pelo aluno, o que é o ideal, ao passo que outras requerem uma manipulação mais complicada (desaparafusar-reaparafusar), que deve ser programada.

Que fazer na classe?

Os professores de 1ª a 4ª série, que têm sua sala de aula para o ano inteiro, podem modificar e adotar carteiras do tamanho de seus alunos. Em contrapartida, a partir da 5ª série e no ensino médio, é raro haver uma sala por classe, o que inverte a situação. Os alunos, que mudam de classe a toda hora ou quase isso, não podem levar os móveis nas costas. Além disso, alguns professores dão toda liberdade aos alunos para escolher seu lugar na classe (cf. Capítulo 4 e Anexo 3).

O professor que se preocupa com o bem-estar de seus alunos aceita mudar de sala para permitir que a classe permaneça numa mesma sala. Ele atribui um lugar a cada aluno e cuida que se faça o ajuste das carteiras. Mesmo que, por questões curriculares, não se possa garantir que todos permaneçam por todo o período no mesmo lugar, ainda assim o aluno ficará aí grande parte do tempo. Os alunos sentirão menos cansaço físico e, portanto, estarão mais disponíveis para o trabalho intelectual. A observação antropométrica das classes de 5ª a 8ª série requer que se pense nisso!

De fato, quando se observa uma classe de 6ª, uma de 5ª ou uma de 4ª, as diferenças de tamanho entre os alunos são impressionantes, e todas as carteiras são idênticas. Não é difícil imaginar a fadiga dos menores e dos maiores, que os torna mais irritáveis ou abatidos.

ORGANIZAR O ESPAÇO NA CLASSE

A ergonomia leva em conta o espaço de trabalho e as áreas de deslocamento. As dimensões da sala de aula devem permitir que todos respirem ar puro, se movimentem sem excessivas restrições, acompanhem as aulas sem dificuldade, tenham uma luz orientada para o lugar de trabalho e um ambiente sonoro correto. Ora, segundo D. Zimmermann[12], **o espaço escolar está diminuindo**. Pelo menos é isso que revela seu estudo (realizado em 1980) de uma escola de subúrbio francesa construída na III República. Ao longo do tempo, essa escola passou por acréscimos sucessivos de construções. A constatação é inegável: a cada nova construção, os alunos perdem um pouco de oxigênio, alguns metros quadrados de corredor e alguns centímetros quadrados na classe. Mesmo antiga, essa pesquisa nos permite ser um pouco otimistas. As novas escolas levam em conta normas ergonômicas; mas quantos alunos ainda freqüentam escolas em que o espaço é tão restrito?

Os ratos de laboratório se tornam muito agressivos num espaço restrito. Não ocorrerá o mesmo com nossos alunos?

12. D. Zimmermann, *La sélection non verbale à l'école*, Paris, ESF, 1987, p. 31. O espaço escolar: nessa escola, o pátio foi reduzido pela metade, o teto foi rebaixado de 4 m para 2,5 m, a superfície passou de 70 m^2 a 59 m^2, e o volume passou de 270 m^3 a 218 m^3 (cf. igualmente cap. 4).

A ERGONOMIA APLICADA A DUAS CLASSES DA PRIMEIRA ETAPA DO ENSINO FUNDAMENTAL

A ergonomia estendeu seu domínio de intervenção às condições de trabalho em grupos. Ela estuda as interações entre os elementos humanos e materiais. Nesse sentido, uma classe, uma escola são sistemas ergonômicos. O doutor Fortin[13], especializado em ergonomia escolar, fez um estudo comparativo em duas escolas de Grenoble, na França, para identificar os fatores determinantes da saúde dos alunos.

A observação incide sobre problemas visuais, dores dorsais e fracasso escolar. Os pesquisadores observaram importantes diferenças entre as duas escolas. Como explicá-las? O estudo revelou dois sistemas ergonômicos muito diferentes entre si.

Problemas	1ª escola	2ª escola	Conjunto
visuais	20 %	6 %	20 %
dores dorsais	32 %	10 %	26 a 30%

Na primeira escola, a organização da classe é do tipo tradicional. Cadeiras e mesas alinhadas em fileiras levam a uma ocupação restrita do espaço. O professor fica bloqueado num canto da classe. Os bons alunos em geral se instalam próximo ao professor, ao passo que os maus preferem o fundo da classe.

Pode-se observar que os alunos sentados ocupam apenas dois terços dos assentos. A partir das 10h, começam-se a perceber os primeiros movimentos. Alguns alunos põem suas pastas nos pés e, mais tarde, por volta das 10h30, estão sentados sobre os pés. Às 11h30, é o movimento espontâneo de toda a parte superior do corpo que se amplia.

Ao final da manhã, a maioria das crianças está ajoelhada na cadeira, talvez mesmo de pé.

Na segunda escola, que apresenta menos problemas, os alunos provêm de ambientes desfavorecidos. Elaborou-se um projeto global para enfrentar fortes taxas de absenteísmo.

13. *Journées d'études sur le mobilier scolaire*, 17-20 de maio de 1983 no CIEP de Sèvres, Relatório elaborado por Architecture et Construction.

A classe é organizada com mesas individuais móveis que podem ser dispostas em círculo no centro, com as crianças sentadas ao redor, permitindo que o professor circule de uma criança a outra com mais facilidade. Os professores, por sua vez, não reprimem os movimentos espontâneos dos alunos; ao contrário, consideram-nos com atenção. Logo que tais movimentos se manifestam, os professores mudam a organização da classe. Por fim, quando a criança deseja se mover, dá-se a ela um pretexto "nobre" para deslocar-se.

A organização e mesmo a escolha do mobiliário contam, mas isso não basta para explicar a deterioração da saúde dos alunos. **Os problemas somáticos** apresentados por essas crianças são igualmente o **reflexo da relação pedagógica e das interações estabelecidas na escola**. A atitude dos professores, a estratégia conjunta da segunda escola, que trabalha em equipe em torno de um projeto global, permitem melhorar nitidamente o ambiente e minimizar os impactos que a posição sentada produz no corpo dos alunos.

Embora os resultados desse estudo precisem de confirmação, já é possível considerar como fatores determinantes da saúde dos alunos:

— mobiliário adequado;
— mobilidade aceita;
— escuta benevolente.

Encontram-se aí dois componentes: o físico e o psicológico. Para facilitar a mobilidade e o combate ao cansaço muscular e mental, a cinesiologia pode ser um instrumento eficaz; para as incidências psicológicas, pode-se recorrer à Gestalt.

A CINESIOLOGIA

O corpo no âmbito das aprendizagens

A palavra "cinesiologia" deriva do vocábulo grego "*kinesis*", que significa "movimento". É o estudo do movimento do corpo.

A cinesiologia é o estudo dos músculos. Ela permite testá-los e equilibrá-los. Um dos aspectos da cinesiologia é utilizar a informação que os músculos podem nos dar sobre o corpo e sobre o psiquismo, a fim de aplicá-la com o objetivo de facilitar o trabalho. **A cinesiologia educativa tem por meta permitir aos alunos**, de qualquer idade, **a "expressão" de todo o potencial oculto que se acha contido em seu corpo**.

Uma ajuda para alunos às voltas com o fracasso

Tudo o que podemos experimentar é vivido pelo corpo, que ora é o ator principal, ora a testemunha muda dessas experiências. Contudo, em ambos os casos, ele tudo registra e nada esquece.

O ser humano precisa do contato físico para ter um desenvolvimento físico e mental harmonioso, mas nossa cultura ocidental insensivelmente inclinou-se a uma modalidade de comunicação que exclui o toque, a sensação. A linguagem está saturada de expressões que apelam mais às representações auditivas ou visuais que às sensações.

Alguns alunos privilegiam um tipo de comunicação corporal e sensível (cf. Capítulo 2). Eles **sofrem com a falta de contato físico e terminam por fracassar**. A cinesiologia dedica-se a ajudá-los e a trazê-los à tona. Para P. Dennison[14], "cada aluno aprende de uma maneira. Ele é tão diferente do outro quanto as impressões digitais de duas pessoas [...]".

O comportamento adotado pela criança é um apelo, um pedido de ajuda. "Não há crianças preguiçosas, fechadas, agressivas ou violentas.

---

14. P. e G. Dennison, *Le mouvement, clé de l'apprentissage, "Brain Gym", kinésiologie éducative*, Le Souffle d'Or.

Há somente crianças a quem se nega a capacidade de aprender da maneira que lhes é natural. **Se lhe for dada a possibilidade de evoluir à sua própria maneira, a criança será capaz de concluir com sucesso o ciclo da aprendizagem**. Com a ajuda e a permissão para evoluir na classe de maneira positiva, ela desenvolverá sua inteligência única e total de maneira fácil e natural. Ela já não será bloqueada, mas sem bloqueios."

Na escola, quando sobrevêm as dificuldades, quando obtêm notas ruins, as crianças ficam infelizes. Quer o expressem, quer não, ficam estressadas. O *stress* emocional costuma ser o fator primordial dos desequilíbrios musculares. Em contrapartida, quando a pessoa está descontraída, quando se sente segura, seu esquema corporal torna-se capaz de aceitar as sugestões e ocasiões de desenvolvimento e de mudança que lhe são oferecidas.

A cinesiologia observa que as crianças que fracassam fazem "demasiados esforços ineficazes" e terminam por desconectar os "mecanismos de integração cerebral" necessários a uma boa aprendizagem. Crispadas e tensas, elas se cansam e tornam-se desatentas.

Quando compreendemos de que maneira a energia pode ser bloqueada e liberada, melhoramos não só a aprendizagem, mas também a qualidade de vida.

Coordenar o corpo para garantir a aprendizagem

A cinesiologia procura estimular, liberar e descontrair os alunos que têm dificuldades ou que se cansam rapidamente. Ela propõe movimentos e atividades musculares para aumentar o potencial de aprendizagem e **insiste** sobretudo **no trabalho com as posturas.**

O aluno reaprende a usar o corpo de modo adequado, a se mover no espaço, a se deslocar à vontade e, assim, reencontra uma imagem positiva de si mesmo.

A cinesiologia parte da hipótese (desenvolvida nos termos da técnica cérebro direito, cérebro esquerdo[15]) de uma **necessária interligação dos dois hemisférios** para adquirir sem problemas aprendizagens variadas. Ela supõe que as dificuldades escolares nascem de uma falha de comunicação entre os dois hemisférios. Fala de maneira imagética dos

15. Ver M. J. Chalvin, *Deux cerveaux pour la classe*, Paris, Nathan, 1993 (col. "Outils pour la classe").

"**movimentos da linha mediana**" para identificar as trocas mais ou menos rápidas e eficazes de informações através do corpo caloso.

Seu objetivo é obter uma melhor coordenação dos membros e desenvolver assim a lateralização, a fim de permitir um melhor funcionamento cerebral, mais equilibrado e harmonioso entre o cérebro direito e o esquerdo.

Lateralidade, concentração, centração

A cinesiologia desenvolve três funções essenciais:

- **a lateralidade,** para combater a dislexia e certas dificuldades de aprendizagem. Utiliza, para desenvolvê-la, sobretudo exercícios escritos;
- **a concentração**, para melhorar as capacidades de atenção dos alunos que apresentam um déficit nesse campo: os hiperativos ou os sonhadores distraídos[16];
- **a centração**, para reconciliar emoções e pensamento abstrato. Os tecnocratas em germe aprendem a recuperar sensações, emoções e afetos; os emotivos se tornam capazes de se distanciar e de abordar raciocínios lógicos de cabeça fria, sem medos irracionais nem comportamentos de ataque ou de evitação.

O tratamento inspira-se em numerosas técnicas. Retoma exercícios de psicomotricidade, usa as contribuições de especialistas na linguagem para certos treinamentos, utiliza algumas técnicas dos optometristas e dos quiropráticos. Certos movimentos se mostraram úteis, depois de longos anos, tanto para a reeducação da dislexia e da disortografia como para certos problemas neurológicos.

Os professores que o desejarem poderão empregar essa técnica para ajudar certos alunos. Nem por isso devem esquecer que, em casos mais preocupantes, é preferível encaminhar o aluno a especialistas em cinesiologia.

16. Para lutar contra a desatenção provocada pelo *stress*, ver os exercícios propostos por B. Trankiem, *Stress, attention, action*.

A GESTALT

O corpo revela frustrações

A Gestalt-terapia foi fundada por F. Perls (1893-1970), psicanalista alemão que se transferiu para Esalen, na Califórnia, em 1946, depois de passar algum tempo nos Países Baixos e na África do Sul para escapar ao nazismo. Ele se inspirou na teoria da Gestalt ou teoria da forma, que acentua o aspecto indissociável dos fenômenos psíquicos. **Uma situação psicológica resulta da interação entre o organismo e o ambiente** no qual é mergulhado. O termo Gestalt é intraduzível, pois significa ao mesmo tempo "forma" e "estrutura". Todo fato psíquico é uma forma que tem características próprias e cujo significado depende do contexto no qual se encontra[17].

Os princípios básicos

- Esta técnica psicológica pode ser resumida nestas palavras: "agora" e "como".
- **Agora**: Perls expulsa do discurso o "por quê?" e o "porque" — que, a seu ver, só levam à racionalização —, substituindo o pensamento pelas sensações, a palavra pela emoção. **Ele privilegia o presente**. Para refletir sobre um problema, é preciso primeiro **observar o que acontece aqui e agora**. O passado não existe mais, o futuro ainda não foi construído.
- **Como**: a Gestalt privilegia o estudo do processo em ação, estimulando a descrever como se age, como a pessoa se comporta, porque a única base do conhecimento e da comunicação reside na tomada de consciência daquilo que acontece em nós num dado ambiente.

17. Essas poucas linhas foram inspiradas pelas três obras seguintes: Chauchard, *101 Questions sur les méthodes psy*, Paris, Hachette, 1982; "Les nouveaux groupes de formations", Revue *Pour*, n. 41, 1975; G. Masquelier, *Guide des méthodes et pratiques en formation*, 13, La Gestalt, Paris, Retz, 1995.

- A Gestalt **acentua "o sentido"**, estimulando cada pessoa a observar, reconhecer e **levar em consideração todas as mensagens enviadas pelo corpo**: a maneira de andar, de respirar, de se movimentar, de contestar, de criticar, de ironizar ou de desprezar, tudo o que aparece por meio da nossa mímica e dos nossos gestos (cf. Capítulo 2) são índices para identificar a origem das nossas tensões. Dizendo o que sente, localizando da melhor maneira possível a área do corpo envolvida, a pessoa se torna capaz de exteriorizar e de exprimir o que não vai bem, de recuperar a espontaneidade e a auto-estima.

- Para os gestaltistas, o indivíduo organiza suas experiências em função de suas próprias necessidades. **A expressão corporal é reveladora da necessidade dominante** do momento, que oculta todas as outras. Ajudando um aluno a perceber a origem do seu mal-estar, permitimos-lhe encontrar uma solução, porque o organismo pode perceber os recursos e os limites do ambiente e, portanto, ajustar-se a isso.
- A Gestalt insiste na **tomada de consciência das contradições** existentes em todos nós. Às vezes nos sentimos imobilizados e incapazes de agir e de decidir, pois vivemos um **conflito interior inconsciente entre nossos desejos e nossas obrigações:** "Tenho necessidade de dormir, mas devo trabalhar..." (cf. Capítulo 4, a dupla ligação). Tornando-nos responsáveis e ao mesmo tempo atentos a nossa vivência pessoal e a nosso ambiente, podemos responder à máxima essencial dessa técnica: "Torna-te aquilo que és".

O ciclo das necessidades: da satisfação à frustração

Para a Gestalt, a vida é uma **sucessão de ciclos contato-retração** (cf. Capítulo 7, os ciclos da identidade): surge em nós uma necessidade, que é motivo de preocupação, e depois de satisfeita desaparece, dando lugar a outra. Contudo, quando **a necessidade não é satisfeita, instala-**

se a frustração, e o ciclo (ou o circuito) fica inacabado. Diz-se que a Gestalt ficou aberta, entendendo-se por Gestalt o processo empregado para chegar à satisfação da necessidade do momento.

1 Uma Gestalt fechada ou a satisfação das necessidades

A avaliação em classe	**Etapa, segundo a Gestalt**	**Processo**
Marc, concentrado em sua avaliação, está imóvel há 15 minutos. Seus pés formigam.	Sensação	A sensação é primordial na Gestalt, pois permite entrar em contato com o aqui e o agora. Sentir antes de pensar é a base da Gestalt.
A sensação torna-se mais forte, o incômodo aumenta e a atenção dedicada à prova se reduz. Intimidado pelo professor, ele não ousa se mexer.	Tomada de consciência	A tomada de consciência pode ser rápida e concomitante à sensação ou, ao contrário, seguir-se a um longo percurso. Ela é necessária para se conceber uma mudança.
Marc pensa numa estratégia: como agir sem ser notado? Então, decide agir sutilmente.	Energização	A pessoa mobiliza todas as suas energias para elaborar uma resposta satisfatória: ela decide qual vai ser sua estratégia.
Ele se mexe e muda de posição.	Ação	Execução da decisão.
E sente um alívio imediato.	Contato	Etapa da realização, da resposta à necessidade.
Então desfruta essa sensação de libertação.	Satisfação Retração	Etapa em que a pessoa se isola e se concentra no benefício obtido. Fase de integração que requer um período de repouso.
Com o corpo descontraído, Marc volta a fazer a avaliação com energia renovada.	Disponibilidade	Satisfeita a necessidade, a pessoa fica disponível. Sua energia liberada é investida em outra necessidade.

3 Uma Gestalt aberta desencadeia bloqueios e resistência

Justin reage mal à crítica	Resistências	Processos
Justin fez um exercício péssimo. Seu professor o humilhou, "censurou-o" diante da classe, e por isso ele se sente muito irritado, mas não ousa explodir.	Introjeção	Em certas circunstâncias, sofremos a influência de proibições, tabus, regras de educação que nos obrigam ao silêncio e a guardar para nós nossos rancores. Dizemos a nós mesmos: "Não posso dizer nada, mas isso não se faz..." Essa decisão é acompanhada de um sentimento de culpa.
Então ele se põe a roer nervosamente as unhas, bate os pés e os joelhos na carteira.	Retroflexão	Fazemos a nós mesmos o que adoraríamos fazer ao outro, e assim interrompemos o ciclo de contato, abrindo a porta a todas as somatizações.
Temendo encontrar o olhar do professor, ele observa obstinadamente o teto. Enquanto isso, esmaga o lápis com as duas mãos e de repente quebra o grafite.	Evitação Deflexão	Desviamos nossa energia do alvo principal, numa espécie de proteção contra o pior: o confronto direto. Mas o problema não é resolvido. Como a agressividade permanece intacta, o aluno procurará outro alvo para se exprimir.
Justin evita assim o confronto, pois tem medo que o professor o obrigue a se retirar da classe. Prefere não exteriorizar nada.	Confluência ou simbiose	Já não vemos claramente a distinção entre nós mesmos e os outros. Temos medo do abandono, estamos submissos, confusos e dependentes.
Ele deturpa a situação e atribui intenções ao professor: "Seja como for, eu já sabia que ele não gosta de mim..."	Projeção	Atribuímos nossos sentimentos e intenções aos outros, particularmente aos que são objeto dos nossos ressentimentos. As projeções inibem a criatividade e impedem a adaptação ao ambiente.

As horas passam. Justin, prisioneiro de sua raiva, não escuta mais. Ele rompeu o contato com o ambiente porque grande parte de sua energia ainda está mobilizada e investida nessa emoção. Como ajudá-lo a se libertar dela?

- Desejando incitá-lo a dar o melhor de si, seu professor de matemática não percebeu o exagero do seu discurso e das palavras ferinas que proferiu. Se tivesse sido sensibilizado pela Gestalt e pela linguagem do corpo, poderia ter ajudado Justin. Observando os desvios do olhar, vendo-o roer insistentemente as unhas, ele teria percebido a raiva contida. Poderia então desculpar-se facilmente do seu excesso, focalizando os verdadeiros motivos de seu descontentamento: pede desculpas por ter se expressado de forma agressiva, mas não pode aceitar o fato de Justin não ter feito o trabalho e espera uma mudança.

Essa atitude teria permitido que Justin se recompusesse.

- Justin, por sua vez, poderia ter agido de modo mais eficaz se decidisse não aceitar que o professor o tratasse assim uma segunda vez. Para isso, ele procuraria o professor ao final da aula para lhe dizer que, embora aceitasse ser repreendido por não ter feito o trabalho direito, repudiava a maneira agressiva do professor. Muitos alunos, representantes de classe ou não, são capazes de tomar atitudes como essa desde a 5ª série. Muitos professores aceitam as repreensões justificadas desde que não sejam feitas em público e de maneira agressiva.

Os professores que ensinam aos alunos a arte de criticar sem agredir ganham muito em tranqüilidade e calma na classe. Respeitam seus alunos e se fazem respeitar por eles.

2

UM CORPO QUE FALA

Olhos que se endurecem, lábios contraídos, a mão que afasta um obstáculo, um rosto radiante falam mais e com maior intensidade que um longo discurso. O ser humano, como todo animal evoluído, fala com o corpo, embora possa se expressar de maneira mais elaborada graças à linguagem verbal.

Este dom particular leva-o a esquecer a linguagem do corpo e a perder as preciosas informações continuamente fornecidas por ele. "Nunca terei repetido o suficiente que damos demasiado poder às palavras; com nossa educação tagarela, o máximo que criamos são tagarelas", já dizia J.-J. Rousseau no Émile. *Essa observação ainda vale hoje: o professor fala muito (talvez demais?) para transmitir sua mensagem pedagógica e às vezes é surpreendido por algumas atitudes que o deixam sem ação e o envolvem em conflitos inesperados. Desconhecendo a linguagem do corpo, o professor não se dá conta do que acontece de maneira não-verbal na classe, entre as mensagens do seu corpo e as dos seus alunos. A linguagem do silêncio dará ao professor novos instrumentos para melhor compreender sua classe.*

O CORPO FALA ANTES DA AQUISIÇÃO DA LINGUAGEM

Nos primeiros dias de vida, o recém-nascido é lançado numa nova dimensão física na qual terá pouco a pouco de se situar, situando também aquilo que o cerca, os outros e os objetos.

Todo um conjunto de mudanças que não passa pelas palavras se elabora na criança no nível do corpo e **participa da construção do Eu**. Trata-se de uma **modalidade primitiva de apreensão** de si e do mundo **que permanece válida ao longo da vida**, embora seja freqüentemente recoberta e mais ou menos mascarada por uma rede de condicionamentos e de estereótipos.

Mais tarde, por intermédio do corpo, a criança pouco a pouco descobrirá e dominará as propriedades do espaço.

À medida que cresce, ela modifica fisicamente sua relação com o espaço circundante, estruturando seu esquema corporal.

1 Esquema corporal e imagem de si

Desde o nascimento, a criança explora o espaço que a cerca, identificando e registrando um número muito grande de informações sobre o mundo circundante. Desse confronto direto surgirá a diferenciação entre o Eu e o Não-Eu, o reconhecimento de um limite entre o Eu e o ambiente (físico e humano), cuja qualidade dependerá do modo relacional estabelecido. Ao entrar em contato com o ambiente, a criança terá condições de construir sua imagem do corpo.

O esquema corporal: uma representação do corpo

O diálogo que a criança estabelece com o espaço é entabulado no nível sensório-motor. Ela deve se preocupar com a posição do seu corpo no espaço e com a posição dos diversos objetos que lhe servem de referência em seus deslocamentos. Quando crianças, aprendemos a nos orientar, a medir as distâncias e a considerar as formas dos objetos que nos são familiares.

Usando todos os nossos receptores sensoriais, construímos uma soma de experiências de relacionamento espacial, modificando-nos à medida que crescemos e que muda nossa relação com o espaço.

O espaço que construímos é no início fragmentado, constituído de elementos justapostos e malcoordenados. Só aos poucos iremos organizá-lo, conferir-lhe um sentido, deixando de vê-lo como um espaço cujo centro é ocupado por nós, um espaço topológico, para considerá-lo um espaço projetivo em que se estabelece uma descontinuidade entre o que somos e o objeto. Distanciando-nos de nós mesmos, chegamos a nos perceber como um objeto em meio a outros objetos. Toda nova experiência é comparada com o que é conhecido, o que permite sua assimilação e domínio. Assim se instaura o esquema corporal, que se define pelas seguintes características:

- **O esquema corporal é uma percepção mais ou menos consciente do corpo** agindo ou imóvel, de sua posição no espaço, da postura respectiva dos seus diferentes segmentos, assim como do revestimento cutâneo por meio do qual estamos em contato com o mundo.
- **Ele não é inato, mas se constrói** por meio da experiência da motricidade, das sensações exteroceptivas, incluindo a dor.
- Resulta da **síntese das impressões** táteis, cinestésicas, visuais e auditivas.
- Resulta também da **síntese das experiências** passadas e atuais, o que permite a Marcel Jousse observar que, "quando se orienta por si mesma no mundo, a criança é obrigada a representá-lo, independentemente de sua vontade. A memória é uma coisa que não se controla"[1].

1. M. Jousse, *L'anthropologie du geste*, Paris, Gallimard, 1974.

- **Instaura-se em várias etapas**[2]. O desenvolvimento do esquema corporal e o desenvolvimento cognitivo estão ligados (cf. Capítulo 7, os estágios do desenvolvimento segundo Piaget).
- A construção do esquema corporal e a percepção do outro são duas operações análogas e complementares: para chegar à consciência seu corpo e explorar as potencialidades dele, **a criança procede por imitação e acomodação** e se vê assim diante do outro.

Imagem do corpo, imagem de si

O esquema corporal foi de início uma noção neurológica, mas, com **a psicanálise**, insiste-se nos **aspectos inconscientes de sua construção e de sua representação**. Nesse caso, fala-se antes de **imagem do corpo**. Cada um de nós constrói uma imagem de si mesmo, no curso de contatos com seu ambiente, e essa imagem influencia duradoura e fortemente nossas atitudes e nossos comportamentos:

A imagem do corpo é uma sutil combinação de fatores biológicos e fatores afetivos e emocionais que a criança estabelece com seu ambiente desde o nascimento. Essa imagem do corpo transparece nas atitudes. A atitude de uma pessoa recorre a um modo de comunicação anterior à linguagem. Ela permite pôr em evidência as maneiras pelas quais essa pessoa se relaciona com os outros, fruto de experiências tentadas e vividas ao longo dos anos, sobretudo nos primeiros intercâmbios com o ambiente.

As atitudes nascem da qualidade da linguagem tônica e **constituem uma linguagem não-verbal**.

2. Indicam-se geralmente as idades a seguir para a construção do esquema corporal na criança:
1) *Até 3 meses:* sem distinção entre dados proprioceptivos e exteroceptivos.
2) *Por volta de 3 a 4 meses:* primeiras coordenações, as mãos precedem os pés.
3) *8º mês, etapa decisiva:* a criança distingue seu corpo dos objetos exteriores; toma consciência da postura do seu corpo no ambiente.
4) *Por volta de 2 ou 3 anos:* a criança passa a diferenciar seu corpo próprio e sua imagem no espelho.
5) *Por volta de 6 anos:* a criança reconhece a direita e a esquerda do seu próprio corpo.
6) *Por volta de 9 anos:* a criança reconhece a direita e a esquerda do corpo das outras pessoas.

3 A linguagem tônica: uma comunicação corporal[3]

O esquema corporal e a imagem de si são fixados na criança graças aos contatos que se estabelecem em primeiro lugar com a mãe e, depois, com seu ambiente imediato.

O equilíbrio físico e psicológico depende em grande parte da qualidade de seus primeiros contatos. Uma criança deslocada, um adulto pouco à vontade podem ter vivido mal as primeiras experiências emocionais e sensoriais de sua existência.

Um diálogo emocional

Antes da linguagem, a criança desenvolve uma rede de intercâmbios que persiste depois no adulto, rede que quase sempre vai se desfazendo até desaparecer do campo da consciência.

Antes de todo diálogo verbal, a criança estabelece, por meio das manifestações emocionais do seu corpo, aquilo que J. Ajurriaguerra (cf. Bibliografia) chama um "**diálogo tônico**" com seu ambiente: seu corpo só pode viver por meio do corpo do outro. Em primeiro lugar, a criança depende inteiramente de sua mãe. De acordo com a maneira como sua mãe a segurou (*holding*) e dela cuidou (*handling*), a criança realiza ou não sua integração no tempo e no espaço[4]. A carência materna produz uma predisposição aos problemas afetivos e à oposição social. A **busca do contato corporal** entre a mãe e a criança é **um fator essencial do seu desenvolvimento afetivo, cognitivo e social**. Além disso, é um **fator independente do fato de a mãe nutri-la**. Não basta alimentar o bebê para fazer dele um ser equilibrado.

As mensagens auditivas, sonoras são as mais importantes e as primeiras a ser percebidas pelo feto; vêm em seguida as mensagens táteis e visuais[5]. Essas constatações evidenciam a importância da voz na construção do esquema corporal. Uma carga sonora desagradável pode pre-

3. Com essa designação C. Pujade Renaud define a linguagem pré-verbal ou tônica que precede o surgimento da linguagem.

4. D. Winnicott, *L'enfant en bonne santé et l'enfant en période de crise*, Paris, Payot, 1970.

5. A. Bucher, *Les problèmes psychomoteurs de l'enfant*, Paris, ESF, 1980.

dispor a criança a certas disfunções: a mãe tem condições de interferir no pensamento lógico da criança. A organização e a diferenciação dos ruídos constituem um fator primordial do desenvolvimento mental.

Nossos gestos e nossa mímica são influenciados e determinados **pelo tom de voz** e pela **qualidade dos contatos** físicos que estabelecemos com as pessoas que cuidam de nós e nos cercam a partir do nosso nascimento e mesmo *in utero*.

Que fazer na classe?

Os professores às vezes se incomodam com a agressividade natural de certos alunos, que reagem com violência a todas as propostas, mesmo as mais moderadas. Contudo, não sabem reconhecer a origem desses comportamentos nem como tratá-los... Alguns alunos foram privados de carinho e de cuidados em sua primeira infância ou então se viram lançados, antes mesmo de nascer, num ambiente sonoro desagradável e violento que constituiu um empecilho ao seu desenvolvimento afetivo e cognitivo. Em todas as categorias socioeconômicas há alunos que tiveram um diálogo tônico deficiente. O professor pode ajudá-los a recomeçar a partir de uma boa base concedendo-lhes o poder de existir (cf. Capítulo 7, os ciclos da identidade).

Certos professores têm uma voz malcolocada, aguda, desagradável, embora nem sempre tenham consciência disso. Essa característica influencia a atenção e a motivação de seus alunos. A voz do professor acarreta modificações corporais no aluno, alterando a qualidade sensível e tônica deste, particularmente se em sua infância ele deparou com vozes malcolocadas, fortes, agressivas, desafinadas. A transmissão de conhecimento passa pela escuta; é uma mensagem intercorporal. O aluno estabelece uma discriminação inconsciente e se torna receptivo e aberto quando a voz é atraente para ele ou se fecha e se bloqueia quando se vê atingido por sua tonalidade. Quem tem classes desconcentradas e agitadas se beneficia em gravar suas aulas e ouvi-las. Se não encontrar aí nenhum indício alarmante, deverá buscar outros fatores que expliquem essa situação. Caso contrário, será conveniente reeducar sua voz. A voz é uma música tão importante quanto o conteúdo do discurso: uma voz posta, de bom timbre, incita à escuta.

A pele: memória do corpo

"Ela é um 'modo de ser' em nossos próprios limites que desempenha papel essencial em nossa apreensão do mundo, pois não habitamos somente os espaços exteriores, mas também, e em primeiro lugar, nossa pele."[6]

Estamos tão habituados a nosso corpo, tão familiarizados com sua imagem, que perdemos a consciência da importância de nossa pele em

6. D. Anzieu, [ed. In.: *O eu pele*, São Paulo, Casa do Psicólogo, 1996].

nossa vida. É interessante lembrar suas diferentes funções[7] e seu papel na construção do nosso Eu.

- A pele é um "conjunto de órgãos" de grande complexidade anatômica, fisiológica, cultural. É também um invólucro psíquico.
- **Aparece** no embrião **antes dos outros sistemas sensoriais**: ora, "de acordo com a lei biológica, quanto mais precoce uma função, tanto maiores suas probabilidades de ser fundamental".
- É um **órgão dos sentidos complexo** em comunicação com os outros órgãos dos sentidos e com as sensibilidades cinestésicas e de equilíbrio: informa-nos sobre o tato, a pressão, o calor, a dor, permitindo associações complexas com a visão, o olfato, a audição e o paladar.
- "**Não pode recusar nenhum sinal vibrotátil ou eletrotátil**: não pode fechar os olhos ou a boca, nem mexer as orelhas ou o nariz."
- É o único órgão dos sentidos capaz de combinar o tempo e o espaço: "avalia as distâncias em sua superfície com mais precisão que a orelha com relação a suas adjacências".
- **Transmite ao cérebro as informações** provenientes do mundo exterior, incluindo as mensagens de que não temos consciência mas que foram captadas por ela.
- Mantém o corpo ao redor do esqueleto, **protege**-o das agressões exteriores, respira, secreta, elimina. Por todas essas razões, "a pele é **o mais vital de todos os órgãos dos sentidos**: pode-se viver cego, surdo, sem sentir cheiros, porém não se sobrevive sem a integridade da maior parte da pele".
- A pele é também um **invólucro psíquico**, que circunscreve a imagem do corpo. Ela **estabelece barreiras** e **filtra os intercâmbios**; é uma **superfície de comunicação** com o outro, guardando as marcas deixadas pelas relações.

A PELE: UMA TELA PROTETORA E RECEPTORA

Para D. Anzieu, a pele se compõe de duas camadas diferentes em termos de estrutura e de função:

7. O que segue se inspira em D. Anzieu, op. cit. O leitor que desejar aprofundar o assunto encontrará aí um estudo apaixonante e páginas magníficas. As expressões entre aspas foram retiradas daí.

— uma camada exterior que desempenha o papel de tela ou barreira protetora;
— uma camada interior que funciona como receptor: ela percebe os sinais e recebe as informações.

No curso dos cuidados e dos contatos com a mãe, o bebê constrói seu invólucro psíquico, sua pele. Se o aconchego oferecido pelos braços, **as trocas sensoriais** e afetivas são **suficientes para satisfazer suas necessidades** e suas pulsões, **ele se torna capaz** de comunicar e **de desenvolver seu pensamento**. Do contrário, **se a tela é falha,** a pele fica com brechas, com orifícios, que a criança deverá se empenhar em tapar como puder; **ela fica vulnerável** e sofre agressões. Mesmo depois de crescer e de adquirir o uso da razão, as lembranças de nossas primeiras experiências ficam marcadas em nossa carne: a pele se lembra mesmo quando nos esquecemos de tudo.

Nosso corpo tem uma memória do corpo peculiar, uma permanência sensorial intimamente ligada aos estados emocionais. Memória mergulhada no mais profundo do ser, que no entanto participa de todas as nossas ações cotidianas. O homem memoriza com todo o seu corpo. Não é a memória "uma fruição na ausência do objeto", uma fruição de algum modo obrigatória porque o corpo nunca cessa de ser o que foi? Com efeito, a criança, o adolescente, o adulto só exprimem, só representam (no sentido que Jousse dava ao termo) o que está impresso neles, que neles esteve em jogo.

O CINESTESISTA, UM ESPECIALISTA EM COMUNICAÇÃO CORPORAL

Na primeira comunicação da criança com a mãe, o diálogo se instaura por meio das mensagens que a criança recebe e emite. Instala-se uma cumplicidade entre elas. A mãe interpreta seus gritos[8], antecipa-se a seus pedidos. **Ela a treina para desenvolver seu tato**, ensina-lhe a apontar, tocar, pegar, largar e nomear os objetos.

8. D. Anzieu, op. cit., p. 190. O bebê é particularmente sensível aos sinais sonoros; com duas semanas, ele se acalma ouvindo a voz da mãe; com três, emite quatro gritos diferentes para alertar a mãe: de fome, de raiva, de dor e de resposta a uma frustração, assim como um falso grito de angústia para atrair a atenção da mãe.

Certos alunos continuam a privilegiar o tato como canal sensorial para adquirir aprendizagem. Eles confirmam a fórmula de J. Brüner[9]: "Saber dizer supõe primeiro saber fazer".

Esse tipo de pessoa tem dificuldades na escola, em que a linguagem do corpo não é considerada. A proibição de tocar suprime o Eu tátil e se transforma em interdições ao movimento, ao deslocamento, ao sentir com o corpo.

Quem teve ocasião de visitar certos países asiáticos e africanos certamente se surpreendeu com a proximidade existente entre as crianças e sua família, mãe, pai, irmãos e irmãs. Podem-se observar cenas tocantes a que muitos não estão acostumados; bebês supercontentes e sorridentes se deixam incansavelmente afagar pelas mulheres da casa, mãe, avó, tias, irmãs mais velhas; outros são transportados por irmãos e irmãs pouco maiores que eles. Outros ainda dormem tranqüilamente nas costas da mãe, entregue às tarefas cotidianas.

Da mesma maneira, quem tiver tido a curiosidade de entrar em uma sala de aula terá se admirado ao ver alunos freqüentemente em movimento dizer em voz alta a última lição, enquanto o professor escreve na lousa ou acompanha as palavras com gestos para imprimir o ritmo.

Expressão corporal e ruído: dois elementos incomuns para a maioria dos professores, que dificilmente aceitam a possibilidade de adquirir conhecimentos sólidos sem estas duas condições prévias: imobilidade corporal e silêncio. De fato, nos países ocidentais o tato é codificado, até mesmo proibido. Prefere-se bater a acariciar. O contato tátil e a expressão afetiva que o acompanha são reprimidos.

Essa proibição é uma dificuldade para os alunos muitos afetivos que necessitam do toque e da expressão corporal para aprender.

O **cinestésico** fica apegado a suas primeiras experiências sensoriais; **trata-se de um nostálgico do passado, um melancólico do diálogo tônico, um especialista em comunicação corporal** (cf. capítulo 4, a imobilidade bloqueia o cinestésico). Quando aceita a lei da escola e a segue honradamente sem se sentir desvalorizado e inferiorizado, ele valoriza sua extraordinária capacidade de transmitir informações por meio da postura, do gesto, da atitude corporal. Com efeito, o **cinestésico possui o carisma do músculo**, de acordo com a divertida fórmula de D. Morris[10].

9. J. Brüner, *Savoir-faire, savoir-dire*, Paris, PUF, 1983.
10. D. Morris, *La clé des gestes*, Paris, Grasset, 1977.

Uma linguagem universal: a de todos os bebês do mundo

Mesmo antes de aprender a falar, o bebê dispõe de uma linguagem tônica. Comportamentos elementares mas universais permitem que todas as crianças do mundo se comuniquem umas com as outras, seja qual for seu país e língua de origem.

O professor Hubert Montagner estuda as interações precoces das crianças[11]. Esse etólogo descobriu que a vespa e a abelha, himenópteros, se comunicam por gestos. Os diversos movimentos das antenas têm uma significação precisa (esse tipo de trabalho foi divulgado por B. Werber, em seu romance de sucesso *Les Fourmis*[12]). Tendo formulado a hipótese de um sistema semelhante de código gestual entre os seres humanos, o professor Montagner fez um estudo sólido e sério com crianças de uma creche. Os resultados, surpreendentes e interessantes, podem incentivar os professores a levar em conta mais sistematicamente os comportamentos não-verbais e os códigos gestuais de seus alunos.

- Antes de andar, **todas as crianças do mundo** (as mesmas experiências foram feitas em certos países africanos, nos Estados Unidos e na Grã-Bretanha) **têm o mesmo código gestual**. Esse comportamento se diversifica depois da aquisição da capacidade de andar.
- Observam-se sete gestos ou comportamentos praticados alternativamente; **de acordo com a freqüência e a escolha desses gestos, é possível definir o *status* e os papéis** atribuídos a certas crianças antes da etapa decisiva do andar.

Num filme intitulado *De la guêpe à l'homme*[13], o professor Montagner ilustra de maneira espetacular esses gestos e esses *status*. As interações são já bem sofisticadas, tendo-se a impressão de já viver numa sociedade evoluída em que todas as relações são conhecidas e os caracteres já afirmados.

O pedido de relação e de comunicação é feito graças a três gestos: a solicitação, o convite (sorrisos, trejeitos) e a oferta (dar um pedaço do seu alimento, oferecer seu brinquedo).

---

11. H. Montagner, *L'Enfant et la communication*, Paris, Stock, 1979.
12. B. Werber, *Les fourmis*, Livre de Poche, n. 9615.
13. *De la guêpe à l'homme*, um programa da série "Dimensions", produção P. Barde, realização F. Selhofer, jornalista E. Brindisi, difusão Télévision Suisse.

A ameaça se caracteriza por gritos e vociferações sem que se busque estabelecer contato.

A agressão se traduz por golpes e mordidas.

O desvio constitui uma artimanha para subtrair-se à cólera do outro. A criança aponta para um objeto que possa interessar a seu agressor e desviar sua atenção.

O relato da agressão consiste em se lançar sobre um terceiro — inocente, por sinal — depois de apanhar de um agressor ou ser mordido por ele.

DOMINANTES-DOMINADOS: UMA DIVISÃO PRECOCE NA CRIANÇA

Nessa minissociedade em germe, já parece haver jogos entre dominantes e dominados no momento em que as crianças começam a andar.

Além do **isolado** solitário que se afasta e do **dirigente** que se mobiliza pontualmente para atingir certos objetivos sem assumir a liderança, quatro papéis são interessantes porque sua descrição pode ajudar os professores a identificar sua presença na classe, seja qual for a idade e o nível dos alunos.

— **O dominado** é aquele a quem falta segurança, que se submete e dá seus brinquedos ante o mínimo gesto de ameaça. Precisa ser encorajado a existir e a provar sua autonomia.

— **O dominado agressivo** faz inúmeros gestos de ameaça, muito barulho por nada. Ele incomoda. Tende-se a rejeitá-lo e a culpá-lo por tudo o que não dá certo. Na verdade, ele pede para ser protegido e valorizado.

— **O dominante agressivo** tem um perfil de líder. Faz muitas amizades e tem uma pequena corte pessoal que lhe obedece. Contudo, diante da dificuldade ou da competição, comporta-se desordenadamente, fracassa e vê seu grupo de amigos e cúmplices abandonar o barco. Deixado de lado, volta a ficar isolado até o momento em que recupera a dianteira.

— **O líder** é uma criança calma, apaziguadora, que multiplica as solicitações, os convites e as ofertas sem, no entanto, dar demais. Não é contestador nem vaidoso e, na adversidade, seu grupo de amigos fica com ele. Todos solidários, eles sabem como superar as dificuldades.

As observações de H. Montagner o levam a certo pessimismo: ele percebe que vivemos numa sociedade em que os dominantes agressivos são cada vez mais numerosos, o que infelizmente confirma as impressões cotidianas dos professores. Por isso é importante identificar bem cedo na classe os agressivos, dominados e dominantes a fim de ajudá-los a se integrar. Nesse sentido, o **código gestual** constitui um precioso instrumento.

O DIÁLOGO NÃO-VERBAL E OS CÓDIGOS GESTUAIS

Estudos ingleses e americanos sobre a comunicação não-verbal evidenciaram que, quando o gesto contradiz o discurso, é a linguagem do corpo que permanece, não a das palavras.

P. Bourdieu destaca que esse tipo de linguagem, menos facilmente controlável, favorece a expressão dos aspectos mais ocultos e muitas vezes mais essenciais do indivíduo. Falamos tudo com nosso corpo. Tanto na escola como em outros lugares, há um código escolar não-verbal que confere um colorido específico aos comportamentos existentes em todo espaço cultural. Essas regras e normas impregnam o ser em suas atitudes e tornam-se hábitos.

1 Os signos não-verbais: mensagens fortes

Chega um momento em que a criança acompanha seu gesto com uma palavra, dotando-o assim de sentido. Falando, isto é, significando suas necessidades não mais no corpo-a-corpo do movimento, a criança estabelece um plano intermediário que se interpõe entre seu corpo e o corpo do outro. Na verdade, a linguagem não é uma função isolada; ela implica um envolvimento corporal.

O REGISTRO NÃO-VERBAL

C. Pujade Renaud e D. Zimmermann são os melhores especialistas em linguagem não-verbal na escola. Seus trabalhos sobre a questão (cf. bibliografia) tornaram-se referenciais. Eles definiram o campo do não-verbal na escola[14], fornecendo **algumas indicações fundamentais** sobre o assunto.

14. D. Zimmermann, *La sélection non verbale à l'école,* op. cit., pp. 21 a 24.

- A aquisição da linguagem não provoca a regressão nem o esquecimento do código gestual, que é enriquecido e adaptado.
- A importância atribuída ao verbal na escola mascara comunicações não-verbais de ordem afetiva muito intensas que, não sendo conscientes, constituem meios insidiosos de seleção escolar (cf. capítulo 3, uma seleção precoce).
- Privados de informações sobre os modos de comunicação não-verbal, os professores, apesar da boa vontade, continuam a perpetuar os erros.

Gestos e mímicas muitas vezes são adquiridos por imitação

O rosto humano possui a mais desenvolvida e complexa rede de músculos do mundo animal, o que explica a extraordinária mobilidade e a grande variedade de mímicas observadas.

Copiamos as atitudes dos outros, às vezes conscientemente e em geral sem que tenhamos consciência disso. O homem é um imitador talentoso.

Ele imita de preferência aqueles que as pessoas próximas designam como modelos: primeiro os pais, depois o líder, o dominante agressivo, o chefe ou o amigo do peito... às vezes, o professor preferido.

A escola é um **lugar privilegiado de transmissão de gestos socializados**. A experiência corporal de cada um é perpassada pela dos outros e se confronta nas experiências cotidianas com as normas e critérios estabelecidos pela sociedade.

Aprendem-se ou corrigem-se gestos, em algumas ocasiões, para se assimilar ao grupo, para passar a pertencer a ele, evitar a rejeição. O medo da sanção social nos impele a reprimir certos gestos espontâneos. **O professor modela** assim **os alunos** que lhe são confiados **fixando as regras da convivência em classe** mas também **indicando o gesto pró-**

prio ao sucesso: aprende-se a segurar a caneta, a traçar uma linha reta sem borrões...

O gesto é portador de mensagens

O animal humano pensa, o que põe em segundo plano os movimentos corporais. Não obstante, o pensamento se torna ação e esta, gesto. O gesto é **um sinal visual que dá uma informação**. Embora com freqüência seja inconsciente para aquele que o faz, esse sinal é uma mensagem às vezes confusa, comumente muito clara, para aquele que o observa. Ele nos trai, sem que nada possamos fazer, porque permite ao outro desvendar o mistério da nossa máscara social. Esquecemo-nos, no calor da ação, de nossas expressões, movimentos e atitudes, enquanto aqueles com quem nos relacionamos os decifram e lhes dão uma importância primordial.

Os sinais não-verbais podem servir para manipular

Por trás dos olhares, sorrisos, mudanças de lugar, deslocamentos na classe, alunos e professores preparam armadilhas recíprocas:

— **o professor** faz as vezes de ator e usa mímicas teatrais; ele simula a raiva, dramatiza as situações para restabelecer a calma ou estimular os alunos a trabalhar, assume uma personagem ao modificar sua aparência;

— **o aluno** encara sem pestanejar o professor a fim de desestabilizá-lo, faz “cara de santo” para esconder seu despeito, exagera seu riso e se aproveita de tudo isso para pôr a classe do seu lado, imita a voz ou as palavras do professor, finge-se submisso para se fazer perdoar ou para obter alguma coisa, faz crer que sofre por meio de gestos de dor. Alguns criam uma dada aparência para se mostrar fortes, malvados, originais: blusão de couro, cabelos raspados, brincos... Como agir nesses casos sem se submeter?

Que fazer na classe?

Antes de verificar o significado de um gesto, é prudente em primeiro lugar sentir os efeitos que produz em nós (mal-estar, aborrecimento, raiva, rejeição) e depois verificar sua impressão a partir dos diferentes índices da situação. Com intuição, realismo, humildade e uma pitada de humor, aprendemos a decodificar os sinais e antecipar as situações delicadas. É bom saber que o gesto é sem dúvida uma mensagem forte, mas que é sobretudo sua interpretação que fere.

O CÓDIGO GESTUAL ESTÁ LIGADO À CULTURA

Alguns gestos automáticos, de significação clara para todos os que nos rodeiam, são considerados grosseiros, e até obscenos, em outros países. Em contrapartida, dois gestos totalmente diferentes às vezes têm o mesmo significado. Isso pode desorientar!

Os sinais não-verbais diferem de país para país, de classe social para classe social e de grupo para grupo. Há culturas exuberantes muito afeitas aos gestos, culturas calmas e introvertidas. Da mesma maneira, em certas culturas os sinais mais comuns e freqüentes são diferentes dos de outras.

Essa diferença de gestualidade e de sinais produz mal-entendidos e vexames.

> O sorriso do jovem asiático que é repreendido ou percebe que não compreendeu uma pergunta é obrigatório: não há nada mais grave que perder o controle em sua cultura.
>
> O jovem africano que se recusa a olhar o professor nos olhos não é provocador nem dissimulador; para ele, essa é uma maneira de se mostrar respeito.

É bom aprender sobre os gestos culturais não-verbais para abordar e integrar sem magoar. Para determinar um gesto que pode ser conotado de outra maneira, é necessário levar em conta inúmeros critérios para verificar o clima emocional e as discordâncias que podem ser visíveis no comportamento.

2 Decifrar seis situações-chave[15]

Na classe, o professor está sozinho diante de uns trinta alunos. Ele deve realizar seu trabalho diante de todos; e no decorrer da aula, de acordo com as atividades propostas, as situações se alteram. As relações não-verbais e gestuais evoluem. Vários registros se sucedem; alguns são bem recebidos e outros deixam os professores em dúvida.

15. As páginas seguintes inspiram-se em observações feitas por Desmond Morris e seus correspondentes de todo o mundo, registradas em *La clé des gestes*, op. cit.

O RISO NA CLASSE

Não há coisa mais revigorante e estimulante que dar boas gargalhadas com os amigos! Fala-se das qualidades terapêuticas disso, e há até grupos que se reúnem para rir até não mais poder. Mas rir na classe é outra coisa.

Certos professores são muito reticentes e desconfiados diante dessa expressão não-verbal. Eles têm medo por mais de uma razão.

— Têm a impressão de que um professor que ri com os alunos perde um pouco do seu poder e autoridade.

— Pensam que o trabalho é coisa séria e que no intervalo e durante seus contatos pessoais os alunos têm tempo de sobra para rir quanto quiserem.

— Quando se dispõem a aceitar o riso na classe, as más lembranças afloram. São assombrados pelo ar de contentamento de alunos zombeteiros, irônicos ou sarcásticos com relação a eles.

— Temem também, talvez mais que tudo, se deixar dominar, não mais conseguir restabelecer a calma e ficar com uma classe desconcentrada e agitada até o fim da aula.

— Por fim, o riso é, sem dúvida, um sinal não-verbal, mas é tão ruidoso que o professor tem medo de incomodar o colega que dá aula na sala ao lado.

Por todas essas razões, costuma-se banir o riso da classe. Os professores que o temem se esquecem de que há risos liberadores e silenciosos, que é possível controlar a tonalidade do riso e o tempo da explosão. Mas parecem ignorar sobretudo que há risos saudáveis e risos doentios.

Os risos saudáveis têm um timbre franco, com freqüência caloroso, acompanhando-se de uma gesticulação aberta e simpática sem nenhuma ambigüidade. São protetores e benevolentes, calorosos e compreensivos, alegres e comunicativos, sem segundas intenções.

Os risos doentios soam falsos, têm tonalidade metálica, aguda ou forte demais, fazendo-se acompanhar de uma gestualidade em desacordo com a pretensa alegria. São sarcásticos e debochados (a pessoa é por vezes agitada por movimentos que parecem quase dolorosos), sem alegria evidente, apesar de sua força e freqüência (os olhos permanecem frios e inquietos), agudos ou abafados com a mão (a pessoa se esconde e parece pouco segura de si).

Aceitar e suscitar de vez em quando os primeiros, proibir e impedir o contágio dos segundos são atitudes que permitem fazer uma pausa e combater a fadiga e a ansiedade na classe.

A linguagem das mãos

Certos gestos das mãos transmitem mensagens que é bom conhecer para lhes dar uma resposta, para evitá-los ou identificar e impedir as agressões. Para decifrar os gestos, é importante conhecer pontos de referência revelados por eles ou pela posição do corpo:

- as mãos juntas exprimem uma ligeira ansiedade; a pessoa se protege e procura adquirir segurança, mas está pronta a comunicar-se se isso lhe for proposto;
- os punhos fechados mostram uma profunda determinação;
- a mão estendida exprime várias coisas, de acordo com a orientação dada às palmas:
  - palmas para cima: solicitação — pedido de ajuda para resolver um problema,
  - palmas para baixo: desejo de acalmar e apaziguar,
  - palmas voltadas para o peito: desejo de adesão,
  - palmas voltadas uma para a outra formando um círculo: desejo de delimitar um conceito,
  - palmas viradas para fora: vontade de rejeitar alguém ou alguma coisa para se proteger ou repelir um perigo;
- o gesto delicado de ligar o polegar e o indicador em círculo mostra uma busca de precisão;
- a mão esticada marca o desejo de cortar a comunicação;
- o dedo esticado, o indicador apontado traduzem uma ameaça (trata-se de um gesto arcaico que lembra a lança que corta, arma indispensável a quem quisesse sobreviver);
- o punho esticado para a frente significa um desejo de agressão.

Muitos alunos, e entre eles os cinestésicos, perdem o fio do discurso quando este não é marcado por gestos de mão que assinalam o ritmo das palavras e evocam as formas, as orientações, os números...

Que fazer na classe?

Já falamos do sorriso como movimento do músculo, que alguns professores prezam muito. Os que não possuem esse dom ganham em marcar por gestos algumas palavras ou conceitos importantes. Por fim, às vezes os que abusam do gesto e do movimento desconcentram e cansam os alunos; se adotarem uma atitude mais sóbria, quem sabe cruzando mais vezes os braços, talvez obtenham uma escuta e uma atenção de melhor qualidade. O professor que procura se conhecer melhor pode se observar quando se prepara para falar com um colega ao telefone ou até na classe, desde que essa atitude não o prejudique. Aquele que se comunica bem com as classes pode perguntar a seus alunos ou ainda, porque isso de vez em quando acontece, observá-los quando o imitam. Dessa forma ele se eximirá de prejudicar seus discursos com gestos contraditórios ou deformar certas instruções com gestos impróprios ou desastrados.

O OLHAR

Os desenhos infantis e as pinturas primitivas exageram a importância dos olhos e das pupilas em suas representações humanas. Exprimem assim uma realidade comprovada por inúmeras experiências.

Nossos olhos olham prioritariamente e na maioria dos casos os olhos dos outros. Parece até que uma mudança de humor é perceptível nas modificações da pupila. Sem chegar a tanto, o professor é muito sensível ao olhar e sabe usar o seu para transmitir mensagens: é capaz de reconhecer, por trás de um olhar indireto ou velado, timidez, desestímulo ou submissão; dá ordens imperiosas com o olhar direto e glacial (usa a técnica do olho "que mata" ou do olhar manso e sabe recompensar com o olhar de veludo...)

A Programação Neurolingüística (PNL) fez o levantamento dos muitos tipos de olhar, com seu respectivo significado. D. Morris indica alguns comportamentos capazes de ajudar os professores a compreender certos fenômenos.

Que fazer na classe?

Os principiantes, os ansiosos, os que deparam com uma classe pela primeira vez e os que assumem uma atitude defensiva às vezes têm medo. Sentem-se ameaçados e tendem a baixar os olhos sobre suas anotações. Isso não ajuda em nada; ao contrário. O público, no caso os alunos, exige ser olhado. É pois essencial dar a ele a impressão de olhá-lo. No entanto, convém evitar fixar sempre as mesmas pessoas, pois, além de estas poderem tomar a atenção contínua como ameaça, os outros podem ficar frustrados... Ameaçados e frustrados, ruminam então seu contra-ataque.

Em caso de tensão ou cansaço, as pessoas piscam com mais freqüência e coçam os olhos. Além disso, empregam quatro manifestações, inconscientes para elas mas identificáveis. Tais manifestações indicam uma desconcentração e uma dificuldade de assimilação. Podemos "ler" nos olhos dos alunos:

- **O olhar evasivo:** a pessoa está no mundo da lua, o olhar fica fixo no vazio por um intervalo excepcionalmente longo;
- **O olhar fugidio:** o olhar foge sem cessar e depois volta a se fixar rapidamente naquele que o encara;
- **O olhar pestanejante:** o olhar está fixado bem diretamente na pessoa que está à frente, mas tem-se a impressão de que as pálpebras são sacudidas por espasmos, por movimentos de fechamento, como se a pessoa lutasse para não fechar os olhos;
- **O olhar vacilante:** a pessoa fixa o outro à sua frente, mas suas pálpebras se fecham muitas vezes durante alguns instantes. Ela parece atenta mas dá também a impressão de que adoraria estar em outro lugar. Parece que esse tipo de pessoa é tímida, desajeitada, vivencia tensões em sua vida privada. Tais pessoas fogem dessa maneira, o que alivia as pressões exteriores, mas sua atitude irrita seu interlocutor.

O aluno surpreendido com os olhos perdidos não tem condições de voltar a prestar atenção sem uma pausa reconstituinte.

Perplexidade e pedido de proteção

Os gestos têm um significado, mas não vale a pena tentar interpretá-los o tempo todo; ao contrário, é útil registrar alguns para poder ajudar os alunos a formular com clareza o que sentem confusamente.

No decorrer de uma prova cujos resultados podem ser decisivos, os alunos costumam ficar nervosos e ansiosos, com medo de fracassar, de não estar à altura. Os menos seguros chegam a ficar confusos. Alguns usam gestualidade e comportamentos de proteção, enquanto outros indicam que estão desestabilizados e perplexos.

- **Comportamentos de proteção**: toda inquietação, todo medo é um pedido não-verbal de proteção. Depois de termos sido privados do calor do seio materno e do colo tranqüilizador da mãe, nós os substituímos por gestos chamados **gestos arcaicos** para recuperar a serenidade e a segurança. Certos **gestos de sucção** são maneiras de recuperar o calor do seio materno: morder o lápis, as hastes dos óculos, mascar chicletes, tragar o cigarro. Da mesma maneira, o abraçar-se a si mesmo constitui um retorno ao colo da mãe: pernas cruzadas e enroscadas, mãos tocando os ombros. Os gestos de autocontato da mão com o rosto também são comportamentos de proteção.

- **Comportamentos de perplexidade: tocar ou empinar o nariz** ou **cobrir a boca com a mão**. Normalmente esses dois gestos merecem atenção. Nem todo aluno que empina o nariz está perplexo, mas aquele que repete esse gesto inúmeras vezes, num curto espaço de tempo, no momento em que lhe é feita uma pergunta ou durante um trabalho, exibe sem dúvida sua perplexidade diante da complexidade da pergunta ou do trabalho. Convém verificar o que está ocorrendo. Parece que toda ruptura, todo desacordo entre atividade e pensamento, pensamentos e gestos, provoca um conflito interior, o qual desencadeia uma reação física que se manifesta por uma elevação das cavidades nasais. Há uma contradição entre o que acontece no cérebro e aquilo que se faz ou se diz. **Tocar o nariz várias vezes** mostra a um observador atento **a existência de um embaraço impossível de ser expresso.** Será esse embaraço é fruto de uma dissimulação voluntária ou de uma perplexidade que não se tem coragem de exprimir? **Estará indicando uma mentira ou, ao contrário, evidenciando uma solicitação?** Para sabê-lo, é bom tentar descobrir o que a pessoa sente observando as áreas do corpo que estão fora do campo visual direto, longe do rosto, porque a pessoa não pensa em dominá-las. **O incômodo faz que a pessoa leve a mão ao rosto mais vezes** e mude constantemente de posição. O contexto permitirá dizer se o aluno está mentindo ou se apenas não tem coragem de fazer a pergunta. Ao identificar sua perplexidade, o professor tem condições de ajudá-lo a esclarecer a questão e a livrar-se do embaraço.

Em contrapartida, **o aluno aplicado,** inclinado sobre o papel, **com a pontinha da língua entre os dentes**, não precisa que o professor se ocupe dele. Sua atitude manifesta sua concentração (segundo D. Morris, ele rejeita, por meio de um "gesto arcaico", o seio materno) e significa: "Não me incomode!"

OS COMPORTAMENTOS DE COMBATE

A violência em sala de aula, sem dúvida, é o que o professor mais teme. A subitaneidade, a força, os gestos desordenados, a consciência do perigo, tudo contribui para aumentar seu temor. Os professores falam muito disso, sem distanciamento nem serenidade; costumam ter medo mas, graças a Deus, bem poucos depararam com a violência física em sala de aula.

Os seres humanos evitam o combate mais que outras espécies animais. As sociedades humanas até seriam notavelmente não-violentas se não tivessem inventado as armas: **uma criança que luta de mãos nuas é pouco perigosa**.

Para conhecer os limites do seu corpo, avaliar seu "eu-pele", a criança precisa confrontar seu corpo com outros corpos. Ela obtém um enorme prazer **do combate simulado**: tocar os ombros do outro, lutar, rolar no chão, brincar de pega-pega constituem os melhores jogos. Essa brincadeira obedece a regras e rituais:

— **sinais de intimidação**: punho levantado, indicador esticado, palavras de provocação acompanhadas de sorrisos, de batimento de pés e de ameaças do tipo "dança do guerreiro";

— **o enfrentamento:** na brincadeira da agressão, os adversários costumam rir ruidosamente, fazer gestos excessivos, gritar, ficar com o rosto bem vermelho e ter grande mobilidade: as mudanças de papel são rápidas; o agressor se torna vítima e vice-versa;

— **comportamentos de triunfo:** o vencedor exprime sua superioridade inclinando a cabeça para trás, por vezes afastando braços e pernas, fazendo o V da vitória ou afastando o vencido com um gesto da mão;

— **comportamentos de submissão:** o vencido se afasta mostrando com o corpo que se submete; às vezes tem as costas um pouco dobradas, os ombros encolhidos, a cabeça inclinada para a frente e um riso humilhado.

Vencedor e vencido voltam logo a ser os melhores amigos do mundo. Eles estão descansados, calmos e seguros de si, porque fizeram funcionar os músculos e tomaram consciência do seu corpo e das suas reservas de energia.

Mas infelizmente é cada vez mais difícil o jovem "brincar de lutar". **O medo** e às vezes a ideologia pacifista **incitam os adultos a proibir todo corpo-a-corpo. As crianças** ficam profundamente frustradas com isso e **guardam em si o desejo de usar os músculos**. Sendo assim impedidas de passar por uma etapa necessária, **elas transformam sua combatividade em agressividade**, principalmente porque devem aceitar a restrição físico-espacial imposta na escola: então elas combatem "de verdade"!

É contudo possível distinguir o combate lúdico da verdadeira briga:

Combate lúdico	Briga verdadeira
Discordância entre o corpo e a expressão do rosto (às vezes, riso ruidoso)	Concordância entre o corpo e o rosto: cara fechada
Rosto muito vermelho	Rosto pálido
Gritos e interjeições	Silêncio
Rápidas mudanças de papéis	Difícil reversão de papéis

Que fazer na classe?

Nenhum professor pode aceitar o combate simulado na classe na esperança de ver diminuírem a agressividade e a violência. Em contraste, durante o intervalo, é bom deixar as crianças se enfrentarem se os sinais indicarem uma brincadeira entre os adversários. Permitir que se realize o desejo de usar os músculos é benéfico para todos. A única precaução a tomar nesse caso é afastar dos combatentes todo objeto contundente ou pontudo.

A descarga de adrenalina

A criança violenta e ameaçadora fica pálida e macilenta sob o efeito de uma descarga de adrenalina; é então mais perigosa do que a criança que está toda vermelha e vocifera (o cão que ladra não morde). Esse fenômeno fisiológico tem por objetivo irrigar o cérebro, retesar os músculos e oxigenar os pulmões. É desencadeado pela secreção de um hormônio armazenado nas supra-renais e no sistema simpático. Há uma **ação vasoconstritora** sobre a circulação periférica. Seus **efeitos são passageiros**, porém **espetaculares quando a ação é retardada, bloqueada** ou impossível. No exemplo a seguir, um relato condensado permite descrever sinais de enfado, de impaciência e de cólera, bem como o desencadeamento de uma descarga de adrenalina decorrente de uma situação sem saída.

Éric não gosta do trabalho escolar e menos ainda de física. Gostaria de estar em outro lugar, mas não pode sair da sala de aula. Ele fica entendiado e, independentemente de sua vontade, seu corpo o exprime: ele passa a bocejar sem parar e se sente esgotado, embora estivesse bem-disposto antes de entrar na sala! Imóvel, dá profundos suspiros entre os bocejos... e de repente, depois de dar uma rápida olhada no relógio, se desespera: ainda faltam 35 minutos de aula... Do enfado, passa à impaciência: agita-se, se enerva, bate nervosamente o pé e se sente invadido por uma enorme onda de raiva que procura dominar de todas as formas, porque com esse tipo de professor é melhor não facilitar! Tentando se acalmar, morde os lábios e, sem saber como, começa a sangrar... Que chatice! Ele pede para sair, mas o professor não permite. Furioso, sente-se invadido por uma curiosa corrente: suores frios, boca seca, respiração profunda, arrepios na nuca. Para dissimular seu estado, aperta a régua de plástico e o faz com tanta força que as juntas de seus dedos ficam brancas e... a régua se quebra com um ruído seco. Seus colegas desatam a rir, chamando assim a atenção do professor, que intervém: "Éric, você não faz nada e ainda faz os colegas rir!" A essas palavras, Éric se levanta como uma mola, com brutalidade, derrubando assim sua carteira; e se põe a dizer alto e bom som o que pensa da física, do professor, da escola... diante de um grupo estupefato e de um professor desestabilizado.

Éric passou por uma "descarga de adrenalina"... que era previsível e poderia ter sido evitada. Mas o professor não estava atento aos sinais não-verbais. Agindo diante do enfado, propondo uma atividade diferente, dando simplesmente a palavra a Éric para que ele se exprimisse, fazendo uma piada delicada com ele, o professor teria evitado essa situação.

Que fazer na classe?

A descarga de adrenalina é muitas vezes, na linguagem familiar, sinônimo de raiva. Há, porém, descargas de adrenalina que favorecem o estudo ao mobilizar as capacidades cerebrais por meio da irrigação sanguínea do cérebro. É preciso saber aproveitar essas descargas e não desperdiçar esses momentos favoráveis. Às vezes os professores chegam até a prejudicar os alunos que fizeram desencadear seu circuito de adrenalina para ter sucesso num exame.

No dia previsto para a prova, o aluno chega à aula e se põe em estado de grande concentração. Sente-se pronto, em forma, tem a matéria "na ponta da língua". Se a espera se prolonga além da medida, ele passa a sentir calor, fica corado, tem vontade de ir ao banheiro... o sangue recomeça a irrigar a periferia: ele não irá tão bem na prova, pois está desconcentrado... Por isso, é bom manter sob controle os horários e datas previstos, embora alguns alunos às vezes peçam para adiar as provas por não terem se preparado o suficiente.

O professor também tem descargas de adrenalina que é possível prever e observar. Cabe-lhe detectá-las para evitar suas conseqüências nefastas.

O ENRUBESCIMENTO

"Espelho da alma"

O gesto consciente ou inconsciente não perturba... não nos damos conta dele. Ele não nos incomoda, pois faz parte de nós! Em contrapartida, os fluxos sanguíneos que nos colorem bruscamente a pele quando gostaríamos de passar despercebidos nos inquietam a tal ponto que tememos seu retorno com certa ansiedade. Essas manifestações, essa intervenção do nosso corpo, que toma a palavra sem autorização, são comandadas por nossas emoções, particularmente o constrangimento, a culpa e a vergonha.

1 Da repressão das pulsões ao medo de ser rejeitado

O SENTIMENTO DE SER DESNUDADO

Alguns sentimentos provocam de fato uma profunda alteração física, **uma liberação de energias psíquicas** que têm como descarga **manifestações vegetativas ou motoras descontroladas**. O sangue já não fica oculto nas profundezas do corpo, mas aflui à periferia; a pessoa se sente desnudada, desvendada, oferecida ao olhar alheio. Nesse momento gostaríamos de desaparecer. A pessoa que enrubesce com freqüência, o eritrófobo, baixa a cabeça e os olhos; repentinamente sem forças, com vergonha, ela adoraria que o solo se abrisse sob seus pés e a en-

golisse. Sente-se impotente e incapaz de reagir. O caráter súbito, o aspecto imprevisível do fenômeno e a total incapacidade de controlar seu aparecimento, seu alcance e sua duração desencadeiam o medo de seu retorno. Essa predisposição a enrubescer atinge muitos adolescentes, mas alguns adultos continuam a ser afetados por ela. São considerados tímidos, talvez o sejam, mas não seria sua retração devida mais ao medo de enrubescer? A verdade é que eles sofrem com isso. Por essa razão, é bom compreender o mecanismo e conhecer alguns comportamentos capazes de ajudar essas pessoas.

Na origem, as primeiras emoções primitivas

A criança organiza seu espaço afetivo a partir das relações que estabelece com as pessoas e objetos que a cercam. Esse espaço não pode ser observado, mas se reveste de importância primordial por estar em profunda relação com o ser humano quando este vivencia suas primeiras emoções primitivas.

Por isso as experiências emocionais e sensoriais que se imprimem na vivência corporal do indivíduo, condicionando os intercâmbios entre ele e o mundo, merecem atenção especial.

De fato, o recém-nascido, desde os primeiros meses, desenvolve uma relação de amor com a pessoa que cuida dele e, portanto, lhe dá prazer, seja a mãe ou algum de seus substitutos.

No extremo oposto ao prazer está a frustração, e a criança associa à mãe toda situação de desprazer, desenvolvendo com relação a ela uma agressividade relacional e um sentimento de culpa.

"Segurança e insegurança, prazer e desprazer são os fundamentos das primeiras experiências, profundamente gravadas na fibra do corpo, que condicionam estreitamente as modalidades privilegiadas de intercâmbio, de realização e de defesa. Desejos e temores se inscrevem com as respostas dadas. O narcisismo tem aí seu papel, ao lado da certeza ou incerteza de agradar e de ser amado."[16]

Frustração, agressividade, sentimento de culpa também são igualmente inevitáveis e acompanham a criança em sua exploração do mundo exterior, participando da identificação de limites, condição da assunção de autonomia pela criança.

16. A. Bucher, *Les problèmes psychomoteurs de l'enfant*, op. cit., p. 26.

O APEGO AO GRUPO E O MEDO DA REJEIÇÃO

- **A educação** do ser humano passa pela **repressão de pulsões**. Essa repressão faz desaparecer do campo da consciência os desejos proibidos, mas é preciso não se enganar com isso... eles estão bem presentes, apesar de tudo. Para reprimi-los, nós os desvalorizamos e os "satanizamos", o que **transformou os objetos de prazer em objeto de pudor, de desgosto ou de vergonha**. É no contato com a mãe e, mais tarde, com o grupo familiar que se faz esse trabalho de triagem e de substituição.

- No momento do parto, a criança sofre um traumatismo: é separada brutalmente da mãe. Essa "**separação forçada**" provoca nela um violento desejo de "**arraigamento**". Ora, os pêlos desapareceram no animal humano, e o filhote de homem já não pode ficar agarrado com a mãe... Isso lhe provoca uma angústia aguda que o leva a experimentar sentimentos violentos: ciúme, remorso, vergonha[17]. Ele não pode suportar sua solidão e seu distanciamento e encontra um substituto no calor do grupo familiar, ao qual se integra. A mãe é substituída pelo grupo familiar, mais tarde substituído pelo grupo social. Esse "**apego**", mesmo insatisfatório, é preferível a uma ausência de relações.

- Como o apego ao grupo é primordial, uma verdadeira questão de sobrevivência, **o medo da rejeição** torna-se muito doloroso, até angustiante. Todos sabem que há excluídos, o que aumenta o medo.

  Podemos **nos excluir** do grupo mediante um ato que nos aparte dele. Inversamente, **o grupo pode excluir um de seus membros**, por considerá-lo motivo de vergonha para os outros.

- S. Tisseron qualifica a vergonha como **sentimento social**, pois a sentimos quando um pensamento íntimo é revelado publicamente. Temos a sensação de ter cometido uma falta por pensamento ou por ação. A vergonha se revela já quando nasce em nós o desejo de transgredir uma proibição, mas é também intensa quando somos diferentes ou tratados diferentemente do resto do grupo.

---

17. Para falar sobre a vergonha baseamo-nos no livro de S. Tisseron, *La honte, psychanalyse d'un lien social* (Paris, Dunod, 1992), considerado uma autoridade na questão. O ciúme é um sentimento complexo que traduz a perda de uma relação e a dor da separação.

Alunos e professores são acossados pela vergonha em diversas ocasiões.

O aluno que não vai bem na escola e o aluno muito bom podem ter vergonha de sua condição, por temerem que suas deficiências ou sua capacidade excepcional levem o grupo a rejeitá-los. Do mesmo modo, alunos que não recebem o mesmo tratamento que os outros temem ser apontados, bem como o que colou igual aos outros mas não foi aprovado, o que faz bagunça mas é perdoado por causa do seu ar de santinho.

Os professores às vezes têm vergonha de exprimir sua opinião porque ela contraria a da maioria dos colegas. Têm vergonha de aceitar fazer horas extras quando a equipe de professores é contra..., de convidar um conferencista de direita (em política) para um estabelecimento de tendência primordialmente socialista..., de dizer que seria bom levar em conta os ritmos biológicos para assegurar o sucesso dos alunos e anunciar que aceita a redução das férias que é decorrência lógica disso...

Que fazer na classe?

Conhecendo as origens do apego ao grupo familiar e social, o professor compreende melhor certas coisas.

— É mais prudente e compreende melhor certas decisões do órgão de proteção à infância: ao insistir que a criança maltratada permaneça no seio familiar, procura-se evitar um trauma adicional. De fato, o apego da criança ao seu próprio meio é essencial à sua sobrevivência psicológica. A vergonha de apanhar seria substituída pela vergonha de ser excluído de seu ambiente familiar...

— Leva em conta o papel da vergonha em todo fracasso decorrente de mudanças que envolvam a si mesmo ou aos alunos. O medo de ser rejeitado, de perder a estima dos companheiros ou colegas o impede de manter suas resoluções: a criança agitada ou desordeira que promete trabalhar e se acalmar, o professor que decide alterar sua prática retornam rapidamente a seus antigos hábitos por temer o olhar dos outros.

— Para garantir uma mudança bem-sucedida, ele estimula os alunos a se libertar do estado de conflito que a vergonha desencadeia: aconselha-os a anotar o que vão ganhar com um novo comportamento, bem como tudo o que possa tornar-se um empecilho. Com esse esclarecimento eles poderão perceber as razões de um eventual fracasso, tornar-se mais realistas e atrever-se a ser como são.

O ambiente familiar na origem da vergonha

O professor não tem possibilidade de fazer triagem entre seus alunos. Eles são muitos, e cada um tem seu itinerário familiar.

Quanto mais fragilizado pela experiência da vida, **tanto mais vulnerável** aos eventos que se produzem no grupo que é a classe. Em contrapartida, quanto mais forte se é interiormente, tanto melhor se resiste às condições violentas em que se é jogado.

Certas pessoas, certos alunos têm **um forte sentimento de inferioridade** e vivem dizendo: “Não sirvo para nada...”. Costumam ter vergonha em quaisquer circunstâncias, mesmo que o ambiente seja caloroso e acolhedor. Esse tipo de aluno atrai a simpatia e a atenção dos professores, que se perguntam o que terá provocado esse sentimento de inferioridade. Serge Tisseron cita **dez causas de vergonha** instauradas no ambiente familiar.

1. A criança **é incapaz de satisfazer às exigências do seu ideal**. Em termos gerais, pode-se dizer que se espera demais dela, o que a leva a se sentir desvalorizada e envergonhada.
2. **A mãe**, demasiado possessiva, **exige** que a criança lhe **conte tudo** o que faz: "Você não pode me esconder nada, posso vê-la mesmo quando estou de costas, meu dedinho me diz tudo..."
3. **O meio** familiar **interpreta os sentimentos da criança**, deixando-a confusa: se ela diz "Estou com raiva", seus familiares a fazem compreender que está enganada...: "Com certeza você está cansada ou com fome". Ela sente vergonha por ser tão pouco perspicaz e também por não aceitar inteiramente essas explicações que seu corpo contradiz.
4. **Não permitem que ela expresse certos sentimentos**, estimulando-a a construir uma fachada para não demonstrar o que sente. Ela não pode demonstrar entusiasmo quando um trabalho seu é aprovado, ter medo antes de uma prova, abalar-se quando vai mal num exame...
5. Seus pais, sua família **riem dela** em certas circunstâncias e reagem com frieza em outros momentos: "Ninguém agüenta ver você comer sua salada; é incrível como você é desajeitado!" "Isso não é grave... não vá fazer um drama!"
6. Às vezes os pais **a punem severamente**, dizendo-lhe que a submetem a essa dolorosa privação — ou a esses golpes — "**para o seu bem**, em seu interesse". Esse paradoxo (como o mal pode ser ao mesmo tempo bem?) leva a criança a ficar confusa e sentir vergonha por não compreender.
7. **Um de seus pais é desvalorizado social** ou psicologicamente. Às vezes os pais alimentam um desprezo mútuo e o transmitem à criança: "Seu pai é um imprestável", "Sua mãe é uma incapaz". Outras vezes a desvalorização deve-se a um fato humilhante, como desemprego ou prisão. **A criança se despreza por amar um ser desvalorizado** e passa a desprezar todos os que se assemelham a ele. Contudo, faz o possível para se envolver em situações em que seja desprezada.
8. **A criança pensa que os pais não gostam dela,** que **é objeto de rejeição** e até de repulsa da parte deles. Trata-se de uma representação que pode não ser verdadeira, mas que a criança considera autêntica. Ela foi rejeitada ao nascer, perdeu o lugar para um irmão menor, tem um ligeiro defeito físico (estrabismo, um pouco de surdez, pés tortos).
9. A criança descobriu **um segredo familiar vergonhoso**. Talvez seja um "segredo de Polichinelo", mas para ela é uma revelação vergonhosa. Um tio, um pai, um primo roubaram dinheiro, estiveram na prisão...
10. **A criança passou por traumas** (violência, agressão, violação, incesto) ou traumas familiares (doença, morte).

Que fazer na classe?

Todos os professores lembram-se de casos de crianças que viveram situações dolorosas que as levaram a sentir vergonha. Ajudando essas crianças a se valorizar, os professores podem deixá-las menos confusas e auxiliá-las a desenvolver sua autonomia. Devem, contudo, evitar falar do assunto com elas ou culpar seus pais, pois esse não é seu papel. Também devem ter **o cuidado de não exagerar** desculpando comportamentos indesculpáveis, **porque o papel do pedagogo consiste em integrar os alunos** para fazer deles adultos como os outros, capazes de se sair bem **mesmo que tenham começado com alguma deficiência.**

2 Compreender e tratar: vergonha e sentimento de culpa

TRÊS TIPOS DE VERGONHA

Há três tipos de vergonha:

— **a vergonha ligada ao passado** familiar (ver parágrafo precedente);

— **a vergonha ligada a um evento presente**: vergonha de ter se enganado diante da classe, vergonha de não dar a própria opinião e dizer o contrário do que pensa para melhor se integrar ao grupo, vergonha de ter sido atacado na saída da escola...

— **a vergonha sentida por outra pessoa**: o aluno que enrubesce porque o colega acaba de mentir desavergonhadamente ao professor se faz punir quando não é o responsável! Aquele que tem más notas por vezes tem vergonha da vergonha que causa aos pais. Trata-se de um aspecto da vergonha que se sente por atos cometidos pelos membros da família ou do grupo social, por alunos de sua classe, colegas de seu estabelecimento ou da humanidade. Os jovens alunos que são alvo dos desordeiros do bairro às vezes têm vergonha de si mesmos e dos seus companheiros de brincadeiras que passam a roubar.

Dois graus de vergonha

- **A vergonha superficial** (chamada de **vergonha-sinal**) é muitas vezes **desencadeada** por uma **zombaria**. Essa zombaria cria **o sentimento de ser ridículo** aos olhos dos outros. A convicção de ser ridículo produz uma grande perturbação e um mal-estar que provoca reações no corpo (rubores, tremores, aceleração do ritmo cardíaco). Nesses casos, temos medo de ser rejeitados.

Se sentimos que as críticas são fundadas e se percebemos que é possível remediar a situação, a vergonha é um **sinal útil** que permite reformular nossas relações, nossos comportamentos e nossos métodos de trabalho, e nos traz de volta a tranqüilidade. Podemos falar disso com outras pessoas. **O humor** é um excelente instrumento de expressão da vergonha e de reconciliação consigo mesmo.

Pessoas capazes tanto de sentir como de expressar sua vergonha se refazem rapidamente. Recuperam a identidade e a autonomia. Mesmo imperfeitas e envergonhadas, são reconhecidas pelo grupo por terem admitido suas falhas. Essa reintegração permite sentir emoções liberadoras: raiva, culpa, indignação...

- **A vergonha profunda** (chamada de **vergonha-sintoma**) é mais violenta. As pessoas que a sentem não conseguem se livrar dela nem encontrar uma saída. Ficam inibidas, psiquicamente desorganizadas, confusas. Sentem-se impotentes, num impasse. Defendem-se com todos os meios disponíveis. **A vergonha profunda é desconhecida, inconsciente, oculta.**

> O aluno em dificuldades apresenta uma visão distorcida de sua orientação, já se vê na escola politécnica. O professor incapaz de "controlar sua classe" gaba-se publicamente por suas grandes qualidades de pedagogo ou então deplora o comportamento e o nível lamentável de suas classes, responsabilizando-as por seu fracasso pessoal.

A negação revela com freqüência uma vergonha oculta: tanto o aluno como o professor em dificuldades estão sob a influência de mensagens inibidoras do tipo "Você deveria ter vergonha de fracassar", "Se estivesse em seu lugar, eu enrubesceria, eu me esconderia..." Não podendo desaparecer fisicamente, essas pessoas eliminam de seu discurso a situação que desencadeia a vergonha. É assim que alguns alunos (alguns professores?) se refugiam na fantasia.

— **Pode-se fugir da vergonha profunda**: pessoas que a sentem **se revoltam ou se conformam**.

> Juliano tem notas péssimas desde o começo do ano; ele era calmo e estudioso no início, mas, a partir do fim do bimestre, faz o possível para chamar a atenção, faz bagunça, discute. Seus professores não agüentam mais: "Você deveria ter vergonha do seu comportamento, principalmente com as notas que tem... Este não é o momento de tentar aparecer. Não há motivo para ser rebelde sem causa!"

Esse aluno tem vergonha de suas notas na escola e procura esquecê-las. Fazendo bagunça, procura fugir de sua vergonha porque não suporta essa situação humilhante; mas os professores insistem e o lembram daquilo que ele queria esquecer. Se for ajudado a progredir, seu comportamento melhorará. Em contrapartida, dando-lhe mais um motivo para sentir vergonha, corre-se o risco de estimulá-lo a continuar piorando. Alguns, ao contrário de Juliano, se resignam e mergulham numa profunda apatia ou então se comprazem com o papel de bodes expiatórios. Masoquistas, tornam-se mais estúpidos e desajeitados para provocar as reprovações do professor, os golpes e zombarias dos colegas.

— Em contrapartida, quando **a vergonha** é reconhecida, assume a função de um poderoso trampolim que impele os que se sentem humilhados e desprezados dessa maneira a reagir. Ela **desperta a ambição**, faz nascer **o orgulho de ter sucesso** apesar do outro.

> Durante uma reportagem sobre o fracasso escolar, uma ouvinte intervém para dizer que os professores, com suas propostas desvalorizadoras, muitas vezes provocam o fracasso dos alunos. Citando seu caso pessoal, declara ter sido humilhada sistematicamente ao longo de seus estudos por causa de seus erros de ortografia, por professores violentos e intolerantes. Ela conclui, com revolta e ódio na voz: "Diante dessas críticas, cerrei os dentes e prometi a mim mesma que seria melhor que aqueles imprestáveis. Estudei engenharia, hoje ganho mais que eles e tenho tido sucesso..."

Essa pessoa conseguiu reagir à humilhação e à vergonha. Outras teriam se desestabilizado.

Que fazer na classe?

Os professores não são perfeitos e, às vezes, perdem a paciência e se irritam com certos defeitos. Costumam pensar que bastaria um pouco de trabalho e de atenção para corrigir tudo! Sabendo que ninguém é perfeito, convém manter a espontaneidade (não em demasia), ao mesmo tempo em que se presta atenção aos sinais enviados pelo corpo. Vendo a raiva no olhar do aluno, observando sua tristeza, o professor pode se desculpar por ter dito mais do que deveria, ao mesmo tempo em que explica o objetivo de sua observação...

Vergonha e culpa

A culpa e a vergonha são próximas, vinculadas entre si e ao mesmo tempo diferentes. São dois sinais emocionais que traduzem uma ameaça ao eu. Costuma-se misturá-las. Para S. Tisseron, a culpa se distingue da vergonha porque pode existir sem o medo do julgamento dos outros; podemos ser culpados "aos nossos próprios olhos". Ela desencadeia um forte sentimento de mal-estar e pode impelir a pessoa a fazer qualquer coisa para se livrar dela.

Quando buscamos o perdão pelo mal que praticamos, recuperamos o equilíbrio, a auto-estima e a estima do grupo.

CARACTERÍSTICAS DA VERGONHA E DA CULPA[18]

Vergonha	Culpa
Ligada a uma decepção ou a um fracasso. Sentimento de não corresponder ao próprio ideal. Conflito interior entre o desejo de satisfazer uma pulsão e a proibição existente.	Ligada a uma transgressão moral. Desobediência à lei. Sentimento de ter agido mal.
Difícil de suportar.	Não é forçosamente dolorosa.
Sentimento de não ter escolhido voluntariamente a situação.	Sentimento de ter invadido o território do outro, de ser responsável.
Manifestações corporais, fortes e penosas. Enrubescimento, suores, tremores, caretas, aceleração cardíaca, lágrimas, perda do autocontrole e tentativa de escondê-la.	Manifestações corporais leves. Trejeitos, enrubescimento.
Emoções desordenadas.	Pensamentos desordenados.

18. De acordo com S. Tisseron, op. cit., pp. 14-17.

Vergonha	Culpa
A descarga emocional é bloqueada. Inibição da ação e da expressão: o mal-estar está na própria pessoa.	Descarga emocional voltada para si mesmo (desvalorização e raiva) e para outras pessoas (indignação). O ódio de si mesmo eclipsa o ódio aos outros.
Sentimento de vulnerabilidade: toda intervenção de outrem é vivida como intromissão.	Intensa consciência dos limites além dos quais não se pode chegar sem perigo.
A pessoa é passiva, está abatida pela idéia de que os outros têm uma percepção negativa dela. Seu espírito fica vazio, um desejo brutal de abandonar tudo a invade. Ela se sente impotente. Ela se marginaliza.	A pessoa sente pena de si mesma. Fica absorvida em seus pensamentos ou na ação, buscando melhorar sua sorte. Dedica-se à "reparação" a fim de restaurar a auto-estima.
Sentimento de ser punido por uma particularidade do seu ser.	Sentimento de ser punido por uma ação praticada ou mesmo desejada.

Vergonha, imagem de si e educação física

A vergonha é muitas vezes provocada por tudo o que desvaloriza a auto-imagem. Manifesta-se, por exemplo, nos alunos quando seus códigos habituais não são respeitados: saudações e formas de polidez, modos de se comportar, de se vestir. Torna-se violenta quando os rituais e costumes do grupo social, da cultura ou da religião do aluno estão em confronto com os de um grupo dominante de cultura diferente.

Atinge seu ponto mais alto quando envolve o corpo; a sensação de ser diferente — de ser feio, pequeno, grande, gordo, magro, doente, albino,

míope, vesgo, manco — nos faz enrubescer, produz em nós tanta vergonha quanto ter uma mochila fora de moda, uma roupa velha ou ser pobre, negro... Mas com certeza é na aula de educação física que esse confronto com o outro, esse **medo do ridículo** e de ser **rejeitado pelo grupo** são mais freqüentes.

Muitos pensam que as meninas têm mais vergonha do corpo que os meninos, sobretudo na fase da puberdade (cf. capítulo 7). Os professores de educação física o confirmam, introduzindo nuanças. Todo menino, sob influência da mídia e da publicidade, deseja secretamente se assemelhar a uma sutil mistura de Mister Músculos, Super-Homem, Tarzã ou Silvester Stallone para que as meninas desfaleçam e caiam a seus pés... A aula de educação física é muitas vezes uma provação para eles quando não estão à altura das exigências. Têm às vezes vergonha de não conseguir fazer certos movimentos. O problema das meninas consiste mais em ser obrigadas a mostrar esse corpo que muda e com o qual não estão habituadas.

Que fazer na classe?

O professor de educação física que deseja evitar manifestações de vergonha paralisante nos alunos:

— forma grupos separados de meninas e meninos para atividades em que o corpo se expõe mais;

— organiza a classe em subgrupos afastados uns dos outros a fim de limitar o número de testemunhas. Isso permite que cada um escape ao olhar de um número maior de pessoas;

— observa atentamente a personalidade dos alunos a fim de escolher a melhor divisão em subgrupos;

— adapta o material a cada aluno, levando em conta seu desenvolvimento e suas aptidões físicas;

— leva em conta mais a cooperação entre companheiros e a capacidade de trabalhar em equipe que os resultados, o que contribui para evitar as zombarias e maldades em prol do desenvolvimento da solidariedade;

— participa pessoalmente, estando fisicamente presente ao lado dos alunos, para mostrar como fazer, mas sobretudo para mostrar que se pode estar à vontade fazendo gestos desajeitados e cometendo erros mesmo quando se é professor e se está acostumado a praticar esportes;

— permite que se escolham roupas esportivas amplas, flexíveis e favoráveis ao movimento, o que dá segurança e encoraja quem tem medo do ridículo e vergonha de seu novo corpo.

CAUSAR VERGONHA AOS OUTROS?

Tanto os alunos como os professores sabem muito bem **usar a vergonha para manipular e obter o poder**. Isso é humano, diríamos... mas numa relação tão importante quanto a que se estabelece na sala de aula é prudente buscar em outro lugar as fontes do poder. A zombaria é uma importante causa de vergonha. **Adolescentes têm mais medo do ridículo que de cometer erros.** O medo da exposição pública das faltas é mais temido que a culpa vinculada com faltas que podem permanecer em segredo. Causar vergonha a qualquer pessoa assegura uma relação de força cujo resultado em sala de aula nem sempre é conhecido, porque o aluno humilhado pode dirigir a vergonha em outra direção.

Por todas essas razões, é prudente suprimir as intervenções que possam desencadear a vergonha como maneira de estimular os alunos. Essa distinção é facilitada pelo conhecimento do aluno e de sua história. Se as circunstâncias familiares, o nível escolar e o comportamento na classe são difíceis, é desaconselhável tentar estimular os alunos a trabalhar por meio de pequenas zombarias.

Que fazer na classe?

O professor poderá ajudar mais facilmente os mais fracos a se desenvolver se for natural e deixar de lado seu amor-próprio para reconhecer seus erros, bem como abandonar sua irritabilidade e suas distrações para que os alunos se sintam seres humanos como os outros, reconheçam seus medos, tenham coragem de fazer perguntas ou de dar uma resposta sem ter plena certeza de que ela está certa. Também convém evitar revelar os erros dos mais tímidos em público e chamar à lousa os que sofrem de eritrofobia. Tudo isso para substituir a vergonha por vergonha, a vergonha por sentimento de culpa, o sentimento de culpa por auto-estima.

O professor que provoca a vergonha em seu aluno na verdade se envergonha por agir dessa forma, sente-se culpado e embaraçado. Mas quando o ajuda e percebe que ele se abre e se torna mais ativo, sente-se confiante e feliz.

O corpo fala quando os ruídos de vozes se calam. Os professores freqüentemente sabem reconhecer as demandas não-verbais, embora nem sempre se mobilisem para responder a elas. Têm então um forte sentimento de impotência e... vergonha por não ter agido! Algumas vezes a concepção da nossa profissão, a noção de limites e dos nossos valores nos impedem de agir e de mudar. Em nome da Educação Nacional, dedicamo-nos mais a domesticar e a conter os corpos expressivos dos nossos alunos do que a escutar as demandas para atender a suas necessidades.

3

O CORPO DOMESTICADO

Para tornar-se um adulto autônomo e responsável, todo indivíduo deve percorrer um trajeto marcado por inúmeras etapas que o fazem passar de um estado de dependência a um estado de independência. Seu desenvolvimento depende de sua capacidade de adaptação a um ambiente diferente. Os professores têm um papel primordial nesse percurso que leva a criança da família à creche, da escola maternal à escola regular, do ensino fundamental ao ensino médio... Os professores devem ajudar o aluno a se socializar, a se adaptar à vida de grupo e às normas da sociedade sem destruir nele suas potencialidades.

A ESCOLA

Instrumento de socialização

O conceito de socialização é vasto e complexo. Pode-se concebê-lo como "um conjunto de processos por meio do qual a criança se torna um membro da sociedade ao mesmo tempo autônomo e capaz de atender às expectativas de outrem"[1]. Cada cultura molda, consciente ou inconscientemente, a personalidade dos indivíduos, mediante suas instituições e os modelos que propõe ou impõe: "o indivíduo está na base de todo fenômeno social e cultural"[2].

1 Família-escola: dois sistemas de valores em contato

O confronto que se faz na escola entre a cultura familiar e as normas sociais define personalidades diferentes. Para um indivíduo em formação, esse processo é bem mais complexo porque ele se vê confrontado com estruturas sociais e sistemas de valores muito distantes.

UM PROCESSO DE ACULTURAÇÃO

A coexistência da escola e da família põe a criança diante de dois tipos de sociedade extremamente opostos.

Um grupo de **tipo societário, a escola**, o outro de **tipo comunitário, a família**. "De um lado, a escola apresenta relações mais pensadas que sentidas, atividades regidas por uma reflexão racional, um direito estritamente igual para todos, uma atmosfera em que tudo é codificado pela razão; de outro, a família, unidade orgânica de tipo biológico e afetivo no

1. P. H. Chombart de Lauwe, *Enfance en jeu*, Éd. du CNRS, 1976.
2. Id., ibid..

qual a regulamentação repousa sobretudo no uso, no costume, em que as coisas se situam num plano mais individual, mais íntimo."[3]

De acordo com sua origem familiar, suas aptidões pessoais para a comunicação, sua capacidade de adaptação à mudança, a criança — o aluno — vive de maneira diferente esse confronto entre essas duas culturas. Se consegue transformar essa situação em dinâmica, ele tem sucesso em seu processo de socialização. Pelo contrário, se se mostra incapaz de superar suas contradições, ele entra então numa relação conflituosa que pode adquirir formas patológicas.

O professor, representante da instituição Educação Nacional, tem a incumbência de instaurar esse processo de socialização. De acordo com sua concepção pessoal da educação, ele se mostra autoritário, hipertolerante ou permite, pelo contrário, que o aluno alcance a autonomia.

SUBMETER A NATUREZA PRIMITIVA

Para lutar contra as perversões geradas pela civilização, para preservar os alunos do mundo das aparências, da representação e da desigualdade, em suma, para tentar se adaptar aos termos da análise de J.-J. Rousseau e à sua crítica do homem civilizado, certos educadores defendem a submissão da natureza primitiva do homem por meio da aprendizagem social. **Partindo de um princípio louvável**, a necessária proteção da criança contra o ambiente pervertido, **esses educadores agem e decidem** por ela, **sem lhe deixar a escolha, a liberdade** de experimentar e de encontrar o que é bom para ela.

A socialização é então vista como um mecanismo unilateral que considera que a criança, futuro adulto, não age com vistas ao seu próprio futuro. A sociedade instala processos coercitivos para definir as atitudes e representações sociais comuns a todos, atribuindo-se a prioridade aos mecanismos sociais.

3. H. Hannoun, *Les conflits de l'éducation*, Paris, ESF, 1975, p. 24.

Considerado **desse ponto de vista, o professor deixa de ser educador**, no sentido etimológico do termo, isto é, aquele que conduz ao exterior (*ex-ducere*), que leva à luz. **Sua missão** não é se apegar ao aluno e lhe permitir que se revele a si mesmo, mas sobretudo **salvaguardar a instituição** ao instalar processos de adaptação do indivíduo ao sistema em que ele está. Assiste-se então à criação de **fenômenos de controle e de modelagem excessivos** que devem permitir à criança a integração na hierarquia social e nas regras que a ela preexistem e de que ela depende.

A relação professor-aluno é concebida como preparação à relação com a autoridade. A dinâmica da relação se inscreve, como acentua S. Mollo[4], num sistema de relações de poder em que a criança é rejeitada desde o começo, solicitada a dar uma resposta, avaliada em seu papel de reflexo ou de contraponto.

Assim, na relação professor-aluno, a transmissão e os conteúdos pedagógicos se organizam a partir de uma representação da sociedade, em que a escola realiza "uma ação filtrante e deformadora das representações sociais que seleciona. Essa concepção da educação é sustentada por uma pedagogia mais centrada nos interesses da sociedade do que nos da criança... Em tal sistema educativo, a sociedade delega seus poderes aos professores por intermédio de um pesado aparelho de administração e de controle"[5].

2 Ajudar o aluno a se tornar autônomo

Alguns preferem, como vimos, submeter a natureza primitiva, na tentativa de evitar as perversões do "homem civilizado" descrito por J.-J. Rousseau. Uma leitura diferente de Rousseau leva outros a buscar salvaguardar os direitos da natureza na educação da criança, ao mesmo tempo em que cuidam de sua necessária socialização, concebendo-a como um empreendimento de amadurecimento físico e psíquico em que as dimensões afetivas têm importante papel. Por meio da socialização, a criança também adquire a capacidade de se abrir aos que a cercam, perceber suas mensagens, imitar, identificar-se com esse grupo, exprimir-se e fazer-se compreender.

---

4. S. Mollo, *Os mudos falam aos surdos*, Lisboa, Estampa, 1978.
5. Id., ibid..

A socialização permite a construção do Ego, do Superego e da imagem do Eu por meio das relações com os outros e da interiorização da imagem desses outros.

UM EQUILÍBRIO ENTRE O INDIVÍDUO E O GRUPO

O projeto educativo se propõe levar a criança a uma autonomia relativa num contexto social. A socialização é vista tanto como o surgimento de **sentimentos de pertinência a um grupo** quanto como emergência de uma **diferenciação pessoal**.

Se essa diferenciação entre o indivíduo e o grupo, o Ego e o Outro, não puder ocorrer, os dois serão confundidos no mesmo espaço numa relação de sujeição recíproca. O papel da educação consiste em agir de maneira que essa sujeição, positiva ou negativa, se desvaneça para dar lugar a uma autêntica autonomia. Não se trata, por conseguinte, de reduzir a criança ao grupo nem de fixá-la como entidade independente que evolui de modo isolado e paralelo ao grupo, mas de estabelecer um processo de equilíbrio que mantenha o aluno numa interação perpétua com seu ambiente, a realidade.

É na ação que a criança se propõe progressivamente como entidade autônoma e identificada, ação pela qual a criança tende a integrar em si o ambiente.

De acordo com Ajurriaguera, "a criança traz em si a possibilidade de sua própria transformação, desde que os impactos exteriores cheguem num momento de maturação em que ela possa assimilá-los e transformá-los"[6]. Com isso podemos avaliar a importância da escola.

O ALUNO E A INSTITUIÇÃO EM INTERAÇÃO

A motivação primeira de todo indivíduo consiste em estabelecer uma comunicação com o Outro. A necessidade e o desejo de não ficar apartado dos outros parecem primordiais. É por isso que a linguagem desempenha um papel essencial no processo de socialização. Ela se apresenta como uma instância mediante a qual a criança acede, pelo mundo dos símbolos, a uma significação ampliada, a do Universo.

6. J. de Ajurriaguera, excerto de *Leçon inaugurale au collège de France*, pp. 31-32.

Pode-se definir a socialização como um **processo progressivo e contínuo de interações** entre o sujeito e seu ambiente, estando a estruturação da personalidade vinculada à estruturação da sociedade.

Trata-se, portanto, de considerar a interação entre indivíduo e ambiente e, por isso, de investigar **o lugar concedido ao aluno** e aquele que ele ocupa na classe, tendo sempre presente o fato de que esse **espaço físico**, vivido afetivamente, é também um **espaço socializado**.

A CLASSE

Um espaço estruturado

A partir dos cinco ou seis anos, a escola é o ambiente no qual a criança passa a maior parte do seu tempo. Ao mesmo tempo que a família, os vizinhos, os amigos, a rua e outros ambientes, a escola participa de um processo global de formação do indivíduo como ser social e como pessoa que tem seu próprio caminho. A vida social se apresenta como um dos fatores constitutivos da personalidade da criança.

Depois da família, a escola é o primeiro agente a permitir que a criança estabeleça relações, estimulando-a a se comunicar com o outro. Pode-se dizer que a escola se manifesta à criança como um **novo tipo de espaço** que vai além da escala individual e em que as crianças adquirem sua identidade social, ao se voltar para uma coletividade que ultrapassa a família. A escola é, portanto, um dos ambientes de vida que contribuem para a socialização da criança.

Na escola, a criança, transformada em aluno, é **membro de uma classe** que lhe é atribuída por outros e à qual ela terá de se adaptar.

1 O que é uma classe?

O termo "classe" designa ao mesmo tempo:

— um lugar: a sala de aula;

— um grupo: os alunos da classe 6ª B; 4ª A;

— uma ação pedagógica: a expressão familiar "**assistir aula**" em lugar de "**cursar**" é característica dessa ação.

Um lugar fechado

A classe é, em primeiro lugar, um espaço, a última unidade fechada num conjunto de lugares maiores, protegidos (ou fechados) por fechaduras reais ou simbólicas[7], o estabelecimento, suas construções, suas quadras de recreação, seus corredores, sua cantina, suas salas de aula... **minha** sala de aula.

Um lugar onde está um conjunto de objetos, mesas, cadeiras, a mesa do professor, uma lousa, é assim que a descrevem algumas crianças. A escola é o lugar em que a criança passa grande parte do dia, sem falar do tempo que dedica à pesquisa e à realização de tarefas. Desse tempo global, durante **cinco horas, em média,** o aluno permanece **sentado numa cadeira e diante de uma mesa**, escutando o professor e respeitando os costumes e normas.

Esse lugar que o professor de 1ª a 4ª série tenta tornar acolhedor e personalizado torna-se às vezes impessoal, frio, até hostil a partir da 5ª série e no ensino médio.

> Os alunos da 5ª série, ainda abertos e sensíveis ao ambiente material, costumam se queixar: "Eu estava melhor antes, não gosto daqui", "O professor muda toda hora", "Os corredores são sujos", "Vivo trombando com os outros; nunca consigo andar", "A sala é pequena demais, ficamos muito apertados", "Não há flores, plantas, a não ser na aula de inglês", "A sala é barulhenta, a gente sente muito calor"; "Não consigo respirar, eu me sinto sufocado".

Ainda sensíveis às condições materiais, esses jovens alunos logo se afastarão dessa dimensão. Da 5ª série à universidade, terão de aceitar condições de trabalho inaceitáveis. Depois de algum tempo, eles as considerarão normais e até contribuirão para tornar mais pesado esse ambiente inóspito e deteriorá-lo ainda mais.

7. Imbert, *Le groupe-classe et ses pouvoirs*, Paris, Armand Colin, 1977.

Que fazer na classe?

Os professores costumam queixar-se da sujeira das salas de aula, indignando-se com as pichações e os atos de vandalismo perpetrados com o mobiliário e as paredes da classe. Eles se sentem impotentes para reprimir esses comportamentos. Contudo, podem fazer que a sala de aula seja respeitada:

— mostrando respeitá-la pessoalmente (com cartazes escolhidos pelos alunos, plantas mantidas com cuidado);
— recusando-se a começar a aula numa sala em desordem;
— aplicando regras simples e eficazes para apagar as pichações e fazer desaparecer as depredações, os alunos se tornam mais atentos ao ambiente e ao seu conforto.

UM GRUPO

A sala de aula é um lugar que recebe **um grupo composto de um professor e de alunos** que normalmente recebe o nome de "a turma". Ela representa um sistema relacional específico baseado na dissemetria: um único professor diante de vinte a quarenta alunos.

- O professor representa a Instituição. Em sua mesa, de pé quando os alunos estão sentados, em movimento quando a turma está imobilizada, ele impõe um tríplice poder: institucional, intelectual e afetivo.
- Os alunos desaparecem como indivíduos sob a influência desse grupo; são submetidos às leis e reações deste. A turma adota um estilo de funcionamento e de comunicação que permite falar dela ao mesmo tempo como de um indivíduo coletivo e de uma multiplicidade de indivíduos.

"Eles são calmos e aplicados; é uma boa classe."

"Eles são agitados e simpáticos; é uma classe animada."

"Eles são apáticos, distraídos, desatentos; é uma classe difícil de ensinar, difícil de controlar."

No plural ou no singular, os professores consideram a turma uma personalidade de características marcadas, um corpo humano dotado, como a Hidra de Lerna ou Shiva, de várias cabeças e múltiplos membros.

- A turma é também, a maior parte do tempo, um **grupo etário**, o que permite antecipar e prever os comportamentos e as necessidades de uma classe de 6ª ou de 4ª série, ainda que se saiba que o desenvolvimento psicológico e cognitivo nem sempre corresponde à idade de todos os alunos, havendo alguns mais precoces e outros mais lentos em sua maturação.

UM LUGAR DE PRÁTICA PEDAGÓGICA

A classe é também o lugar em que se trabalha, um lugar de prática pedagógica. O professor, sozinho diante de seus alunos, está encarregado de lhes transmitir conhecimentos e de fazer que adquiram um saber. Que estratégia ele vai usar para que sua mensagem seja recebida, para que tenha o impacto desejado? Ele muitas vezes emprega, em alternância:

- a aula expositiva, limitada no tempo, pontuada pela campainha, que requer o atendimento de condições prévias: os alunos devem estar em seus lugares e permanecer imóveis e calados.
- atividades propostas aos alunos que permitem a mobilidade espacial e corporal. O professor não se situa então como o único detentor do saber; ele dá e recebe, revela e orienta a capacidade dos alunos, supervisiona e protege o grupo para que todos possam trabalhar aí sem restrições.

Duas proposições que implicam uma organização diferente da turma: os alunos aprendem com isso a noção de limite, de espaço e de lugar — noções essenciais que estruturam a vida social de todo indivíduo. Essas noções são necessárias à integração harmoniosa a um grupo. **Ensinando o lugar e o limite a seus alunos, o professor os ajuda a adquirir um conjunto de comportamentos, atitudes e valores**, que constitui um dos aspectos da missão do pedagogo: dar aos alunos conhecimentos teóricos e práticos.

2 O lugar na classe

Comumente, o lugar se define como o espaço que uma pessoa ou uma coisa pode ocupar. Uma vez que dois indivíduos ou dois objetos não podem ocupar o mesmo lugar ao mesmo tempo, a noção de lugar subentende uma idéia de localização no tempo e no espaço. Por isso, ela se integra bem a uma definição da socialização como processo.

"Conquistar seu lugar", "encontrar seu lugar", "estar em seu lugar" são expressões que enfatizam bem a busca de cada um. Essa perspectiva é dupla; situamo-nos no espaço com relação ao ambiente: objeto ou pessoa, mas situamo-nos também no tempo com relação à nossa própria história: ontem, hoje, amanhã.

O ESPAÇO VITAL, UMA NECESSIDADE ABSOLUTA

Todo ser vivo escolhe e marca seu território no lugar em que se encontra, mesmo num espaço exíguo e superpovoado. Se lhe for imposto um lugar, a pessoa vai se empenhar, apesar de tudo, em se apropriar dele e a defendê-lo da intromissão alheia. Numa sala de aula, **a lei do território** rege as relações entre colegas.

O lugar é de início **um "casulo", substituto do seio materno,** que dá uma sensação de segurança e de proteção. Tanto o aluno como o professor dele se apropriam, deixando nele marcas pessoais, objetos ou inscrições, e reagem violentamente quando percebem que um intruso deixou ali seus vestígios. O lugar na classe é igualmente **o lugar em que cada um se isola entre os outros**, por vezes de maneira visível e ostensiva, fazendo de sua mochila uma espécie de barreira ou transformando suas mãos em divisórias ou cortinas para se proteger do olhar dos vizinhos.

O lugar é também um distanciamento do Outro; ele delimita o espaço pessoal, **evita a ameaça de invasão e a de exclusão**.

Por todas essas razões, cada qual constrói representações bem precisas sobre o melhor lugar, mostrando-se disposto a tudo para obtê-lo (ver anexo 3).

A proxêmica[8] e as leis da distância

Cada um de nós tem sua própria utilização e sua própria percepção do espaço. **As leis da distância variam segundo as culturas**. Alguns são mais afeitos à proximidade que outros. Há os que não suportam que lhes falem muito de perto e procuram manter o interlocutor à distância (para além do braço e da mão estendidos). Outros reduzem ligeiramente essa distância (o braço estendido sem a mão), enquanto outros ficam à vontade à distância do cotovelo.

Quando essas leis são violadas, a pessoa se sente incomodada e assume uma atitude agressiva ou retraída; então ela se proíbe movimentos e sinais exteriores, olhares e expressões faciais. Nas salas de aula, as carteiras partilhadas por dois alunos reduzem e uniformizam o espaço

AS LEIS DA DISTÂNCIA NA PROXÊMICA[9]

ESPAÇO	DISTÂNCIA	RELAÇÃO COM O OUTRO
Espaço íntimo	0 a 40 cm	Contato físico inelutável e indiscreto. Participação na atividade física do outro: odores, ruídos diversos, respiração.
Espaço pessoal	40 cm a 1,20 m	Possibilidade de contato físico. O outro está ao alcance da mão.
Espaço social	1,20 m a 3,50 m	Comunicação fácil, conversação, escuta sem contato físico.
Espaço público	Além de 3,50 m	A comunicação e a escuta requerem um ato voluntário de atenção.

8. A Proxêmica é uma disciplina criada nos Estados Unidos. O termo inglês "*Proxemics*" foi traduzido tanto por "Proxemia", como por "Proxêmica". O termo registrado pelo *Larousse* é este último, que adotamos aqui. Foi Edward Hall que difundiu seus princípios em *La Dimension cachée*, publicado em 1966 nos Estados Unidos e em 1971 na França na coleção "Points" das Éditions du Seuil.

9. De acordo com E. Grébot, e M. Dovero, *Enseigner, former, conseiller avec la PNL*, Paris, ESF, 1992.

pessoal; elas organizam a promiscuidade ao obrigar cada um a partilhar **o espaço íntimo** do outro. Nesse caso, sentir o vizinho, no sentido literal do termo, às vezes impele a não mais poder senti-lo... O espaço ideal, raramente oferecido pela escola, situa o vizinho a 1,20 m, isto é, num espaço social que se acha além do espaço pessoal. Quanto ao professor, o seu é o espaço público.

A escola, instrumento de socialização, se encarrega de fazer aceitar o inaceitável e de considerá-lo normal.

A MESA E A CADEIRA

Nesse conjunto particularmente vasto que é a escola, com o passar do tempo e das pedagogias ocorreram modificações. Permanece, contudo, um último bastião ainda intocado em nossas sociedades ocidentais desenvolvidas: o da mesa e da cadeira.

> "Uma criança sábia", explica Guillaume, "deve estar bem sentada, com as mãos postas sobre a mesa e olhando bem para a professora."

É sentada em seu lugar que a criança, e mais tarde o adolescente, aprende a ler, mas também a se ler a si mesma como aluno. Sua inteligência e sua afetividade são solicitadas pelo lugar no qual ela aprende a ser e a se orientar, a trabalhar e a brincar, a aparecer e a se fazer invisível, a falar e a se calar, a se movimentar e a ficar quieta. A regra de boa conduta implica **o domínio de si, de seu corpo**.

O lugar do aluno na classe faz parte do sistema institucional, intervindo no aparelho educativo, e, como tal, é portador de significações.

O espaço da escola pode ser lido como um espaço teatral em que se organiza uma representação das relações consigo mesmo, com o outro, com a autoridade assumida pelo professor. A ela cabe o papel de atribuir ao aluno o seu lugar. Esse lugar marca para cada um sua instância de inscrição e sua situação com relação aos adultos e aos seus pares, ao mesmo tempo em que circunscreve o tempo de trabalho e age sobre a capacidade de relacionamento da criança com o mundo exterior.

É a partir do seu lugar e por meio do lugar que lhe é atribuído que a criança vai ler a mensagem educativa, seja ela autoritária ou permissiva. É, enfim, a partir do uso que a criança faz dessa mensagem que o adulto poderá ler de que maneira ela a integra.

A noção de lugar assim abordada designa dois espaços: **o espaço circundante** (ambiente material imediato) e o **espaço do corpo**. A atitude corporal do aluno em seu lugar se apresenta como a materialização de sua relação com o espaço circundante imediato. Essa atitude permite adquirir, por meio da gestualidade, uma compreensão global e profunda dos fenômenos. Ela resulta ao mesmo tempo de uma leitura pessoal e inconsciente das instruções dadas.

A noção de limite

A aprendizagem do lugar na escola, na classe, ajuda o aluno a se mover e a se localizar no espaço e no interior dos sistemas de regras. Ele aprende aí a noção de limite que divide ou organiza. Desse modo, tem condições de localizar, fora da escola ou em seu interior, certo número de limites que estruturam espaços distintos.

Em *Les muets parlent aux sourds*, S. Mollo[10] relata de que maneira o espaço-tempo é estruturado e estrutura a vida cotidiana entre alunos de 3ª e de 6ª série. Estes últimos distinguem três lugares separados por verdadeiras fronteiras, associando a cada um deles os comportamentos possíveis:

— o espaço familiar fora da escola: quarto, casa, bairro, lugar de encontro e de lazer, em que é possível exprimir desejos e descontrair o corpo;
— o pátio da escola, em que ocorre a assimilação ao grupo de alunos escolarizados; a expressão pessoal e corporal ainda é largamente permitida;
— a classe, em que se esquecem corpos e bens de acordo com as solicitações do professor.

O muro da escola constitui o limite entre a família e a escola; as paredes da sala de aula marcam o limite entre a turma e o resto do estabelecimento; a mesa e a cadeira marcam o limite entre o eu e os outros.

Uma boa percepção desses limites contribui para a segurança do aluno, permite-lhe fixar os pontos de referência essenciais à sua existência e abordar sua vida social com equilíbrio e estabilidade. **Uma apreensão**

10. S. Mollo, op. cit.

errônea desses limites, considerados restritivos ou excessivos, leva o aluno à **rebelião** e à **rejeição**, ou a uma **passividade** tão intensa que ele perde a capacidade de explorar e todo desejo de autonomia.

O CORPO DOMESTICADO

O professor é quem fixa os limites com o objetivo de proteger seus alunos e ensinar-lhes a viver plenamente com toda a consciência de seus próprios limites.

Que fazer na classe?

É por isso que o professor atento fixa limites para dar a seus alunos proteção, tranqüilidade e segurança, limites que levam em conta tanto o grupo como o indivíduo. Quer dizer, ele atribui um lugar ao movimento espontâneo, ao atendimento autônomo das necessidades, sem descurar a organização e a coerência do grupo.

Desse modo, ele permite que cada um tome consciência de sua realidade interior, de sensações incômodas e da maneira de reagir a elas, da realidade exterior, do grupo a que pertence e do objetivo a alcançar. Os alunos tornam-se então capazes de se afirmar com tranqüilidade, de se mostrar livres e responsáveis, ao mesmo tempo em que participam e aceitam as regras.

O professor os domestica no sentido literal do termo, ao familiarizá-los com os hábitos sociais, ao torná-los mais sociáveis. Ele os seduz por meio de sua capacidade de transmitir conhecimentos, despertando neles tamanho interesse que a imobilidade corporal não seja para eles um peso, no espaço restrito da classe entre a mesa e a cadeira. Assim, o professor atento ensina aos alunos o bom uso do espaço, geométrico e geometrizado, com mesas alinhadas e as fileiras que alinham os corpos da mesma maneira como o bom aluno alinha as letras ou palavras a compreender. Ele lhes facilita a adaptação à vida social e os prepara para o mundo do trabalho.

O CORPO ENTRAVADO

Alguns alunos chegam à escola já marcados pelas lacunas afetivas que os impediram de vencer as etapas habituais do amadurecimento psicológico e cognitivo. Eles apresentam uma percepção errônea do espaço, **não fizeram a aprendizagem do limite e têm uma imagem de si negativa. Adaptam-se mal às regras estabelecidas na escola**. Influenciados por esses casos extremos, certos professores confiam pouco em seus alunos. Estabelecem assim limites excessivos que são expressão de seu medo de transgressões. Esses limites levam a fechar e manter os alunos no já conhecido, envolvendo-os numa série de condicionamentos que paralisam tanto o corpo como o espírito, tornando-os passivos.

Não assumindo responsabilidades nem tomando iniciativas, por medo do desconhecido, alguns alunos se acomodam, à sombra da autoridade, numa segurança ilusória e resistem a tudo, enquanto outros se revoltam, provocam enfrentamentos até sofrerem sanções e rejeições.

Com estes últimos, a escola corre o risco de fracassar em sua tentativa de socialização. Revoltados contra os professores e a escola, eles partem de uma má base para se integrar à sociedade. Não estão bem em termos corporais e psíquicos, e isso é perceptível.

Que fazer na classe?

O professor que vê alguns de seus alunos se instalarem no isolamento ou no conflito pode ajudá-los a se sentir melhor para atenuar as manifestações intempestivas e as perturbações que costumam vir deles.

Nas classes pequenas, é aconselhável trabalhar com o conceito de espaço a fim de construir um espaço-classe para todos os alunos, em que cada qual poderá encontrar seu lugar, demarcando seus limites com materiais simples (giz, fitas, tecidos, objetos etc.). A diversidade de materiais empregados permite visualizar os diferentes espaços assim criados e examinar as razões que influenciaram a escolha de cada aluno.

J. Paillard diz que "o espaço não tem estrutura própria; ele é estruturado pelos objetos que o povoam"[11]. As informações recebidas pelo corpo permitem identificá-lo e reconhecê-lo, mas também ensinam a localizá-lo num espaço. Esse tipo de exercício permite ir da descoberta à integração, passando por uma exploração dos dados e de sua organização.

Nas grandes classes de 5ª a 8ª série e do ensino médio, os comportamentos são muitas vezes estereotipados e as defesas se instalam de maneira duradoura; o professor pode melhorar a situação adotando normas mais brandas para a escolha do lugar e a mobilidade corporal.

11. J. Paillard, psicofisiologista, "Construction du concept d'espace", *EPS*, n. 154, nov.-dez. 1978.

O LIMITE

Barreira ou traço de união

1 À direita e à esquerda: o Outro

Nas escolas, os alunos são obrigados a permanecer imóveis, sentados em sua cadeira e diante de sua mesa. O tempo dedicado aos trabalhos individuais, exercícios e avaliações, assim como o tempo de prestar atenção à aula e tomar notas são mais longos que o dedicado a qualquer outra atividade. O ensino fundamentado na resposta individual evoca os problemas da proximidade.

Na relação de vizinhança, **a partilha por dois alunos de uma mesma mesa**, de um mesmo espaço, **é vivida**, de acordo com as crianças, **como invasão ou separação**, como o testemunham as marcas deixadas diretamente na mesa ou certas situações observáveis em sala de aula.

O resultado disso tem sido uma atitude bem particular, bastante arraigada entre os alunos na sala de aula: o mesmo sentido agudo de

território que modela a paisagem com o gosto do espaço fechado, da portaria, da grade, das venezianas, materializa-se na carteira escolar, expressando a sutil instauração da competição, da ausência de comunicação... O tempo de trabalho se faz acompanhar de um isolamento no espaço imposto pelo adulto e buscado pelo aluno.

Instala-se com relação ao vizinho uma parede, que marca a ruptura da comunicação, e todas as tentativas, discretas ou manifestas, tornam-se suscetíveis de sanções. O outro, o vizinho, torna-se objeto de desafio ou de tentação quando falta resposta. Cada um se encerra em sua certeza ou em sua inquietação.

"Você gosta de ter um vizinho na classe?"

"Não gosto de ninguém do meu lado; falam comigo e tenho de responder, e assim sou sempre eu que sou repreendido."

"Eu adoraria ficar sozinho, para que os outros não me chateassem, porque acabo fazendo rasuras e a professora não vê e briga comigo."

"Evito ter alguém do meu lado; sozinho trabalho melhor, pois do contrário o vizinho não pára de falar comigo e me incomoda."

O Outro: um importuno, um rival

Em *Moi-Peau*[12], D. Anzieu estudou os comportamentos humanos num grupo de trinta a sessenta pessoas e ficou impressionado com a tendência dos participantes a:

— aglomerar-se no local se o vazio era muito grande. Tendiam mesmo a se aglutinar;
— cobrir os espaços vazios retirando cadeiras desocupadas e se aproximando uns dos outros;
— fechar portas e janelas confessando seu medo do frio, que pode ser físico ou moral;
— buscar uma ligação, um contato visual, gestual ou verbal com o vizinho ou com os dois vizinhos mais próximos.

Não obstante, quanto maior o grupo, tanto mais freqüentes são as mudanças de lugar e tanto maior o medo de perder contato com os outros. Quando se consegue estabelecer contato com ele, o Outro é vis-

12. *Le Moi-Peau,* op. cit., p. 50.

to como um protetor contra os perigos. Para evitar esse medo da perda do Outro, alguns se preservam fechando-se desde o primeiro minuto no silêncio e no isolamento.

De acordo com essa análise, a turma deveria enquadrar-se em tal descrição... chegando mesmo, em algumas ocasiões, a se aproximar bastante dela. Então, o que explica essa súbita recusa de auxílio mútuo: a proibição de colar ou um estímulo exagerado à competição entre os alunos? Vemos o grupo dissociar-se e a desconfiança instalar-se como se **o modo habitual de organização da classe reforçasse os confrontos**. Os alunos ficam voltados para o mestre detentor do saber e da ajuda a ser dada. O espaço da classe se orienta de acordo com um eixo frente/fundo.

Uma modalidade pedagógica que segue um modelo único de resposta favorece a instalação de uma forma competitiva de relacionamento em que **cada indivíduo deve defender seu lugar**. O trabalho individual se mostra como um voltar-se para si mesmo, tingindo-se de rivalidade e de desconfiança a relação dual.

Alguns alunos não resistem e adotam uma forma de resignação: "De qualquer jeito, eu não iria conseguir" — ou de passividade: "Não tenho vontade de fazer o trabalho".

Martina, professora de desenho na segunda etapa do ensino fundamental, conta que, para descontrair e conhecer melhor seus alunos, propôs uma brincadeira logo no início do ano:

"Façam um desenho de vocês mesmos na sala de aula dos seus sonhos".

Os alunos gostaram do tema e puseram mãos à obra. Martina confessa que os resultados foram para ela uma grande surpresa.

A grande maioria (20 alunos para um total de 25) desenhou uma sala de aula tradicional — com mesas e cadeiras, mesa do professor, lousa, giz, armário, pôsteres... —, com um acentuado realismo. Dentre eles, 18 alunos se representaram num espaço entre duas fileiras perto de uma divisória, reservando-se um espaço bem maior do que o atribuído aos que estavam ao seu redor. Alguns situaram o(a) melhor amigo(a) no meio dessa "bolha".

Essa aspiração ao espaço, à distância, ao isolamento revelou a Martina um aspecto de seus alunos que ela desconhecia! Como imaginar que aquela horda barulhenta que ela mal conseguia organizar durante a aula aspirava tanto ao isolamento e à tranqüilidade?[13]

13. Essa experiência lúdica vem corroborar os resultados de um jogo organizado por Véronique Girard, em 1981, numa classe de primário em Paris na qual a professora incitou as crianças a ir colocar-se no lugar em que pensavam sentir-se bem. Qual não foi a sua surpresa ao ver sua mesa tomada de assalto pela maior parte dos alunos!

O limite: barreira ou traço de união?

O limite aparece ao mesmo tempo como uma realidade material e como um projeto, uma vontade, uma lei estabelecida pelo adulto.

O lugar do aluno na classe está subordinado às ordens e às instruções, limitado e ameaçado pelo vizinho. **O outro já não é o alterego solidário** e protetor diante das vicissitudes da vida escolar, **mas o rival** com o qual é preciso chegar a um acordo, o intruso com quem é preciso partilhar o lugar, o espaço reduzido da sala. Nessas condições, o tempo de trabalhar deixa de se apresentar como um lugar de mediação possível entre o eu e o outro, o trabalho e a brincadeira, o conhecido e o desconhecido.

O aluno se fixa num espaço e num tempo unidimensionais (do trabalho, do lugar), identificando-se com a boa nota ou a boa resposta, indício do seu sucesso.

O limite assim proposto torna-se obstáculo, intransponível, não favorecendo a tomada de distância necessária ao reconhecimento e à identificação do outro.

Se, pelo contrário, se tornam suporte de vida, esses limites acompanham o movimento do aluno, encorajando-o a ultrapassá-los e favorecendo o encontro do desconhecido.

Que fazer na classe?

Um professor que tem consciência dos inconvenientes de se instaurar limites restritivos incentiva o aluno, motiva-o, permite-lhe reunir as diferentes partes do seu corpo..., espalhadas pelos quatro cantos da sala como as de Osíris nas diferentes regiões do Egito.
Ele estabelece limites mais brandos e flexíveis, respeitando o Eu corporal e psicológico dos alunos. Suprime os limites que produzem um individualismo obstinado, um espírito de competição doentio e a ausência de espírito de equipe, e garante a autonomia, permitindo que cada um tenha um espaço de liberdade.

2 O Outro: um aliado e um par

Na luta competitiva, a regra consiste em todos se aliarem para obter o melhor resultado final; assim, a palavra retida é o fruto da reflexão de todos.

APRENDIZAGEM DA COMPETIÇÃO SAUDÁVEL E EFICAZ OU "UM POR TODOS, TODOS POR UM"

André, professor, se ocupa de jovens alunos com dificuldades escolares. Hoje, organizados em grupos de três, eles devem encontrar todos os meios para chegar a 10.

Cada um deles propõe uma solução. Maria anuncia "5 + 5", Marcos continua "7 + 2". "Não", corrige Otávio, "falta 1"; ele prossegue: "Eu proponho 2 + 2 + 2 + 2 + 2". "Você vê", comenta Maria, "isso é 5 vezes 2, mas é mais difícil de contar do que quando há dois algarismos."

Foi assim que, pouco a pouco, ao longo do ano, eles descobriram os princípios da soma, da multiplicação, da subtração.

Maria está de pé; Marcos, de joelhos na cadeira, com a barriga sobre a mesa; Otávio se desloca primeiro para ficar ao lado de Maria e depois perto de Marcos.

André sabe que eles têm necessidade de se mexer, sobretudo Otávio. Quando tem de ficar sentado, ele já não compreende nada e se entedia, boceja. Em contrapartida, nesse tipo de abordagem, ele se revela ativo, criativo, perspicaz; seu rosto fica animado.

A presença calorosa do grupo pode ser ao mesmo tempo uma **garantia** e um **estímulo** que permite a cada um e ao grupo a superação de limites. Em lugar de ser uma entidade "anônima", o grupo se torna associação de energias que permite alcançar melhores resultados.

APRENDIZAGEM DO TRABALHO INDIVIDUAL, DESENVOLVIMENTO DA AUTOCONFIANÇA

Na sala de Roberta, todos fazem alguma coisa. Juliano escreve um texto, enquanto Sônia foi buscar um documento no canto-biblioteca e João, isolado, reúne um conjunto de ilustrações e começa a dispô-las na página.

Nessa manhã, os três chegaram a um acordo sobre a divisão de tarefas, depois cada um refletiu e buscou os elementos de que precisava para torná-las disponíveis a todos; agora é o momento de organizar uma apresentação a ser feita à tarde.

Roberta vai de um a outro, encorajando um, fazendo perguntas ao outro, e depois se instala em sua mesa.

Os deslocamentos na sala são feitos com facilidade, sem atropelos ou agitação.

Ao propor esse tempo de trabalho individual, Joëlle deseja oferecer a cada um a possibilidade de tomar seu lugar, de evidenciar suas competências e de ganhar autoconfiança. Ela pôde então constatar que a volta ao grupo ocorreu de maneira mais harmoniosa, as contribuições se enriqueceram e os alunos que não se exprimiam passaram a tomar cada vez mais a palavra.

Na aula de ginástica na mesma sala, o professor propôs às crianças que, ao som da música, fizessem evoluções com tecidos, livremente, tranqüilamente.

Nas primeiras sessões, espantados com o procedimento, elas permaneceram fixadas em suas evoluções, controlando os movimentos do corpo, reduzindo a exploração do espaço (do mesmo modo que a palavra escrita na página do caderno ou o corpo sentado à mesa), olhando de soslaio o professor em busca de aprovação.

Com o passar do tempo e das sessões, a confiança aumenta, as respostas se tornam mais variadas, menos previsíveis; o tecido, segunda pele, lhes dá mais flexibilidade, mais envergadura...

O objetivo desse professor é prolongar o trabalho feito em classe por meio de uma abordagem mais corporal que permita que cada um invente sua própria resposta, chegue eventualmente ao limite de sua independência, protegido de toda ingerência exterior, para que mais tarde possa escolher, no seu ritmo, o retorno ao grupo, fazendo que este se beneficie de sua busca pessoal.

APRENDENDO A CONFIAR NO OUTRO

Na classe de 6ª série do Colégio Saint-Éxupery, os alunos têm aulas de educação física. Hoje, não há competições de corrida ou salto; o professor propôs aos alunos alguns jogos.

Alguns, de olhos vendados, são levados por um colega que, colocado por trás, impele seus ombros a fim de dirigi-los. Um é cego e o outro mudo; o primeiro deve confiar no segundo, em sua capacidade de lhe dar informações para levá-lo a bom porto.

O objetivo desses exercícios é o resultado de um acordo entre os professores. As crianças que chegam à 5ª série perderam seus pontos de referência; já não são consideradas grandes, passaram ao estatuto de pequenas. Nas séries anteriores, elas acabaram por conhecer as regras, mas agora tudo parece ter mudado: novos espaços, novas regras, novos colegas. Inseguras, algumas se fecham no silêncio e na desconfiança. Nos primeiros meses, é até difícil fazê-las falar na classe, criar situações de comunicação e de intercâmbio.

Para evitar esse período e acompanhar os alunos em sua nova adaptação, a equipe de professores decidiu estabelecer diversos períodos de "jogos" durante a semana. Com isso, os mais agitados poderão canalizar sua energia e os mais inibidos adquirirão autoconfiança.

O SOCIOGRAMA

Um instrumento para medir a socialização

O professor às vezes tem dificuldades para perceber rapidamente os fenômenos socioafetivos em suas classes. Embora registre com facilidade os comportamentos diferentes — o isolamento total de um aluno, o agitado perturbador, o bom aluno, sempre pronto a intervir e a dar a resposta esperada —, falta-lhe uma **visão global das relações** na aula, que lhe daria condições de **avaliar a qualidade da socialização do grupo** e desenvolver as comunicações entre os alunos a fim de melhorar o clima e integrar todos os alunos ao grupo. O sociograma constitui um valioso instrumento para levar a efeito essa investigação.

O SOCIOGRAMA

Jacob L. Moreno (1892-1974), psiquiatra romeno estabelecido em Viena que mais tarde emigrou para os Estados Unidos, criou suas teorias da sociometria, da dinâmica de grupo e do psicodrama por volta de 1930[14]. Influenciado por Freud e Marx, ele estudou a realidade socioafetiva dos grupos ao observá-los ao mesmo tempo em conjunto e separadamente. Para fazê-lo, Moreno inventou um teste sociométrico que mede a intensidade e a expansão das correntes psicológicas que existem no interior dos grupos. Esse teste permite analisar, por meio de procedimentos matemáticos simples:

— as atrações;

— as rejeições;

— os casos de indiferença

entre os indivíduos de um grupo restrito em função de critérios determinados: trabalho intelectual, atividades manuais, brincadeiras, ataques... Trata-se do instrumento privilegiado do sociopedagogo.

14. J. L. Moreno, *Quem sobreviverá?*, s.l., Dimensão, vol. 1: s.d.; vol. 2: 1994; vol. 3: s.d..

UMA PROTEÇÃO CONTRA OS ERROS DA INTUIÇÃO

Sobrecarregados de trabalho, preocupados com as pequenas ou grandes contrariedades advindas das classes, cada vez mais instados a testar os conhecimentos, competências, projetos, gostos dos alunos de todas as formas possíveis, os professores são mais do que reticentes diante dos testes e das pesquisas. As classes vão se tornando cada vez mais difíceis de dirigir e todos se desesperam diante das tantas coisas a fazer.

Faltam, contudo, os meios objetivos para apreender os mecanismos de socialização de uma classe. **A intuição presta excelentes serviços, mas requer controle e verificação** para combater o acaso e a imprecisão.

Todo indivíduo recebe inúmeras mensagens não-verbais e inconscientes que influenciam seus juízos e opiniões sobre os outros. A pessoa acredita ser racional, julga, avalia, seleciona com toda a sua boa-fé. Contudo, muitas vezes age de modo irracional, participando até da exclusão de certos alunos a partir de critérios totalmente subjetivos... sem querer.

UMA SELEÇÃO PRECOCE POR MEIO DA SOCIALIZAÇÃO

Em sua obra *La sélection non verbale à l'école*, Daniel Zimmerman[15] evidencia as relações entre a seleção escolar e a origem sociocultural dos alunos. Os múltiplos códigos sociais, não-verbais e verbais, adquiridos de início na família, são retomados e amplificados pela escola.

O professor não compreende e reprime alguns desses códigos, ao passo que privilegia e recomenda outros. Alunos que não têm o pleno domínio da língua por causa de sua origem socioeconômica modesta também têm um código não-verbal diferente do das classes favorecidas. **Sem querer, os professores são influenciados por certas posturas ou gestos**, por um tom ou uma frase específicos ou mesmo por uma roupa ou um perfume... Por esses motivos, Daniel Zimmerman observa que as crianças já são selecionadas desde o Maternal pelos professores, cuja opinião sobre a aparência e a capacidade lingüística de seus alunos perdura e perturba por muito tempo as notas registradas nos boletins escolares.

15. D. Zimmermann, op. cit.

Por outro lado, em *Le Charme a ses raisons*[16], os autores mostram a influência de certos critérios não-verbais sobre os prognósticos dos professores. A partir de uma pesquisa em que quatrocentos professores encarregados de corrigir provas receberam apenas uma redação e uma fotografia de alunos desconhecidos e foram solicitados a opinar sobre a evolução escolar desses alunos, os autores constataram que **os rostos mais bonitos receberam as melhores avaliações** e os prognósticos mais favoráveis.

Que fazer na classe?

Se aceita que a intuição e o irracional perturbam seus critérios de avaliação e as normas que propõe aos alunos para lhes facilitar uma boa integração social, o professor está pronto a questionar suas reações epidérmicas.

• Examinando sua avaliação espontânea de cada aluno, ele se conscientiza de seus erros de julgamento e torna-se capaz de corrigi-los. Tomando a lista de chamada, ele atribui a cada aluno uma das cinco apreciações a seguir, de acordo com os três aspectos citados abaixo:

— Aspecto físico:
1. Esse aluno é repugnante.
2. Esse aluno é sem graça.
3. Esse aluno me deixa indiferente.
4. Esse aluno é agradável.
5. Esse aluno é atraente.

— Aspecto afetivo:
1. Esse aluno é antipático.
2. Esse aluno é difícil.
3. Esse aluno me deixa indiferente.
4. Esse aluno é gentil.
5. Esse aluno é simpático.

— Aspecto intelectual:
1. Esse aluno é nulo.
2. Esse aluno é medíocre.
3. Esse aluno é médio.
4. Esse aluno é bom.
5. Esse aluno é excelente.

Atrevendo-se a reconhecer aquilo que não se costuma dizer, o professor torna possível a correção de injustiças e erros.

• Ele estabelece o sociograma de sua classe para confirmar ou invalidar suas intuições sobre as relações e a socialização dos alunos.

ESTABELECER O SOCIOGRAMA DE UMA CLASSE

É fácil implantar em sua classe o dispositivo. Todo professor, curioso por conhecer os mecanismos socioafetivos que presidem o funcionamento do grupo, tem condições de se dedicar a isso. Ele pode ser **incitado a fazer esse teste** por **curiosidade** ou **necessidade**: de fato, é difícil dominar ou dirigir certas classes sem que se compreenda a origem das dificuldades, sem que se encontre o caminho para melhorar o clima. As experiências mais numerosas de sociograma na escola foram realizadas na escola primária[17]. Mas todo professor da segunda etapa do ensino

16. G. Wilson, D. Nias, *Le charme a ses raisons*, Paris, Tchou, 1977.
17. Y. Tosca, *La sociométrie à l'école primaire*, Paris, ESF, 1972.

fundamental e do ensino médio tem condições de fazer esse teste com suas classes ou na classe que apresenta problemas por causa do funcionamento conflituoso e incomum do grupo. O investimento em tempo passado diante da classe é pouco; em contrapartida, o trabalho de aplicação e de reflexão é mais longo, porém apaixonante.

O TRABALHO

A pesquisa sociométrica consiste em pedir a cada aluno da classe que **escolha três colegas** com os quais gostaria ou não de realizar certas atividades.

A escolha das perguntas depende do objetivo do professor que decide fazer esse trabalho.

A aplicação do questionário leva tempo. Quanto mais numerosas as perguntas, tanto mais pesado será (ver exemplo no anexo 2). A partir desse questionário, pode-se traçar um quadro de preferências e rejeições.

ANALISAR AS REDES DE INFLUÊNCIA E DE PODER

O quadro e a meta dele decorrente revelam a fotografia da classe em determinado momento. Como todo clichê, ele fornece uma imagem estática, podendo-se imaginar que possa evoluir. Por isso alguns professores, bem como os psicopedagogos, fazem dois testes por ano. O professor descobre as redes de influência em sua classe por meio das escolhas dos alunos. Sua intuição global é confrontada aí com o parecer subjetivo da classe.

O sociograma é um **instrumento de análise**, mas, para transformá-lo em **instrumento de intervenção**, o professor deverá ir além da mera análise dos números.

O olhar é espontaneamente atraído para os alunos que representam um problema para o professor e para aqueles que são dramaticamente rejeitados pelos colegas. Certamente essa é uma reação natural, mas a eficácia determina uma estratégia diferente.

O objetivo é registrar os líderes para neles se apoiar a fim de integrar o máximo de alunos e instalar uma comunicação ótima no grupo.

• Ver onde estão os líderes (alunos que obtiveram de quatro a seis escolhas para uma atividade proposta).

• Situar os líderes com relação a si mesmo no intervalo entre a atração e a rejeição: "Eu gosto dele? Como é sua atitude diante de mim: favorável, desfavorável, neutra?"

• "Onde estão os alunos que aprecio, qual é sua liderança no grupo?"

• "Como fazer para que os líderes sejam favoráveis a mim ou ao menos adotem uma neutralidade benevolente a meu respeito?"

• Como aproveitar a influência exercida pelos líderes para integrar o aluno que traz problemas para a classe?

• Identificar os sublíderes, muitas vezes chamados de *outsiders*, os quais compõem a clientela dos líderes. Se um dos líderes da classe é também o aluno que causa problemas, convém atribuir a seus seguidores um papel importante a fim de levá-los a se afastar do líder.

• Observar o caso dos isolados: é preciso integrá-los ou respeitar seu isolamento? Eles precisam dos outros ou são mais felizes nessa posição?

• Identificar os alunos que têm vínculos com dois grupos e são receptivos aos outros. Eles são escolhidos por alguns, mas não incluídos num grupo pelas ligações recíprocas restritivas. Esses caixeiros-viajantes podem ajudar a abrir um grupo em que as ligações sejam demasiado exclusivas, um grupo incrustado na classe.

Essa análise é bem eficaz e ajuda muito a melhor apreender e orientar as comunicações **numa classe difícil de dirigir ou que tem problemas**. Aconselha-se enfaticamente, neste último caso, **trabalhar no sociograma com colegas** da equipe de professores a fim de **elaborar estratégias comuns** para enfrentar as dificuldades e melhorar as relações e o trabalho da classe.

Um segundo teste no mesmo ano permite constatar os resultados obtidos na tentativa de socialização do grupo e os movimentos individuais dos alunos para se integrar ou se isolar. Pode-se então verificar o sucesso na adaptação à Instituição e a resposta de cada um a essa prova que é a escolarização: os que a superam positivamente se sentem à vontade em seu corpo domesticado; os outros sofrem em seu corpo entravado, obrigados a reproduzir mecanicamente os conhecimentos adquiridos: eles têm dificuldade de aprender.

4

APRENDER MECANICAMENTE OU APRENDER COM AUTONOMIA

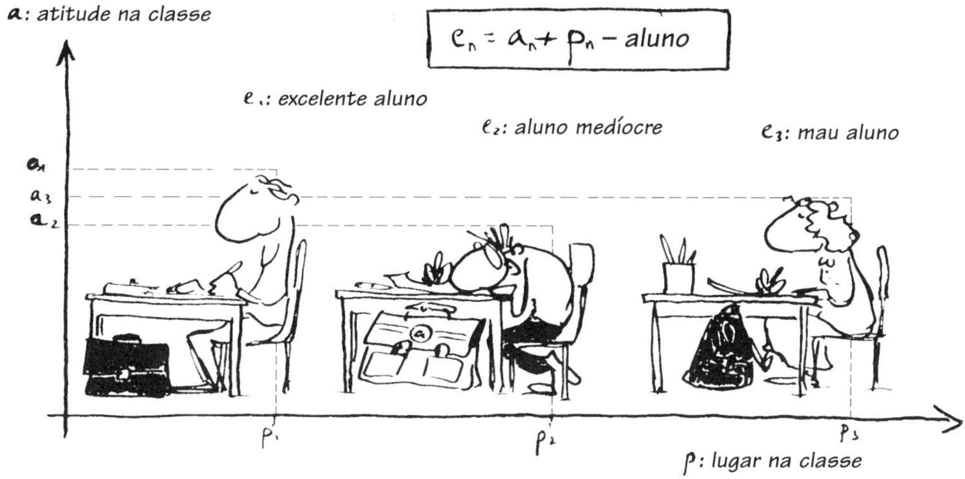

Os professores procuram formar bons alunos. Eles os reconhecem tanto por seu desempenho intelectual como por sua aptidão para adotar uma atitude de acordo com as regras estabelecidas na classe, particularmente as regras disciplinares.

No momento em que crianças de todos os ambientes socioculturais misturados chegam ao ensino médio e, quase todos, à universidade, podemos nos perguntar se é melhor ter diante de nós alunos que aprendem mecanicamente ou, pelo contrário, favorecer a autonomia na aquisição de conhecimentos. É possível obter as duas proposições? Há classes que permitem alcançar esses dois objetivos, classes em que as crianças, os jovens adolescentes, aumentam tanto em tamanho e em sabedoria como em conhecimentos práticos e técnicos. Contudo, nas classes heterogêneas, os resultados são mais decepcionantes, os fracassos, ainda mais numerosos, a despeito dos louváveis esforços de professores que se interrogam acerca da origem dessas dificuldades.

UM TRABALHO DE PADRONIZAÇÃO?

Quando ingressa na profissão, o professor se empenha em ser um pedagogo completo, isto é, em educar os alunos que lhe são confiados para fazer deles cidadãos responsáveis. Com esse objetivo, ele enuncia regras, dá exemplos, decide sobre o bem e o mal, reforça os comportamentos que julga melhores, recusa certas atitudes tidas como repreensíveis. Ele espera assim dar a todos as mesmas oportunidades. Mas não tarda a se desencantar: alguns alunos recusam as normas e, mais do que isso, instaura-se um distanciamento entre os grupos, e uma seleção se processa de maneira insidiosa. Como explicar que a comunicação seja tão difícil e que as melhores recomendações não sejam seguidas de uma total adesão?

O papel dos valores veiculados pelo Ministério da Educação é preponderante nas diferenças que se instauram entre os indivíduos.

1 A cada um seus valores

A partir dos primeiros contatos com o ambiente familiar, **a criança aprende a reconhecer o bem e o mal**, e a escola dá prosseguimento a esse caminho. A criança logo constitui seu próprio **sistema de valores** que confronta com o dos outros de maneira permanente. Ela aceita ou rejeita as regras de conduta e as leis editadas pelos outros, confrontando-as com suas opiniões pessoais.

- **As opiniões** são sempre acompanhadas de convicções e **excluem a dúvida**; contudo, **caracterizam-se pela incerteza**, visto que não podem ser demonstradas. Uma opinião instrui sobre o sistema de valores a que a pessoa está ligada.

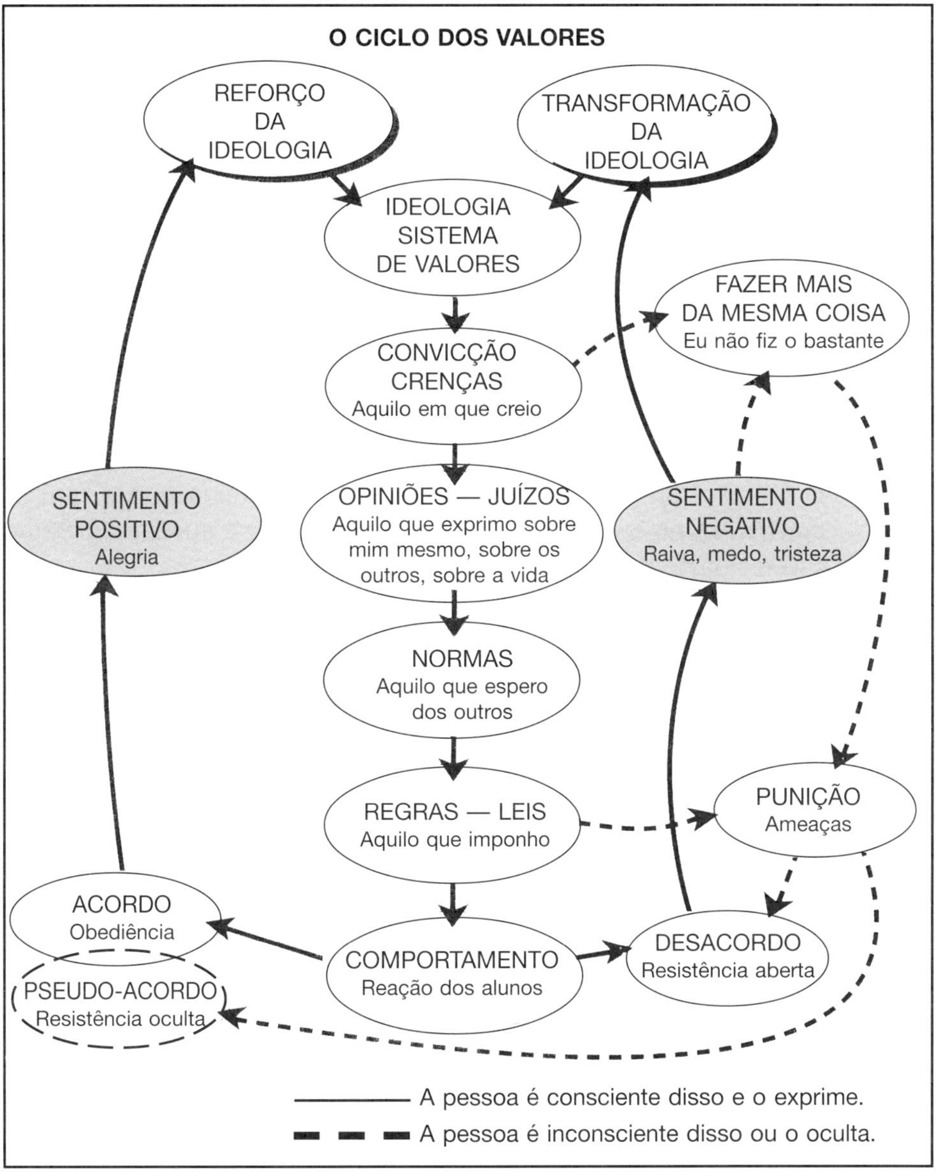

"Um **valor** é, para uma pessoa, aquilo a que ela dá mais importância, **aquilo que confere sentido a sua existência**. O valor está associado a um sentimento positivo ou negativo diante de um ser humano, de uma idéia ou de um evento."[1]

1. S. Moscovici, *L'ère des représentations sociales*, Lausanne, Delachaux et Niestlé, 1986.

- Os valores se exprimem por meio de juízos pessoais subjetivos, indemonstráveis, porém considerados absolutamente objetivos e demonstráveis. São, contudo, apresentados como um **ideal a atingir** e a defender por aquele que neles crê, seja indivíduo, grupo ou sociedade.
- A maior parte dos valores é adquirida na família, bem como na escola e nas instâncias políticas e culturais. **O conjunto dos valores constitui a ideologia**.
- No curso da sua vida cotidiana, cada adulto, cada criança entra em contato com novos valores e consegue integrá-los ao seu sistema de valores pessoal ou renunciar a um valor considerado obsoleto.
- É possível **enunciar valores** e **ter um comportamento que os contradiz**; essa situação produz a confusão e a ausência de adesão da parte dos outros.
- O confronto entre dois sistemas de valores diferentes cria incompreensão, conflito, intolerância.
- Não é fácil renunciar aos valores pessoais porque eles resistem ao confronto por não serem postos em dúvida. Eles são **questionados pelas experiências vividas** ou então quando surge uma contradição entre dois valores.

- Quando os outros exibem um comportamento de recusa, às vezes se tem a tentação de fazer uma análise errônea. Pensando que se trata de um erro de comunicação, **faz-se tudo para convencer**, recomeçando-se a "fazer mais da mesma coisa". Obtém-se com isso uma recusa mais sistemática ou um falso acordo. A solução escolhida, o reforço da mesma mensagem, é portanto uma ilusão. Foi isso que levou os defensores da Escola de Palo Alto, Califórnia, que estudaram esse fenômeno, a afirmar: "O problema é a solução"[2].

2. P. Watzlawick, J. Weaklan, R. Fisch, *Changements, paradoxes et psychothérapie*, Paris, Points, Seuil, 1981.

Os valores pessoais dos professores

Os concursos de professores não propõem uma prova de moral. Os professores são livres para aceitar ou não os valores oficiais. A revolução cultural de maio de 1968 alterou significativamente o sistema de valores vigente. **Novos valores vieram se associar aos antigos,** sem fazê-los desaparecer. Essa associação está **na origem de contradições internas e de comportamentos perturbadores para os alunos.** Como conciliar o respeito ao outro e o direito à expressão, o cuidado e o desenvolvimento do corpo, o trabalho e o direito ao lazer e ao descanso? Cada qual reatualiza seu sistema pessoal, seleciona seus valores, estabelece prioridades, elimina, substitui, organiza...

Alguns conseguem ser coerentes, apresentando-se sem ambigüidade e obtendo o sucesso; os outros não chegam a uma escolha clara, e os alunos se aproveitam disso ou sofrem as conseqüências. Deparam com inúmeras proibições e podem recusá-las ou transgredi-las impunemente.

O professor, por seu lado, constatando o fracasso de suas orientações, entra no círculo vicioso da repressão a fim de obter o que deseja, incapaz de entrever outra solução.

2 Preceitos que dão forma ao corpo

Regras comuns, do maternal à universidade

Durante os anos passados na escola, desde o ensino fundamental até o ensino médio, o aluno ouve inúmeros discursos, com freqüência variados, por vezes até opostos entre si. Da 1ª à 4ª série, esse discurso muda de ano para ano; a partir da 5ª, os discursos são multiplicados pelo número de professores... e o coro nem sempre é harmonioso.

Seguindo a personalidade do professor, suas convicções sobre o melhor modo de ensinar, a idéia que ele faz de seus alunos, estes são autorizados a se movimentar e se deslocar ou sofrem, pelo contrário, com as proibições mais categóricas. A criança, depois o adolescente, cresce, evolui, em meio a essas contradições.

Como uma cadência, um número de regras comuns a todos, ou a quase todos, se perpetua:

— aprende-se sentado, com o corpo imóvel;
— fica-se calado quando o professor fala;
— uma classe estudiosa é uma classe silenciosa;
— a escola é um lugar em que se trabalha;
— todos devem fazer suas provas sozinhos;
— a competição é a base das avaliações, dos exames e das perguntas;
— a lei do grupo é preponderante, cada um deve esquecer de si mesmo para obedecer a ela.

Sozinho diante dos alunos, o professor deve fixar as regras, que são inevitáveis e até produzem segurança. Elas permitem reunir os alunos, canalizar as energias e os movimentos incontrolados para favorecer a concentração.

Não obstante, em certos casos, é legítimo perguntar em que medida alguns desses limites não contribuem mais para confirmar a relação de poder e tranqüilizar o adulto. Esses limites mantêm os que dependem do professor em limites que não são os seus, mas os dele, impedindo-os por isso de se exprimir.

A qualidade dos limites estabelecidos depende da capacidade do adulto de conhecer a extensão de seus próprios limites. Assim, quanto maior sua necessidade de segurança, de estruturas e de princípios, mais o campo da experiência corre o risco de ser limitado.

Assim se transmitem as inibições, os tabus, as restrições, os medos. Assiste-se a uma confusão de sentido. Em vez de ser compreendidos, os comportamentos são julgados, interpretados e transformados em mensagens negativas tendo por referência uma norma estabelecida, códigos a respeitar. Toda palavra não-autorizada torna-se tagarelice, a demora em responder a uma pergunta é interpretada como inibição, passividade ou preguiça; os gestos de repouso se tornam agitação, até mesmo provocação, ou então, pelo contrário, desrespeito, indiferença. "Uma criança que dorme é um aluno preguiçoso!"

Assim, dos primeiros anos do ensino fundamental ao ensino médio, as observações nos cadernos de avaliação e nos boletins costumam ser orientadas para a disciplina: aluno agitado, disperso, inquieto, instável...

É fato que os professores ditam regras estáveis e fortes que por vezes contradizem os valores exigidos de ajuda mútua, solidariedade, camaradagem, espírito de equipe, liberdade e independência. Como observa G. Vigarello, "as pedagogias são portadoras de preceitos que dão ao corpo uma forma e o enquadram a fim de submetê-lo mais freqüentemente às normas do que ao pensamento"[3].

EM NOME DOS GRANDES PRINCÍPIOS

As crianças de 1ª a 4ª série, e mesmo as de 5ª e 6ª, são prolixas e claras com relação às proibições. Elas as associam muitas vezes aos grandes preceitos que regem a vida dos adultos:

"A professora proíbe a cola... ela os põe [os alunos que colam] afastados, às vezes põe ao lado dos que não fazem o trabalho; quando formos maiores, não haverá ninguém do nosso lado e então eu não vou saber nada."

"A gente precisa aprender porque, quando for grande, vai saber escrever... se a gente não aprender, nunca saberá ler e contar; depois, quando se quiser comprar alguma coisa cara, não se saberá... é duro ganhar dinheiro e depois não se tem dinheiro se se trabalha mal..."

Essas observações respondem, com um século de distância, às frases de moral propostas antes de cada palestra pelo autor de *Tour de France par des enfants*, publicado em 1882[4]. Essa obra fundamental fez a felicidade dos professores franceses, constituindo seu ponto de referência até a Segunda Guerra Mundial.

3. G. Vigarello, *Le corps redressé*, op. cit.
4. G. Bruno, *Le tour de France par deux enfants*, 309. ed., Paris, Belin Frères, 1902.

"Quando se aprende alguma coisa, nunca se sabe todo o proveito que dela se poderá tirar um dia."

"Se você é honesto, trabalhador e econômico, tenha confiança no futuro."

"Um homem corajoso conta com aquilo que pode obter com seu trabalho, e não com aquilo que pode pedir emprestado aos outros."

Para os jovens, a aprendizagem da leitura, da escrita, do cálculo tem como meta esse dia longínquo em que será preciso trabalhar e ganhar dinheiro. Aqueles que assimilaram esses valores veiculados pela sociedade acerca do trabalho e de sua finalidade aceitam, o máximo que podem, deixar de lado suas brincadeiras, suportando mais facilmente a disciplina imposta ao seu corpo e seus condicionamentos educativos.

Os que consideram esse discurso inútil e ambíguo são mais numerosos hoje do que ontem. Eles se recusam então a adotar uma vontade e desejos impostos por modelos sociais. Não aceitam ser os estudantes dóceis e passivos que se espera que sejam.

Alunos dóceis e conformados

Os alunos assimilaram muito rapidamente as regras e normas, que constituem seu pequeno manual de "sobrevivência" na classe.

"É má educação deitar na mesa... pôr os pés na mesa ou na cadeira do aluno que está na frente... falar sem autorização."

"Não se tem o direito de levantar para ir incomodar o companheiro... entrar em contato com um companheiro para outra coisa além do trabalho... falar quando se trabalha... é preciso escutar, fazer silêncio, não se mexer... É proibido colar, falar com o vizinho, importuná-lo, soprar quando alguém não sabe alguma coisa."

"Deve-se ficar sentado, bem reto, os pés no chão, é preciso olhar a professora; quando a campainha toca, devemos nos pôr na fila imediatamente; é preciso tomar distância, não ficar perto demais do vizinho."

Um aluno bem-comportado: "é modesto, é gentil, não fala, ouve bem, não faz barulho, senta-se corretamente".

Esses alunos atentos ao bem e ao mal, preocupados com o bom comportamento, são o consolo dos professores que se queixam dos maus elementos, dos rebeldes. Eles não compreendem aquilo que os autoriza a se distanciar do regulamento.

3 Um corpo modelado pelos valores

O professor sabe definir muito bem o que considera um comportamento correto e desejável; às vezes tem consciência de suas arbitrariedades, de suas recomendações e censuras; mas costuma ignorar as mensagens não-verbais que emprega para impor suas leis aos alunos.

UM CORPO QUE IMPÕE SUAS LEIS

O professor dita as normas de conduta e as atitudes esperadas. Sua aparência, suas roupas, o tom da voz, o ar que seu rosto assume e seus gestos influenciam inconscientemente a transmissão dessas leis de funcionamento.

Por meio de gestos, o professor induz em silêncio **atitudes**, posições e comportamentos. Quando estes estão de acordo com as palavras e instruções, o professor não lhes dá atenção; quando provocam uma distorção e o aluno não responde à instrução, o professor o acusa de desobedecer, sem se dar conta de que talvez seja a causa da atitude.

Já no programa de moral de 1887, as recomendações aos professores franceses levavam em conta o impacto do comportamento para fazer transmitir uma mensagem sobre os valores:

> Que pelo seu caráter, por sua conduta, sua linguagem, o próprio mestre seja o mais persuasivo dos exemplos. Nessa ordem de ensino, o que não vem do coração não vai ao coração. Um mestre que recita preceitos, que fala do dever sem convicção, sem ardor, comete um erro maior do que fracassar, comete uma falta: um curso de moral regular, porém frio, banal e seco, não ensina moral porque não faz que esta seja amada. A narrativa mais simples em que a criança possa surpreender um tom de gravidade, uma única palavra sincera, vale mais do que uma longa seqüência de aulas mecânicas[5].

O CORPO TEM SUAS RAZÕES...

O professor que gosta de seu ofício, como aquele que deseja apenas realizar seu trabalho, fornece uma série de regras para levar a termo o

5. L. Leterrier, op. cit.

seu curso, garantir a tranqüilidade dos alunos e fazê-los trabalhar. É fácil perceber quando essas regras não são as adotadas por ele em sua vida pessoal. Nesse caso ele deixa de ser confiável. Por isso é interessante **verificar as mensagens corporais que parasitam as comunicações**.

- Alguns, marcados por uma educação rigorosa, se mostram inflexíveis: voz seca, olhar frio, poucos gestos..., tudo neles **incita ao distanciamento**, à prudência e ao **silêncio**. As admoestações são poucas, porém paralisam os alunos, que não se atrevem a se mexer ou a dizer que não entenderam a lição.
- Outros, mais descontraídos, são próximos, sorridentes, animados, têm voz calorosa... **Incitam ao contato e ao movimento**. Os alunos transgridem facilmente suas regras porque não acreditam muito que professores tão descontraídos possam exigir deles a contenção do corpo e o silêncio prolongado.

Os primeiros gostariam de se aproximar mais dos alunos ou vê-los mais animados e motivados; os segundos buscam uma maior estabilidade dos alunos e uma melhor qualidade de escuta e de concentração. Todos se surpreendem por seus desejos não se realizarem. Sua aparência exterior se torna uma tela e mascara seu desejo; os alunos reagem ao que vêem, sem entender o essencial.

Que fazer na classe?

O professor é o mecânico da classe, o único mestre a bordo. Ele mantém a boa conduta em sua classe usando alternativamente a dimensão afetiva, a nota, a sanção. Ele reproduz sua própria experiência de aluno. Tendo assimilado proibições e inibições, ele se confere permissões que transmite de modo mais ou menos consciente.

Explorando as mensagens que transmite, será capaz de compreender certas tensões que se instalam entre ele e os alunos e aceitar certos comportamentos que até então julgava inaceitáveis. Examinando seus preconceitos e juízos de valor sobre os alunos, poderá rever tudo o que o prejudica e resolver algumas de suas contradições. Desse modo, terá condições de rever certas proibições inúteis ou prejudiciais aos alunos (ver o anexo 4: Mensagens não-verbais e juízos de valor).

Se abrandar seu sistema de normas, a agitação, a rebelião ou a incapacidade de se concentrar de certos alunos se reduzirão consideravelmente. Tranqüilizado, o professor passará a ver seus alunos de outra maneira e perceberá que eles são mais realistas do que poderia pensar. Eles se mostrarão prontos a aceitar os limites impostos pela exigüidade dos locais e certas restrições destinadas a não incomodar os outros com movimentos desordenados ou interrupções ruidosas.

A CLASSE

Um espaço estruturado pelos valores

O professor fixa os limites e se empenha em circunscrever o lugar dos alunos ao espaço entre a mesa e a cadeira. Ele fornece as regras do bom comportamento.

O espaço escolar, espaço pedagógico, é um espaço orientado e hierarquizado pelos valores subjacentes.

O aluno, assim como seu professor, avalia a qualidade e a função dos lugares na classe e rapidamente aprende a conhecer os lugares e posições de que é prudente não falar ou de que é arriscado se apropriar. Assim, a classe se estrutura em:

— **espaços valorizados**: sobre as mesas e a frente da classe;
— **espaços desvalorizados:** embaixo das mesas e o fundo da classe.

1 Em cima e embaixo da mesa

"Os moralistas fortemente impregnados de cartesianismo sustentam uma segregação evidente, um dualismo entre o ser humano dividido entre seus baixos instintos, advindos do ventre, das entranhas e do peito, e sua razão superior, o cérebro."[6]

Nosso corpo biológico é assim composto de forças em oposição. O espaço da escola mantém essa oposição ao se apoiar em nosso sistema cultural, que reduz mais ou menos conscientemente, mais ou menos voluntariamente, o corpo ao estado de instrumento posto a serviço do espírito.

6. K. Durkheim, *Le Hara*, édition Trédaniel, p. 70.

VIVAM OS ALIMENTOS CELESTES! ABAIXO AS PULSÕES!

"Ao se apoiar unicamente nas forças do eu pensante, localizado na parte superior do corpo, ele perde contato com suas raízes, se resseca, sua seiva se exaure."[7]

A parte superior do corpo poderia ser assimilada aos elementos nobres, aos sentimentos elevados e aos alimentos celestes, que se situam respectivamente no coração e na cabeça, aos quais se opõem as pulsões vindas de baixo, que, de acordo com os humores e afetos, são da ordem dos instintos vulgares ou das profundezas do inconsciente.

Ora, se a cabeça é "o centro celeste, espiritual", lugar do eu consciente, "o ventre é o centro terreno, vital" e nos põe em contato com nosso Eu arcaico, instintivo e impulsivo. A consciência dessa polaridade é necessária para dar segurança ao aluno a fim de abordar o desconhecido.

Assim, a parte de baixo do corpo está escondida pelo plano da mesa, e tudo se passa como se devesse ser esquecida:

"Não precisam se levantar da cadeira. Basta levantar o dedo!" — diz o mestre a esses alunos irrequietos que pedem a palavra porque sabem a resposta certa. A aprendizagem do comportamento na escola passa pelo esquecimento da parte de baixo, das partes do corpo que se deve aprender a ignorar, a dominar.

— Posso sair?

— Você está doente?

— Não! Preciso ir ao banheiro...

— Isso não é possível! Você sabe muito bem que deve fazer isso durante o intervalo...

Troca de palavras clássica que estrutura a vida cotidiana do professor. Nesse caso, ele está dividido

7. J. Dropsy, op. cit.

entre o regulamento (é proibido deixar que alunos saiam da sala desacompanhados...) e a necessidade fisiológica do aluno. Os pediatras insistem que o aluno seja autorizado a sair:

O professor, por sua vez, tem outras preocupações:

— não criar o precedente que dê a impressão de que cada um pode sair quando quiser;
— não se deixar enganar pelos pequenos trapaceiros que desejam um intervalo extra ou querem encontrar os colegas que os esperam no corredor;
— mas também não ouvir falar dessas coisas na classe...

Em nome de todos esses argumentos, o professor às vezes adota uma linha de conduta rígida: nunca deixar um aluno sair para ir ao banheiro... e a aplica ao pé da letra. O aluno, por sua vez, desconcentrado, espera o sinal que significa a libertação. Haverá um meio de o professor poder confiar?

A DOENÇA SE ESCONDE SOB A MESA

Já vimos o impacto dos gestos na comunicação e a maneira pela qual eles são capazes de nos trair, contrariando nossa vontade. É por isso que todos procuram se dominar. Alguns se tornam até especialistas nesse exercício de dissimulação. É muito fácil dominar as expressões do rosto, mas os gestos das mãos e dos braços são dominados com mais dificuldade e é quase impossível dominar os das pernas e pés. Por duas razões: porque se acredita que estes últimos estão dissimulados sob a mesa e porque se aprendeu a não levá-los em consideração. Por isso o professor, sentado à sua mesa, gosta de vê-la fechada e o aluno prefere ser interrogado em seu lugar em vez de ser chamado à lousa.

A mensagem passada por "baixo" da mesa é contudo muito importante, pois permite ler um incômodo, uma contradição, um mal-estar no interlocutor. Ele pode dizer sim "em cima", enquanto nega "embaixo".

O professor consciente disso pode ajudar seus alunos a dizer o que eles não se atrevem a dizer, a fazer uma pergunta, a admitir uma dificuldade de compreensão.

2 Na frente e atrás

Na sala, em cima da carteira e na frente, o corpo do aluno se acha no mundo do trabalho sob o olhar do professor. Ele adota as atitudes e os gestos correspondentes às regras e às normas estabelecidas.

Na frente, trabalha-se seriamente

Na frente, o saber ocupa a cena ao redor da mesa do professor e diante da lousa. Desse lugar, o professor dirige a coreografia do gesto e do olhar. Na verdade, se muitos alunos localizam a mesa como o lugar do professor, é diante da lousa que eles costumam situá-lo. Assim, não por acaso **a lousa focaliza todos os olhares** na frente da classe, com todas as carteiras voltadas para ela. O professor inscreve nela seus desejos e ordens, que o aluno reproduz nas páginas do caderno posto sobre a mesa.

Para os alunos, é na frente que se situam as matérias importantes, o espaço cênico da interrogação em que, à vista de todos, se testa a inteligência de quem é interrogado. A lousa o testemunha, às vezes até a saturação, superfície imóvel em que, ao longo das horas, se concentram os olhares quando se afastam da folha do caderno ou da página do livro. Enfim, se alguns preferem a primeira fila, é porque:

> "Ali se tem uma visão melhor";
> "É o lugar mais importante";
> "Para ficar ao lado da professora, para ficar mais perto do professor";
> "Para não ser incomodado pelos moleques";
> "Para melhor me concentrar".

Atrás não é a mesma coisa!

Na primeira etapa do ensino fundamental o professor, proprietário de sua classe, estrutura seu espaço. Ele reserva um lugar para a leitura, um lugar para as atividades extracurriculares, situado na maioria das vezes no fundo da sala.

A parte de trás costuma ser reservada às atividades excepcionais que escapam em parte às normas escolares habituais; tais atividades constituem para alguns um tempo sem importância, e até uma perda de tempo:

> Ivan: "Quando fazemos marionetes, não estamos trabalhando; isso não é importante; é outro tipo de atividade".
>
> Moira: "Quando fazemos trabalhos manuais, não é a mesma coisa; ficamos sentados mas não trabalhamos como quando escrevemos".
>
> Ou então Filipe: "Não podemos desenhar quando trabalhamos. Desenhar não é importante; não se aprende nada".
>
> Eles distinguem claramente entre atividades extracurriculares e aquilo que consideram o trabalho sério: ler, escrever, calcular.

Nas classes grandes, as carteiras quase chegam a tocar a parede do fundo, sequer há espaço livre atrás. Esse lugar costuma ser ocupado por aqueles que desejam **fugir do alcance do professor**. É a marca da rejeição, ou da independência, com respeito à situação. Sinal de afirmação, de individualização, de observação.

Um código de valores e de proibições

O aluno e o professor constroem um código de valores a partir dessa distinção entre atividades nobres e fúteis e do lugar em que são realizadas. Há bons e maus lugares. A avaliação do professor é às vezes influenciada pela escolha do lugar:

- **Na frente** se apertam **os bons alunos**, os "puxa-sacos", como dizem os outros, categoria que engloba os bons alunos receptivos e simpáticos, alguns ansiosos que têm medo de perder alguma coisa e os verdadeiros puxa-sacos, que manifestam um zelo excessivo para causar boa impressão. Os alunos que depois de um bimestre catastrófico ou de alguma farra têm a consciência pesada mudam drasticamente de lugar, apresentando-se, com ar angelical e todo o material, na primeira fila... Estado de graça com freqüência efêmero! Essa mudança de lugar mostra que também eles obedecem ao código de valores instaurado há muito tempo.
- **Atrás ou dos lados**, apertam-se os repetentes, os desmotivados, os teimosos, os moleques, os agitados, **aqueles que desejam es-**

tabelecer e guardar suas distâncias com relação à escola ou ao professor.

- Quando os alunos podem escolher livremente seu lugar na classe, as mudanças que ocorrem de acordo com as atividades previstas evidenciam as intenções de cada um. **Para as provas, a sala** de aula **se reestrutura** de maneira às vezes espetacular: ninguém se senta na frente, só uns poucos alunos tomam lugar aí; a parte de trás se povoa, os pares de amigos se separam, os melhores alunos ficam muito bem cercados... cada qual se organiza para a "bomba".

- Os alunos que assimilaram bem essas regras sabem jogar com elas habilmente para obter sua independência. **Alguns** estrategistas **se instalam na primeira fila**, sob os olhos do professor, **para aí se dedicar abertamente a atividades extra-escolares ou para disfarçar** de livro aberto. Eles perceberam que se suspeita pouco de quem está nesse lugar.
- O professor se torna o melhor cúmplice desse estado de coisas; ele orienta e mantém a atenção dos alunos para a frente, impedindo que se voltem para trás.

> "Quando me volto e falo com os colegas, a professora grita; eu levo um susto, achando que se dirige a mim, mas ela está falando com outro aluno."
>
> "Ela não quer que perturbemos; que nos viremos para ver."
>
> "Não temos o direito de virar para trás e de falar com o colega."

No espaço da classe, o lugar em que se passa durante o tempo de ensino, é portanto o alto e a frente do corpo que são investidos pela restrição e pela **normalização do gesto:**

— o da mão que escreve, que segura o instrumento para desenhar as letras de acordo com as regras dadas pelo professor, que toma notas quando este dita;

— o do dedo que se levanta de acordo com uma norma estabelecida; dedo levantado, braço estendido;
— ainda aquele dos braços cruzados, do dedo sobre a boca, as mãos estendidas sobre a mesa, sinal de sabedoria, de silêncio, de atenção;
— o da cabeça imóvel, dos olhos voltados para o professor, para a lousa, ou inclinados sobre a página do caderno ou do livro.

Criando o espaço vazio atrás e o espaço preenchido na frente, valorizando o alto e a frente do lugar, propomos um uso do espaço e do corpo um tanto paradoxal. Os pontos de apoio se deslocam, e o aluno não pode praticar uma contenção que não poderia existir sem o apoio do ambiente. O alto e a frente do corpo, sobrecarregados, perdem mobilidade, facilidade e, portanto, a liberdade necessária a todo ato criativo.

Criando o vazio atrás e o cheio na frente, estabelece-se um espaço de comunicação paradoxal em que cada um passa horas inteiras diante de costas que se organizam, numa parede contínua, até o professor, único rosto, único comunicador autorizado.

Que fazer na classe?

O ser humano, professor ou aluno, adora seu lugar, seu canto, seu nicho, ainda que seja desconfortável. É portanto difícil fazer novas organizações numa classe sem razões explícitas. É inútil realizar mudanças de hábito quando tudo vai bem. Se os alunos se desenvolvem e a comunicação é fácil, por que perturbar esse equilíbrio? Pelo contrário, quando a classe é instável, difícil, agitada, é importante refletir sobre isso.

Um professor vigilante se dedicará a considerar como estrutura seu espaço (mesa, arranjos, cartazes...) e fixará os limites de cada um na classe (palavra, escuta, deslocamentos, inscrição no espaço mais restrito do lugar entre a mesa e a cadeira, relação de vizinhança...). Ele se interrogará sobre a organização da sala e sobre as modificações que é possível introduzir aí levando em conta as restrições impostas pelo ambiente. Uma mudança é, com efeito, favorável ao estabelecimento de novas relações e de uma vida de grupo. A passagem à 5ª série e ao ensino médio, de uma sala tradicional a uma sala em que as mesas são dispostas em círculo, altera notavelmente a circulação da informação verbal ou não-verbal; embora alguns tenham dificuldade em se adaptar, ela atenua os comportamentos a-sociais.

Para esclarecer as exigências, as frustrações e as dificuldades geradas pelo lugar na classe, é aconselhável propor aos alunos o questionário anexo e responder ao que é proposto aos professores (ver o anexo 3: "O lugar na classe"). Então será possível fazer os ajustes necessários.

OS VALORES

Um freio às aprendizagens?

Como explicar que alguns alunos se dediquem tanto ao trabalho e obtenham resultados medíocres? Boa pergunta! Pergunta essencial para todos os professores que investem voluntariamente energia e tempo de reflexão e se inquietam diante da mediocridade dos resultados!

Como aceitar, sem questionar, a observação ingênua desse jovem aluno que fazia ao mesmo tempo um curso de pasteleiro:

> "Na escola, aprendemos a escrever, a ler, a contar; no curso técnico, aprendemos a trabalhar."

Para além das palavras, que é fácil manipular por causa de sua ambigüidade, é verdade que, para muitos alunos, a escola não é o lugar em que se aprendem coisas concretas que serão úteis na vida.

1 O que chamamos de aprendizagem?

A palavra "aprendizagem" remete, em primeiro lugar, à formação profissional dos jovens que aprendem um ofício. Mais tarde, ela evoluiu e os pedagogos a usam hoje para designar aquisições de toda natureza.

Costumam-se designar por aprendizagem as **modalidades de aquisição** de conhecimentos, de competências e de atitudes, muitas vezes apresentadas nos termos da **trilogia** clássica: **conhecimentos teóricos e práticos, habilidades técnicas e experiência de vida.**

Ao sabor da época e das correntes pedagógicas, a ênfase recai sobre certos **mecanismos que facilitam ou inibem** o processo de aprendizagem.

Alternativamente, destaca-se a importância da repetição e dos condicionamentos, insiste-se na memorização e no *feedback*, ou se enfatiza o papel decisivo dos fenômenos afetivos na motivação ou nos bloqueios.

Atualmente, tende-se a valorizar os mecanismos de transformação e de tratamento da informação. A psicofisiologia e o cognitivismo suplantaram o behaviorismo.

Ensino e aprendizagem

Todo professor experiente crê ao mesmo tempo na influência dos fenômenos afetivos na aquisição de aprendizagens e na importância da repetição no mecanismo de memorização, sem deixar de acompanhar os avanços do cognitivismo e suas contribuições aos novos métodos pedagógicos. Além disso, ele tem consciência de participar de uma aventura que o ultrapassa. De fato, se o professor ensina, o aluno aprende, e essa aprendizagem não é redutível à soma de saberes transmitidos na escola.

Um sujeito em situação de aprendizagem já tem uma bagagem pessoal, o que o obriga a adaptar sua resposta ou a adotar uma nova resposta. Trata-se de **uma troca dinâmica** em que as estruturas instaladas são a todo momento modificadas e reorganizadas em função da experiência da situação.

Nessa perspectiva, **o ensino é uma intervenção exterior** que, com referência às normas, tem por efeito intervir nas aprendizagens impedindo certos comportamentos ou, pelo contrário, enriquecer as aprendizagens já ocorridas para que possam se desenvolver da maneira mais favorável possível.

Muitas aprendizagens, como a linguagem ou a noção de espaço, não decorrem do ensino e sim da busca constante de um equilíbrio satisfatório entre o indivíduo e uma situação de vida em que ocorre, de maneira global, uma aprendizagem simultânea de capacidades motoras, afetivas e intelectuais. Como observa J. Foucambert[8], "a criança é seu

8. J. Foucambert, *La manière d'être lecteur*, OCDL-SERMAP, 1977, p. 29.

próprio mestre de obras [...], ela realiza por si mesma suas aprendizagens, mais ou menos completamente, utilizando as contribuições exteriores e transformando-as para integrá-las a seu próprio projeto. Não há portanto aprendizagens primeiras, não existem aprendizagens fundamentais [...] há o desenvolvimento global do indivíduo nas situações a que ele pode **se dedicar** completa e totalmente".

Para um corpo atormentado... um cérebro petrificado

Não há aprendizagem sem percepção de limites. A ausência destes pode provocar uma deriva, uma busca de si sem retorno de imagem, podendo sua superação abrir um campo de outros possíveis.

Cada professor se organiza para melhor **seguir seu programa e concluí-lo** a fim de transmitir o conhecimento e o saber julgados necessários. Se se sente **premido pelo tempo, ele se torna mais exigente** com respeito às regras e normas, à manutenção de cada aluno em seu lugar e ao silêncio na classe.

Ele pune, sanciona, a fim de dominar os corpos que, sob a pressão, procuram escapar, até desencadear a ansiedade nos mais frágeis.

Em contrapartida, ao recusar-se a ver a agitação e os sinais de dispersão, ele dedica toda a sua energia a seguir com sua matéria, ignorando as manifestações. Ele diz a si mesmo então: "Seja como for, não há nada a fazer! Os que desejam continuar não têm maiores problemas; quanto aos outros, lavo as mãos". Ao final da disciplina, cada um "dá no pé", contente que aquilo tenha acabado. Os alunos dizem uns aos outros: "Ufa, já era tempo de acabar! Na sala, era uma bagunça total! Nós nos arrebentávamos... mas não ouvíamos nada!"

Diante do excesso de exigências, da obrigação de se manter imóvel e preservar a postura sentada, o aluno se vê diante do desprazer de tensões reprimidas. Dividido entre seu próprio desejo de se mover e os limites impostos pelo adulto, ele não pode se dedicar à tarefa a realizar com toda a disponibilidade, com toda a concentração necessária.

Não haverá uma desproporção no número e no peso de todos os limites impostos? Não haverá uma confusão entre os limites "disciplinares" e os limites necessários à aquisição de aprendizagens?

Prometendo a cada um desenvolver seus conhecimentos e transmitir saberes, a escola justifica seu domínio sobre os corpos e impede os alunos de ser seus próprios professores. Não basta simplesmente conter o corpo; é preciso saber utilizá-lo para determinar o que se deve e o que não se deve fazer.

A maldição de Adão expulso do Paraíso ainda nos persegue. Nada se adquire sem sofrimento. Com base nisso, ainda tendemos a apresentar apenas a versão séria, desagradável, limitadora... tediosa do trabalho. Esquecemo-nos de considerar **a dimensão mediadora**, que faz do trabalho, do ensino, **um ato de comunicação, de abertura ao mundo**.

Os conteúdos são regularmente reatualizados, as pedagogias evoluem, mas o corpo é sempre submetido a um número muito grande de restrições físicas.

Por isso, **conhecer melhor os mecanismos de aprendizagem e de memorização é tão importante quanto compreender melhor a origem de certos fracassos.** Entre os alunos em dificuldades, encontramos alguns jovens que têm capacidades intelectuais para ser bem-sucedidos na escola mas que são bloqueados pela paralisia do movimento e pela postura fixa imposta ao seu corpo. **Para um corpo atormentado... um cérebro paralisado**, neurônios neutralizados, sinapses petrificadas... Como lembra G. Vermeil, a ausência de movimento é bem mais cansativa para a criança em pleno crescimento do que o excesso de mobilidade.

Esses alunos antigamente teriam sido orientados para coisas práticas e para um ensino de curta duração. Eles estão agora na classe, prestes a concluir o ensino médio, cabendo ao professor liberá-los de seus vínculos para lhes devolver a possibilidade de usar da melhor maneira suas capacidades adormecidas.

Que fazer na classe?

O professor que leva em conta essas observações e se preocupa em despertar o interesse e a motivação nos alunos que não usam seu potencial, aqueles que tiram sempre as piores notas, se interroga sobre o sistema de funcionamento da classe por ele instaurado. Ele se preocupa demais com seu programa? Está pronto a dar a matéria "a qualquer preço"? É invadido por juízos de valor que desvalorizam seus alunos: "eles são nulos, preguiçosos, agem assim de propósito, não se esforçam..." Tende a julgar "normal" que um aluno siga, sem demonstrar sinais de cansaço, uma aula expositiva (ou quase) de 50 minutos de uma vez? Se essa auto-avaliação revelar uma falta de escuta ou uma rigidez, o professor poderá atenuar uma regra de conduta a fim de liberar o pensamento desse tipo de aluno.

3 Os valores na escola: freios à autonomia?

Quando a criança passa a cursar a 5ª série, sua vontade começa a se formar; não se trata apenas de dirigir seus hábitos, ela precisa aprender a usar sua liberdade. A disciplina liberal, isto é, uma disciplina que não deixa nenhum de seus decretos sem justificativa perante o espírito das crianças, continuará a ser praticada e, ao menos em certos momentos e em certos domínios da atividade escolar, poderá ser substituída pelo *self-government*. Dependendo da aprovação do professor, os alunos serão chamados a controlar eles mesmos, mediante um acordo previamente estabelecido, certos detalhes de sua vida comum.

Sem que a autoridade do professor seja diminuída, multiplicar-se-ão as circunstâncias em que a criança poderá tomar uma decisão, seja por si mesma ou em combinação com os colegas; a educação da vontade individual e da vontade coletiva não poderia começar antes disso, mas não é muito cedo para levá-la a efeito[9].

O *SELF-GOVERNMENT* SUBMETIDO A PROVA

Neste fim de século, o balanço da educação é predominantemente negativo. Os alunos não ganharam muita autonomia, enquanto **os valores de *self-government*** se aprimoraram e continuam a ser **proclamados no discurso oficial**. Os professores são convidados a desenvolver nos alunos o espírito crítico, a independência de espírito, a responsabilidade, para que eles elaborem seu projeto pessoal a fim de se expandir. Mas a realidade quase sempre não acompanha o discurso. A insuficiência de fundos e a vontade política de levar 80% de uma classe ao término do ensino médio se conjugam para complicar a vida dos professores. Há muitos alunos por classe, e os professores são poucos. Em contrapartida, alguns jovens têm uma educação excessivamente liberal em casa e costumam confundir relaxamento e liberdade, mostrando-se ineptos para a autodisciplina. A violência e a agressividade se multiplicam, e os professores, inquietos, se escondem por trás de certa rigidez.

9. L. Leterrier, op. cit.

UM ENSINO DE MÃO ÚNICA

Há professores satisfeitos, podemos encontrá-los todos os dias, mas muitos se mostram perturbados pelos alunos. Eles os julgam incapazes de se autodirigir e com freqüência imaturos até uma idade avançada... Dizem-se obrigados a impor a disciplina, alegando que tentaram de tudo e que não há outra solução.

João Francisco está esgotado. São 16h30, ele acabou de dar uma aula aos alunos da 3ª série: "Não estou agüentando, eles estão me deixando louco! São terríveis! Como de hábito, comportaram-se bem durante os dez primeiros minutos e depois a coisa começou a se degradar...

Eric e Tomás começaram a dar cotoveladas um no outro, as meninas se puseram a rir, os outros, a mexer as cadeiras, a perturbar, a fazer barulho com os pés... Ninguém se entendia mais. Gritei bastante, pedi-lhes que cruzassem os braços até que eu terminasse a explicação... Eles agüentaram alguns minutos e depois tudo recomeçou, e eu fui rigoroso! Dei alguns trabalhos suplementares e consegui agüentar até a hora do sinal... Bem na hora!"

Ivo, que agüentou esse monólogo, questiona, espantado:

— O que você havia planejado para essa aula?

— Eu corrigi a última prova, que eles tinham...

— Durante toda a aula?

— Sim, eles tinham...

— Você falou a aula toda?

— Ah, não! Eles me interrompiam toda hora com perguntas impossíveis... Mas o que eu poderia fazer além disso? Quando deixei que trabalhassem sozinhos, eles não fizeram nada, fui obrigado a cuidar deles...

Como observava Roger Cousinet[10], pioneiro francês do movimento da escola nova, "o professor quase passa mais tempo impedindo os alunos de falar do que falando"; o que favorece a oposição sistemática à autoridade.

João Francisco passa efetivamente mais tempo "mantendo a disciplina" para "cuidar dos alunos" do que fazendo a correção. Ele não confia

10. Roger Cousinet (1881-1973) é o fundador da pedagogia por grupos. Encontrar-se-á um bom resumo de seu método em D. Chalvin, *Encyclopédie des pédagogies de formation*, tomo 1, Paris, ESF, 1996.

nas qualidades de autonomia dos alunos e pratica um ensino de mão única, do professor todo-poderoso aos alunos considerados imaturos...

Seria necessário, seguindo Célestin Freinet, desejar que ele tivesse um grave problema vocal para descobrir outro tipo de pedagogia? Atingido pelo gás durante a guerra de 1914-1918, as dificuldades respiratórias impediram Freinet de continuar a dirigir sua classe de modo autoritário, obrigando-o a **substituir a fala do professor pela atividade do aluno**[11].

O problema é a solução

"Meus alunos se mexem, peço-lhes que fiquem quietos, eles recomeçam, eu grito, eles recomeçam, eu castigo..."

"Meus alunos não entenderam a aula de ontem, recomecei a explicar acrescentando detalhes suplementares, eles nunca aprendem nada, tive de repetir tudo outra vez..."

O medo de se deixar dominar, a imagem tradicional do professor detentor do saber diante dos alunos ignorantes transformam as relações em conflito aberto.

No tocante a isso, o vocabulário empregado para descrever a situação da classe é explícito[12]: o professor fala de campo de batalha, de território a defender. Ele entra na jaula das feras e deve proteger-se dos chefes de bandos que querem solapar sua autoridade. Sente-se visado, alguns "estão atrás dele", e ele resiste e contra-ataca para não se deixar diminuir... Acredita que assim encontrou a solução... Meu Deus! Ele está no caminho errado, já que "o problema é a solução!" Os especialistas em análise sistêmica inventaram **essa fórmula para designar os esforços ineficazes que se fazem com toda boa-fé para resolver um problema.**

Mais do que "fazer sempre mais da mesma coisa", é aconselhável explorar outros caminhos, aplainar as coisas e conceber uma mudança de solução.

11. Sobre Célestin Freinet (1896-1966), ver *Dictionnaire encyclopédique de l'éducation et de la formation*, Paris, Nathan Université, 1994.
12. C. Pujade Renaud, op. cit.

Que fazer na classe?

— Deixar os alunos se descontrair, permitir deslocamentos silenciosos, indicar alguns exercícios de alongamento que possam ser feitos sozinhos no lugar.

— Explorar os conhecimentos e as capacidades dos alunos de maneiras cada vez mais freqüentemente amplas e ecléticas. Permitir que se exprimam e pratiquem o ser professor no lugar do professor. Aceitar tornar-se aquele que organiza e distribui a fala, aquele que aconselha e acompanha, que corrige os erros e completa as informações. Conceber seu papel não mais como aquele que detém o conhecimento, mas como aquele que fornece técnicas precisas para melhor empregar os conhecimentos.

DA CONTRADIÇÃO AO DUPLO VÍNCULO

Há às vezes **incoerência** entre **o que o professor diz** e **o que mostra** de maneira não-verbal:

— o professor que fuma no colégio e ao surpreender um aluno com um cigarro nos lábios o repreende;

— o professor que chega sistematicamente atrasado e pune os retardatários;

— o professor que dá zero a um exercício malfeito e se mostra incapaz de organizar uma lousa, a qual se torna ilegível com seus rabiscos;

— o professor que nunca diz bom-dia e critica os alunos que não o cumprimentam;

— o professor descontraído, sentado na mesa, de pernas cruzadas, que pede ao aluno que se mantenha em posição rígida, perturba os alunos e reduz o alcance de sua mensagem. Ele estabelece uma transação oculta, como explica a análise transacional.

Essa incoerência visível desencadeia a dúvida e a confusão nos outros. O **discurso paradoxal**, chamado também **duplo vínculo**, tem um impacto ainda mais forte sobre as pessoas a ele submetidas.

A característica própria do discurso paradoxal, ou duplo vínculo, é introduzir **duas mensagens incompatíveis** de maneira que aquele que o ouve **não pode reagir a uma sem negar a outra**. "Eu lhe ordeno que faça o que quiser", disse Luís XIV a Colbert. Se Colbert obedecesse, ele não poderia fazer tudo o que quisesse, pois não poderia desobedecer a essa ordem.

Na educação, percebem-se valores que entram em contradição. Há de um lado um discurso que preconiza o exercício solitário e silencioso da aprendizagem, o respeito à fala do professor, e, de outro, um discurso igualmente insistente e lancinante que recomenda que se pratiquem mudanças, a convivência e o acesso à independência de espírito, à autonomia e ao espírito crítico.

- Os professores põem por vezes os alunos em situação de escolhas impossíveis e angustiantes porque, se obedecem à ordem ou ao conselho dado, são objeto de outra reprovação:

Ordem ou conselho	Reprovação
Sejam ativos, espertos.	• Fique em seu lugar! • Quem lhe permitiu se levantar?
Sejam espontâneos.	• Pense antes de falar. Você diz qualquer coisa!
Intervenham durante as aulas.	• Não se fala quando não é permitido! • Mais tarde você diz o que tem a dizer.
Sejam autônomos.	• Você não respondeu exatamente à instrução dada. Eu não disse para você fazer isso desse jeito.
Sejam adultos.	• De forma alguma! Você pensa que é o chefe? Vou mostrar a você quem manda aqui.
Exprimam tudo o que lhes passar pela cabeça...	• Evite dizer coisas estúpidas.
Façam perguntas sempre que não tiverem compreendido.	• De novo! Já expliquei isso três vezes! • Mas eu acabei de dizer isso!
Trabalhem em conjunto, em equipe.	• Você não fez esse dever sozinho!
Trabalhem pelo prazer, não pela nota.	• Você não vai conseguir a média no exame se continuar desse jeito. • Com notas tão fracas, você não vai para a próxima série.

► Os professores, por sua vez, também se vêem em certas situações paradoxais que os deixam confusos e os desmobilizam ou desmotivam... como acontece com seus parceiros mais jovens:

Os alunos pedem que eles sejam excelentes, mas se recusam a se motivar:

Seja um bom animador.	• De qualquer modo, eu não quero participar.
Seja dinâmico.	• Prossiga com seu circo... vou esperar o sinal.
Seja interessante.	• Mesmo assim você não vai conseguir me motivar.
Seja simpático.	• Só espero uma coisa: me dê a média e me deixe passar para a próxima série.
Explique bem.	• Não adianta, não estou ouvindo nada, estou pensando em outra coisa.

A hierarquia lhes faz saber com insistência que devem se preocupar com os alunos que lhes são confiados, mas essas exigências são um bloqueio, visto que não recebem os meios de realizar o que desejam:

Pedido	Reprovação
Motive seus alunos.	• Você nunca acaba seu programa. • Não é sério fazer teatro na classe. • Não estou de acordo com essa viagem; seus objetivos não estão muito centrados no programa.
Avalie os alunos.	• A Diretoria e a Secretaria da Educação nos pedem que limitemos as repetências. • Você foi muito severo; peço que revise seus critérios de avaliação.
Reduza o número de alunos em dificuldade.	• Este ano, você vai ter 32 alunos por classe. • Decidimos formar classes bem heterogêneas; as aulas de... estão todas na mesma faixa horária.
Faça trabalho de grupo na classe.	• Suas classes são muito barulhentas... • Você permite que seus alunos dêem risada; isso não é sério...

► O Ministério da Educação declara fazer de tudo para proporcionar aos jovens um bom desenvolvimento motor que lhes permita se desenvolver; contudo, ao mesmo tempo, reduz consideravelmente o espaço escolar[13].

► Os diretores também estão submetidos a duplas restrições por parte da hierarquia e de sua equipe de professores. O Ministério

13. D. Zimmermann, *La sélection non verbale à l'école*, op. cit.

da Educação vive assim cheio de interligações que o fazem perder sua eficácia. É portanto importante escolher claramente um caminho e ater-se a ele sem ambigüidade: essa é a condição do desenvolvimento dos alunos e de sua motivação.

O aluno distraído, dividido entre lei e pulsão

"Não gosto quando a porta fica fechada, totalmente fechada! Sinto-me mal, tenho vontade de abrir as janelas, faz calor, tenho vontade de sair."

Estranho paradoxo o de um espaço fechado, limitado, para tornar o aluno mais receptivo, mais aberto a um ensinamento.

Numa atividade que é de conhecimento e de extensão do campo social, tudo se passa como se essa extensão devesse ser reduzida tanto no plano físico como no intelectual e talvez mesmo no emocional.

"Não gosto de ficar sentado; prefiro ficar em liberdade."

À restrição da postura sentada, Pascoal opõe um estado que chama de liberdade. Estar sentado representa para ele uma forma de fechamento.

Em outras palavras, dividido entre a necessidade de escutar, seu próprio desejo de se mexer e o medo de ser punido, o aluno não pode encarar a tarefa a realizar com toda a disponibilidade e a concentração necessárias.

"Prefiro me mexer a ficar triste."

Maria revela assim a oposição que vive entre dois estados:

— de um lado, o movimento livre, a distensão física e o prazer que a acompanha;
— do outro, a imobilidade, a restrição física e o sentimento de tristeza que a acompanha. Privado de motivação, privado de prazer, tudo se torna rapidamente uma restrição e o aluno não consegue criar para si um universo pessoal e criativo.

Otávio se agita, a cabeça virada para a parte da frente da classe, um dedo sobre a página do livro, o braço esquerdo sobre o espaldar da cadeira, impelindo o corpo para trás.

Distraído, "*distractus*", duas vezes tirado, ele se divide entre duas direções, dois estados opostos. Um que responde a uma lei exterior, dada pelo professor, e o outro dirigido por uma pulsão interior quase sempre inconsciente.

Retendo o fôlego, os anseios, as vontades, ele termina por desaparecer, por existir o mínimo possível. Inscreve-se numa representação, numa aparência, adere ao desejo do outro a ponto de se esquecer de si mesmo. Como bem disse D. Vasse[14]: "fechado na câmara escura do seu trabalho, ele se vê e se ouve com o olhar e a fala do outro, até se identificar com essa imagem, que o deixa na ilusão do conhecimento".

O trabalho deixa de ser o lugar de uma mediação possível, objeto de identificação; ele faz refletir um mundo que apaga as diferenças. A partir de então, a relação dual pode tornar-se relação de forças entre a criança e o professor, entre o Eu e o Outro; trata-se de possuir, de domesticar, de seduzir, de conquistar, na esperança de ganhar e de submeter.

3 Os alunos dóceis limitados em suas aprendizagens

Incapazes de trabalhar em meio ao barulho, alguns professores obrigam suas classes a ficar imóveis e caladas, aconteça o que acontecer. Eles não são ambíguos. Com eles, é preciso compreender e aprender sem o recurso ao corpo e aos afetos.

A imobilidade bloqueia o cinestésico

Já falamos das pessoas que privilegiam o código tátil como canal sensorial. Elas comunicam mais que outras, graças a seu "eu-pele". Lembremos que elas apreendem o mundo por meio do corpo e dão uma importância muito grande a suas sensações e emoções. Para elas, o movimento é necessário; adoram tocar e precisam disso. Na verdade, **suas aprendizagens mais abstratas** e intelectuais **ocorrem graças ao movimento, à orientação e à espacialização,** como se, para elas, "o pensamento fosse tanto uma questão de pele quanto de cérebro", na

14. D. Vasse, *Le temps du désir*, Paris, Seuil, 1969 (col. "Le champ freudien").

fórmula de Didier Anzieu[15]. É por isso que, numa classe em que a lei é a imobilidade estrita, os alunos cinestésicos são de início tomados como agitados, desconcentrados, inquietos, depois, passado um doloroso tempo de aprendizagem, tornam-se por vezes doces sonhadores, sobretudo calmos, mas que inquietam... Seus resultados ficam ruins, baixam e podem tornar-se catastróficos. Quando **a "domesticação" é bem-sucedida do ponto de vista do professor, o aluno cinestésico está em perigo no plano escolar.** Quando a domesticação fracassa, o aluno cinestésico é às vezes um aluno difícil, impossível de canalizar... Sua atenção é dispersa, seus resultados, fracos e sua atitude, de modo geral, agressiva. Ele provoca e obtém o conflito. Educado ou "despedaçado", perde os parâmetros e de modo geral vai parar no ensino médio profissionalizante em que os professores o "reconhecem" e se dedicam a lhe devolver a confiança em si e em suas capacidades a fim de reunir seus membros desconectados.

O cinestésico é um paradoxo vivo; embora tenha **dons particulares de intuição e de espacialização** que o tornam o herói das quadras esportivas e **o preferido dos professores de educação física**, ele pode perder suas capacidades **depois de uma longa contenção** imposta por seus professores. **Torna-se então desastrado e agressivo.**

Que fazer na classe?

O cinestésico é afetivo; o professor que o reconhece na classe estabelece com ele um contato caloroso. Esse aluno então se torna capaz de aceitar as restrições que o ajudam a organizar seus movimentos para memorizar as noções mais abstratas: desenhar com os dedos as formas geométricas, passar o dedo nas linhas de um esquema orientado para integrá-lo, contar com os dedos ou com um material anexo, um ábaco, por exemplo, para progredir no cálculo, orientar-se em geografia graças ao seu corpo: a cabeça ao norte, os pés ao sul, a mão direita a leste, a mão esquerda a oeste... Aprender suas lições inventando para si lembretes gestuais para facilitar a memorização e a lembrança... É igualmente importante tranqüilizar os pais do aluno em vez de comunicar-lhes que os professores não sabem lidar com ele, ajudá-los a compreender as necessidades do filho para o trabalho em casa: nada de longos períodos sentado, a repetição das lições pode ser feita de pé ou com a adoção de um ritmo musical, e é bom sugerir-lhes que o acompanhem na escola fazendo revisões de suas aulas enquanto ele anda...
Mas cuidado! Nem todos os alunos agitados são cinestésicos; alguns são perturbados; é prudente observar primeiro os resultados de uma liberação do corpo e da aplicação de instruções precisas antes de informar o serviço médico, a assistência social, os pais etc.

15. D. Anzieu, *Le Moi-Peau*, op. cit.

A AUSÊNCIA DE GESTOS CRIA PROBLEMAS PARA O ALUNO VISUAL

O professor que imobiliza sua classe e a prefere fixa e dócil costuma ser ele mesmo **pouco gestual e estático.** Ele não mostra o que explica. Ele fala, faz referência ao manual ou ao texto, mas não desenha no espaço as imagens que cria... Dessa forma, **não facilita as coisas aos alunos visuais que têm tanta necessidade de representar para si mesmos e de ver imagens a fim de memorizar e realizar novas aprendizagens**. Esses alunos têm dificuldade para perceber de que vértice fala o professor de matemática. Não sabem qual mapa é evocado pelo professor de geografia, se este último não apresenta o atlas e o número da página a estudar, indicando o texto exato. Esse tipo de professor prejudica o aluno visual ao escrever pouco ou ao encher a lousa de definições e de palavras encostadas umas nas outras sem hierarquização visível.

O MEDO DE QUESTIONAR

Nem todos os alunos dóceis são capazes de dominar o corpo e manter o espírito vivo. Muitos ficam constrangidos e perturbados...

Uns, extremamente sensibilizados pela vida social e comunitária da classe, se desvalorizam e se deixam impressionar pelos mais fortes, que atraem cumprimentos e o interesse do professor. Perdem assim os parâmetros por **excesso de conformismo ao grupo**. Pensam, sem verificar, que são os únicos a ter dúvidas. Para não incomodar os outros, **fingem que compreenderam** quando ficaram confusos. Se o professor não for atento, esses alunos acumularão incompreensões. Pelo contrário, se enfatiza que outros alunos não se atrevem a intervir, ele autoriza essa fraqueza e ajuda assim os que sofrem mais a pressão social.

5

O CORPO SUBMETIDO À TENSÃO NA ESCOLA

A análise das incidências da postura sentada no desenvolvimento psicomotor do aluno, bem como de suas implicações numa situação de aprendizagem (em que o sentido de espaço é fundamental), evidencia um espaço inadequado à realidade da criança.

Limitado, bem aquém de sua esfera de extensão possível, e submetido à restrição das aprendizagens, o corpo fica numa incessante busca de equilíbrio.

A imobilidade, a postura reta, tem por efeito provocar, instalar atitudes compensatórias que suscitam um estado de tensão pouco compatível com a disponibilidade de escuta e a capacidade de resposta exigidas na escola.

A tensão é dupla:

— física, porque existe uma atitude correta, um modelo de gesto a repetir;

— psíquica, porque é preciso "fazer direito", como diz o professor.

Pouco a pouco, a dor supera o prazer e o bem-estar, perturbando muito o prazer da descoberta.

Como evitar essa deriva, eliminar a tensão dos corpos para liberar os espíritos? Um bom conhecimento do corpo e dos mecanismos fisiológicos ajuda o professor a compreender certos sinais de tensão e a remediá-los.

O CORPO NA CLASSE

Uma leitura informada dos pés à cabeça

1 Os diferentes patamares do corpo: dos pés ao tórax

DISTENSÃO OU TENSÃO?

"Um corpo harmoniosamente organizado em eutonia muscular permite uma atitude correta sem fadiga, de equilíbrio sobre o eixo, ancorada em seu centro."[1]

Sentado com as costas retas, os pés assentados no chão, os antebraços apoiados no tampo da mesa, o corpo assim "tensionado" deveria, ao que parece, participar, manter a atenção do aluno. Mas depois de quanto tempo de presença, de silêncio mantido entre a mesa e a cadeira — o corpo verdadeiramente esquecido —, a tensão vence a boa vontade e o corpo recupera seus direitos?

"Acho melhor ficar sentado na bicicleta do que na cadeira. Fico cansado de permanecer sentado. Então me mexo, preciso ficar de pé porque depois minhas pernas me incomodam, como se estivessem enrijecidas. Além disso, sinto dor nas costas, porque quando me sento fico sempre duro!"

Certas atitudes físicas não favorecem um estado de distensão, da mesma maneira que **uma atitude psicológica** pode criar um **estado de tensão,** e ambos podem ser ao mesmo tempo efeito ou causa.

O papel do professor é portanto o de estar atento tanto ao conteúdo como às condições em que se realiza seu ensino, de fazer que a **totalidade do ser, corpo e espírito,** seja investida para que possa ocorrer uma real integração.

Observando seus alunos dos pés à cabeça, ele tem condições de criar a harmonia em sua classe.

1. Y. Berger, *Vivre son corps.*

Que fazer na classe?

O professor que deseja modificar sua prática para permitir uma atitude física correta em seus alunos começa por observar.
Antes de qualquer intervenção, ele esclarece bem as coisas, avaliando, com certa precisão e por um período de tempo suficiente para que a experiência seja confiável, os momentos em que o corpo fica passivo e aqueles em que as funções motoras são solicitadas. Assim, emprega o tempo de suas aulas para observar as horas ou os minutos que seus alunos passam em situação de escuta ou em atividade motora. Insiste em alternar essas seqüências a fim de perceber os momentos em que o conjunto do corpo, incluindo a cabeça, é solicitado.
Feito isso, procura sentir em si mesmo as impressões pessoais provocadas pela imobilidade corporal a fim de melhor compreender os comportamentos dos alunos. Ele se interrogará sobre seus próprios hábitos de trabalho, a divisão do seu tempo entre seqüências em posição sentada e seqüências ativas. Quanto tempo consegue ficar sentado sem incômodo ou perturbação, na escola, em casa (preparação de aulas ou correções) ou em sala de aula?
Conhecendo precisamente sua capacidade de ficar parado e os sentimentos que surgem nele quando o corpo recusa a imobilidade, ele terá condições de avaliar o estado de espírito dos alunos na mesma situação.

Os pés, leitores sensíveis de nosso ambiente

Tendemos a considerar desprezíveis certos elementos do corpo humano, particularmente os membros inferiores, vistos como uma parte pouco interessante do indivíduo. Costumamos dizer:

"Você vive metendo os pés pelas mãos!"

"Pare de pegar no meu pé!"

É um erro criticar assim esses dois pilares sem os quais nosso corpo não pode se mover nem viver em equilíbrio. Todas as partes do corpo têm seu papel e igual importância na arquitetura corporal. Negligenciar os sinais que elas enviam, impedir o bom funcionamento de uma delas, prejudica o conjunto.

"Não proponho aos homens que deixem de usar sapatos, porém não hesito em afirmar que a planta dos pés das crianças não deve ser privada da educação que lhe cabe, educação de que a natureza se encarrega gratuitamente. Nossos pés são os leitores sensíveis do nosso ambiente. Dentre todos os nossos membros, eles são os mais bem adaptados ao conhecimento da terra mediante o tato. Ora, a terra tem relevos de contornos sutis, oferecidos aos beijos amorosos", declara R. Tagore.

DA IMPORTÂNCIA DE TER OS PÉS NO CHÃO

Esse escritor indiano, prêmio Nobel de 1913, que sonhava com a liberdade intelectual e a formação harmoniosa dos seres, considera o corpo humano em seu conjunto. Nascido em Calcutá, adotou a concepção oriental do pé segundo a qual do calcanhar às pontas dos dedos se inscreve o vir-a-ser do homem. Para os orientais, o corpo humano envia fibras sensíveis ao pé, o que permite dizer que todo o nosso corpo se comunica com o ambiente exterior quando pomos os pés no chão: os pés constituem portanto os alicerces do edifício humano. O construtor cuida primeiramente das fundações de sua construção, porque, para que sua casa seja sólida e se mantenha em bom estado, elas precisam ser impecáveis. Se, em sua base, uma única pedra for mal-assentada, a parede, em cima dela, não tardará a rachar e o estrago terá repercussões até o teto.

Da mesma maneira, **da estabilidade no solo depende a qualidade de equilíbrio do corpo inteiro**, bem como o grau de segurança física e psíquica a ele associado. Quando aprende a andar, a criança cumpre uma etapa da conquista de sua autonomia.

Contudo, os pés, apertados nos sapatos, dançam, saltitam, se torcem e se deformam, perdendo pouco a pouco contato com o solo.

Mônica está sentada à sua mesa e observa os alunos trabalhar. Marcos está sentado numa cadeira muito alta, tem o ar de quem está convenientemente sentado, e contudo seus pés não tocam o chão. Suspenso entre céu e terra, ele parece não estar bem; terá perdido o pé? Um pouco adiante, Maria está sentada na borda da cadeira, as pernas semidobradas, estendendo os pés e esticando as pontas para tocar o solo. Ao redor deles, crianças corrigem sem cessar o equilíbrio, escorregando nas cadeiras de borda arredondada. As maiores, cujos joelhos não conseguem se acomodar direito debaixo da carteira, projetam as pernas para a frente, para trás ou para o lado; os pés quase nunca se apóiam no chão.

Mônica se surpreende então ao verificar a posição de seus próprios pés; ela está torcida, mal-acomodada. Seu pé esquerdo sustenta todo o peso do corpo. Ela corrige sua posição e de repente se sente mais à vontade. Ela estava tensa, com os músculos ligeiramente crispados; essa mudança de posição melhorou seu humor.

TENSIONADO DOS PÉS AOS QUADRIS?

Os sistemas muscular e ósseo do corpo humano são solidários, têm reações em cadeia. Desse modo, quando uma articulação está bloqueada, a que se acha mais próxima dela vai ser solicitada além da medida e acaba sendo igualmente bloqueada.

Os músculos anteriores da perna chegam quase à altura do ventre, enquanto os das costas descem ao longo dos membros inferiores, de modo que **dores lombares e problemas estomacais podem decorrer da estagnação da energia das pernas**.

A acupuntura ou as técnicas chinesas de massagem descrevem seis meridianos de energia que circulam de maneira ascendente e descendente ao longo das pernas, vinculando-as assim, de maneira estreita, com os órgãos vitais. Esses seis meridianos podem ser bloqueados depois de um retesamento muscular prolongado e se acompanhar de uma perturbação psicológica; a pessoa se sente então pouco à vontade.

► Uma doença pode ser provocada por um **retesamento muscular**: no caso de uma criança sentada numa cadeira muito alta para ela, toda a parte superior do corpo sobrecarrega as coxas, formando um ponto de compressão que diminui o afluxo sangüíneo até a ponta dos pés. Em contrapartida, a ausência de pressão na planta dos pés não estimula a volta do sangue das pernas, e a falta de contato com o solo não oferece a resistência necessária para aliviar os quadris de um peso que eles não podem suportar.

Em toda a extensão das pernas, **dos quadris aos pés**, criam-se **zonas de contração** que são entraves à boa circulação da energia. A área em questão acaba por se entorpecer e até mesmo anquilosar. Algumas crianças, evocando esse fenômeno, falam de "formigamentos" que combatem agitando as pernas.

- A contração muscular desencadeia um **mal-estar psicológico**. A ausência de pontos de apoio ao solo provoca uma sensação de ansiedade vinculada com o vazio. A criança se ressente então de um **sentimento de insegurança,** começa a se agitar e corre o risco de ser punida.

Que conseqüência desproporcional para uma causa independente da sua vontade!

Que fazer na classe?

O professor que passou por isso se torna mais atento à posição dos pés quando dá aula ou quando está sentado à sua mesa de trabalho. Da mesma maneira, aquele que procura observar ao rés do chão aprende muita coisa. Ele registra as atitudes incômodas ou inadequadas, os pés tortos, os pernaltas sentados em apenas uma perna, os nervosos que agitam o pé num rápido movimento reflexo. Ainda que não seja terapeuta, médico ou ortopedista, e ainda que seu papel não consista em endireitar o corpo enquanto nutre os espíritos, ele não hesita em intervir:

— quando observa uma mudança de humor ou uma falta de concentração acompanhando uma posição instável do corpo decorrente da posição desequilibrada dos pés;

— quando estabelece a ligação entre uma posição contraída e inadequada e dificuldades de aprendizagem num aluno.

Ele explica que o contato dos dois pés bem assentados no chão assegura a estabilidade do conjunto do corpo e seu bom funcionamento geral, garantindo assim um melhor ambiente de trabalho na classe.

Ventre bloqueado, vida emocional conturbada

É no ventre que o alimento é convertido em energia. O embrião, por meio do cordão umbilical, aí estabelece seu primeiro vínculo com a vida. Na medicina oriental, essa região tem o nome de *Hara*, encontrando-se mais precisamente no baixo ventre, entre o períneo e o umbigo.

A partir dos quadris é que será possível endireitar o corpo. A boa postura dependerá do lugar em que se situa o centro de gravidade do corpo. Quanto mais baixo estiver esse centro, tanto mais a parte superior do corpo estará leve e solta. Esse arraigamento na parte inferior exige a consciência do contato dos pés com o chão, porque não podemos lutar contra o peso a não ser que o sintamos agir em sentido oposto à postura desejada.

A região abdominal contém **numerosos órgãos vitais**: fígado, baço, órgãos genitais. Aí ocorrem as funções de digestão e de reprodução. O ventre é também a **sede da vida emocional**, o que levou J. Dropsy a pensar que o "ventre bloqueado é a expressão física de uma atitude de defesa".

A expressão "couraça" empregada por Reich aplica-se particularmente bem aqui. Mas essa defesa contra o medo de sofrer não passa de um aspecto do problema, e W. Reich mostrou bem que é comum que a ela se acrescente "uma atitude paradoxal de recusa do prazer, do bem-estar, ligados às sensações de liberdade no ventre".

Muitos alunos exprimem seu medo ou seu desprazer por meio de dores abdominais mais ou menos violentas. Os professores estão acostumados a esses fenômenos, que surgem em geral no momento das provas ou dos exames. Certos alunos, de modo geral os mesmos, pedem então para ir ao banheiro ou à enfermaria.

Que fazer na classe?

O professor que sabe a origem de certas dores abdominais nos alunos consegue diminuir sua freqüência ensinando-os a reconhecer os indícios desses males, a corrigir sua atitude ao sentar e a se pôr em melhor posição para liberar as contrações e nós que se formam no corpo. Ele os tranqüiliza e lhes dá segurança. A observação das atitudes adotadas pelos alunos costuma ser instrutiva.

Marcos se agita depois de um momento no lugar; ao mesmo tempo, ergue o dedo, com as duas mãos cruzadas, dobra as costas e se apóia na mesa, seus flancos se destacam sobre o tampo.

Florêncio se encurva tanto que, não suportando mais, cai na direção da mesa segurando com os braços o trabalho que está começando a fazer: os cabelos caem à sua frente como uma cortina fechada, o tórax se apóia no tampo da mesa.

Esse tampo, que era um ponto de apoio, uma superfície de trabalho, torna-se uma barra... dura... situada no nível do diafragma. A mobilidade desse músculo fica limitada. Ele já não pode então realizar livremente a massagem permanente e suave nos órgãos situados no ventre. As funções de digestão e de eliminação são por isso alteradas.

O que era um ponto de troca se torna um ponto de tensão, de interrupção. **A unidade entre ventre e tórax torna-se cada vez mais difícil.**

VENTRE BLOQUEADO, RESPIRAÇÃO PERTURBADA

Quando a caixa torácica é fechada, mantida em posição de expiração, o volume pulmonar se reduz progressivamente e o ritmo respiratório é afetado. Com a falta de ar, o cérebro é mal irrigado e o pensamento se torna menos claro. Quando o corpo está inclinado para a frente, a distância entre as vértebras lombares e a parede abdominal se acentua.

Desequilíbrio dos quadris, curvatura lombar exagerada; a massa de órgãos, em vez de ser sustentada pelos quadris, pesa sobre a parede abdominal e a pressiona. O ventre perde tônus, e seus músculos, anormalmente sobrecarregados, também não participam mais ativamente **da respiração**. Esta **se localiza mais particularmente no tórax,** implicando um deslocamento da consciência do centro de gravidade para o alto do corpo.

Pouco a pouco, a fragmentação da consciência do corpo e a ruptura do ritmo respiratório contribuem para acentuar **a impressão de fraqueza física e psíquica**. J. Dropsy chega mesmo a acentuar que "no adulto essa posição se associa a um complexo de inferioridade e a uma necessidade de dependência e de proteção"[2].

Que fazer na classe?

Para assegurar uma melhor concentração e facilitar o sucesso dos alunos, o professor assinala as posições desfavoráveis, aceita os bocejos e os estiramentos silenciosos que descontraem. Ele também observa, quando tem tempo, durante exercícios individuais dos alunos, a maneira como eles respiram. Se sua respiração parecer demasiado superficial, ele provoca, quando de mudanças de atividade, inspirações e expirações profundas, indicando a melhor postura a adotar para respirar fundo.

2 A coluna vertebral, árvore da vida

Na postura sentada, os quadris não podem assumir sozinhos o equilíbrio, sendo as costas, nesse caso, particularmente solicitadas para manter o tronco reto.

2. J. Dropsy, *Vivre dans son corps*, Paris, EPI, 1977.

APRENDER A ESTAR BEM EQUILIBRADO EM SEU EIXO

"Na sala de aula eu às vezes não agüento, não encontro uma posição, minhas costas doem, sinto-me enfraquecido e meus ombros ficam contraídos por causa do movimento que faço para tomar notas."

"Não é das mãos ou dos braços que se queixam os datilógrafos no final do dia; é das costas."[3] O mesmo acontece com as crianças.

A coluna vertebral é nossa árvore da vida. Ela assegura de alguma maneira a unidade do tronco, fazendo a ligação entre a cabeça e o ventre e dando-lhe sua armadura. A coluna reúne numerosos sistemas: o sistema nervoso central, o sistema nervoso simpático vegetativo, um sistema ósseo constituído por vértebras capazes de se articular entre si e um sistema muscular bastante complexo que garante a posição ereta e os movimentos dessa coluna óssea.

A coluna vertebral representa um pilar sobre sua base. **Se sua dinâmica,** assim como a dos quadris, **é alterada,** provoca-se uma cadeia de conseqüências. Por exemplo, uma deformação do eixo vertebral perturba todas as correntes vitais. Por captar todos os influxos nervosos, ela veicula e repercute as tensões e conflitos que afetam o organismo formando nós musculares.

Enquanto os músculos que vão do queixo ao tórax formam uma linha interrompida, os músculos posteriores constituem uma longa cadeia que vai do topo do crânio às pontas dos pés. Em outras palavras, a nuca e os rins se acham ligados entre si por essa rede muscular, e é bem freqüente que as dores na nuca decorram do fato de a coluna vertebral não estar reta.

Da mesma maneira, um **problema respiratório pode ser "a conseqüência direta do desequilíbrio vertical**. A coluna dorsal e as omoplatas são os pontos de apoio de inúmeros músculos inspiradores; toda deformação do equilíbrio ósseo (costas encurvadas, ombros caídos) limita o movimento respiratório"[4].

COSTAS ENCURVADAS, COSTAS DURAS: FONTE DE PROBLEMAS

Uma imobilidade muito longa é cansativa, traduzindo-se por posições mais ou menos boas para as costas e a coluna vertebral. **Na postura**

3. G. Vermeil, *La fatigue à l'école*, op. cit.
4. J. Dropsy, op. cit.

sentada, as **tensões** situam-se mais particularmente na **nuca**, nos **ombros**, no **meio das costas** e no nível das **vértebras.**

Os jovens alunos não têm o tônus postural suficiente para permanecer sentados de maneira voluntária e obrigatória. Desde a mais tenra infância, vai-se estabelecendo todo um processo que repercute e se acentua com o passar dos anos.

- **Só depois dos sete anos** o cérebro superior, o córtex, amadurece, permitindo ao mesmo tempo que se inibam as reações impulsivas e, de maneira delicada, segmentada, diferenciada e não mais apenas de modo global, se controlem posturas e movimentos.

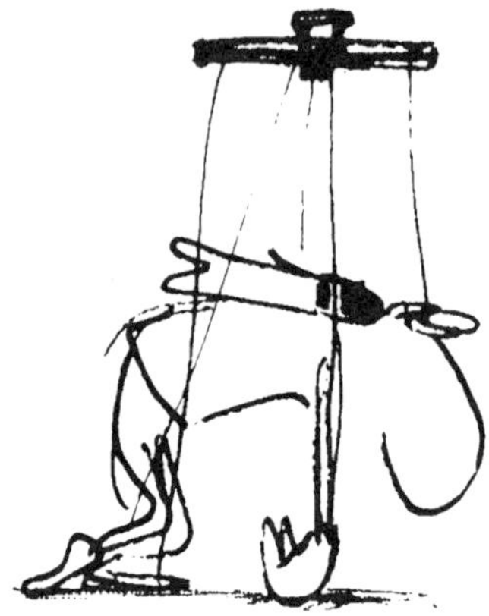

- Enfim, só **depois dos nove anos** o relaxamento voluntário e o controle das tensões se tornam possíveis sem envolver perturbações da postura inicial.
- Do mesmo modo, os adolescentes em período de crescimento se esticam em comprimento e não sabem mais como posicionar as costas, enquanto outros se esticam em largura e não sabem como posicionar o ventre. A permanência na postura sentada contribui então para reforçar neles as más atitudes.
    - **As costas encurvadas** são de certa maneira uma **postura de repouso** que permite esticar os músculos no sentido transversal. Mas esse enfraquecimento da coluna vertebral tem o efeito de **sobrecarregar os discos lombares**.
    - **As costas rígidas** permitem esticar os músculos das costas no sentido longitudinal; contudo, **reforçam as camadas superficiais em detrimento das camadas musculares profundas.**

Antigamente, nos meios médicos ou nos estabelecimentos escolares, as deformações da coluna vertebral recebiam uma conotação moral. O aluno ou o professor muito rígido e tenso eram ridicularizados por sua "**lordose de arrogância**", e os que avançavam encurvados e dobrados para a frente eram rapidamente diagnosticados como portadores de uma "**cifose de humildade**". Hoje, a interpretação é psicológica. De fato, alguns vêem na lordose uma atitude de afirmação adotada inconscientemente para compensar uma insegurança profunda.

Os tempos mudam, a orientação das observações também. Todos são alertados e conhecem a estreita ligação entre o corpo e o pensamento. Inúmeros sinais físicos são reveladores de um estado mental. É por isso que o ofício de professor evolui; o professor não é mais somente aquele que dispensa um saber, sendo também aquele que observa, que compreende e sugere.

AS INCIDÊNCIAS DAS COSTAS CONTRAÍDAS

As deformações da coluna vertebral têm uma incidência ao mesmo tempo:

— no plano físico: elas provocam a lordose, a cifose, a escoliose, tendo um papel na redução da amplitude respiratória;

— sobre a capacidade de atenção do aluno: escuta, compreensão, produção são assim alteradas.

Elas agem também no plano psicológico. Com efeito, a fraqueza muscular das costas e a falta de flexibilidade contribuem para criar ou para reforçar um sentimento de mal-estar, **uma falta de facilidade,** como o precisa Thérèse Bertherat, para quem é justamente nas costas que se inscreve nossa vida psíquica, e "os músculos das costas são os músculos do medo"[5].

Que fazer na classe?

Uma observação cotidiana dos alunos permite "fotografá-los" mentalmente em suas atitudes. O professor é o observador mais confiável das posturas dos alunos. Pondo-se no fundo da classe durante as avaliações ou exercícios, ele pode observar as más posições: costas rígidas, costas encurvadas, costas em S. Se a posição nefasta perdura apesar de suas recomendações, ele entra em contato com os pais, com o professor de educação física, a fim de ajudar o aluno a recuperar a fluidez de movimentos.

Esse tipo de observação dos alunos pode sensibilizar o professor e impeli-lo a se observar a fim de saber que tratamento dar à sua coluna vertebral e remediar: costas de medo? Boas costas? O que ele apresenta aos alunos e como mudar essas representações?

5. Th. Bertherat, *O corpo tem suas razões*, São Paulo, Martins Fontes, 10ª ed., 1988.

MÃOS, BRAÇOS, NUCA

Instrumentos do aluno

"As mãos são o homem,
assim como as asas o pássaro."[6]

Os ombros, o braço, a mão estão ligados ao corpo e em particular às costas. Eles representam o principal instrumento de trabalho tanto para o aluno como para o professor. Um braço deficiente, paralisado ou imobilizado por alguma razão torna a pessoa incapaz de "acompanhar a aula" ou de "dar a aula".

Os constantes choques da vida atual costumam envolver uma tensão dessa região, num movimento de defesa inconsciente que pode tornar-se crônico.

Os ombros também estão ligados à expressão da vida afetiva: os ombros voltados na direção das orelhas como medida de proteção, o valentão que empruma os ombros são uma boa ilustração disso.

Na época da escola, a aprendizagem da escrita é um importante capítulo a vencer. Poder escrever, saber escrever fazem parte do progresso da criança rumo à autonomia. A escrita exprime a personalidade do ser, não só pela forma das letras traçadas, pela intensidade do traçado ou ainda pelo modo como são dispostas na página, mas também pelo conteúdo, pelas palavras escolhidas, pela qualidade das frases, talvez mesmo pela facilidade do estilo...

Na sala de aula, o aluno sentado mobiliza todo o seu corpo para fazer funcionar sua mão.

6. G. Nouveau, *La doctrine de l'amour*, frase extraída do *Larousse des Citations.*

GESTOS ÁGEIS PARA DOMINAR O ESPAÇO

Morgana está sentada muito baixo diante de uma mesa muito alta. Ela é obrigada a levantar os braços para depô-los sobre o tampo da mesa... como se estivesse suspensa... A articulação dos ombros não lhe confere a facilidade necessária para realizar a tarefa delicada que lhe é solicitada. O nariz quase enfiado no trabalho, numa aparente aplicação.

Miguel, o braço esquerdo imobilizado entre a mesa e o peito, faz um movimento de gangorra para o lado e libera assim a mão direita para escrever. A cabeça, inclinada no prolongamento, lhe permite ver o que ele está prestes a fazer.

Nos dois casos, as posições adotadas contribuem para criar **uma tensão** na nuca e entre as duas omoplatas **a partir de uma contração muscular** que pode se estender ao braço e depois à mão ativa, fazendo-a perder a flexibilidade necessária para fazer o gesto com facilidade.

O corpo sofre ao ser imobilizado numa posição mais ou menos confortável a fim de permitir que as mãos realizem os gestos precisos que lhes são solicitados.

Por outro lado, por trás da mão que traça, há todo o gesto do braço e mesmo todo o corpo que se exprime. Há toda a emoção, todo o conteúdo afetivo desse gesto global. A concentração de todo o potencial no gesto das mãos e dos dedos é o fruto de uma longa evolução que vai chegar, por exemplo, à personalização da escrita.

QUALIDADE DO GESTO, QUALIDADE DA ESCRITA

Se, em função de seu próprio ritmo, cada qual termina por se libertar mais ou menos das regras da escrita, nem por isso deixa **os nós e as tensões**, que pouco a pouco se instalam silenciosamente em nosso corpo. Estes podem ter **repercussões** tanto **no nível da qualidade da escrita** (podemos observar que muito rapidamente as crianças deixam de saber utilizar o espaço de uma folha em sua totalidade, que a qualidade do traçado é muitas vezes afetada pela precipitação a que elas são impelidas para realizar sua tarefa etc.) como **em seu estilo** (a energia mobilizada para dominar o gesto não pode ser utilizada para formular seu pensamento, pois está sendo empregada para gerar o medo que a criança sente de se sair mal).

Como evitar que "nosso estilo de escrita seja a Geena da crispação", como escreve Marcel Jousse, "quando é necessário que, em sua expressão, o homem seja total"?[7]

Como conceder um espaço e um tempo para a expressão espontânea dos alunos, seja ela escrita ou falada, já que essa expressão espontânea caminha de mãos dadas com a espontaneidade do corpo?

Como, enfim, associar a aprendizagem da escrita, e depois a descoberta do estilo e da expressão, ao prazer e não apenas à dificuldade?

Que fazer na classe?

O professor que está encarregado de ensinar jovens alunos a escrever os sensibiliza, antes de começar esse trabalho, a escutar seu corpo e as tensões que aí se instalam sem ruído. Ele lhes ensina a se sentar corretamente e a depor as mãos sobre a mesa. Para toda nova aquisição, ele proporciona um tempo de exploração no curso do qual os alunos são convidados a envolver todo o corpo a fim de traçar no espaço todo tipo de figuras na alegria do movimento. Depois, ele os ajuda a recuperar essas figuras na escrita, fazendo-os trabalhar diante da mesa e do caderno, aceitando de início largos e vastos sinais para chegar enfim à miniaturização do traçado. Esse empreendimento incomum, que mobiliza o conjunto do corpo, permite consolidar as aprendizagens nas crianças mais lentas e nas menos motivadas.

O PESCOÇO: LUGAR DE PASSAGEM E DE COMUNICAÇÃO

Filipe, o corpo enrolado sob a mesa, apoiado no espaldar da cadeira, o braço estendido, só a mão apoiada, escreve no papel; ele está imóvel, nada se mexe além de sua mão e de seus olhos, que se levantam de tempos em tempos para olhar as palavras escritas na lousa.

Jerônimo, o queixo apoiado nas duas mãos, a nuca abaixada, olha longamente à sua frente *slides* projetados na tela posta no alto.

Estefânia refaz um texto, o busto e o braço esquerdo apoiados na mesa; ela levanta regularmente a cabeça, projeta-a para a frente, a fim de olhar a lousa.

Na sala de aula, inúmeros alunos, desejosos de se sair bem e de atender às expectativas do professor, adotam por períodos longos posições desconfortáveis, mais atentos ao trabalho proposto que aos sinais

7. M. Jousse, *L'anthropologie du geste*, Paris, Gallimard, 1974 (col. "Voies ouvertes"), p. 277.

de angústia enviados pelo corpo. Sua nuca, seu pescoço são duramente solicitados, mas eles não são informados disso e não se preocupam.

O pescoço é uma encruzilhada. Uma rota veicula aí o ar; outra, os alimentos; uma terceira, as emoções. O sangue, em seu movimento de vaivém, circula no pescoço ao mesmo tempo que a energia, a qual, como uma coluna de mercúrio esquentada, sobe a partir da base da coluna vertebral pela medula espinhal até alcançar o cérebro.

O pescoço é um lugar de passagem e de comunicação; ele faz a ligação entre a cabeça que contém o cérebro (centro nervoso de gestão) e o corpo (expressão da decisão), entre o alto e o baixo, entre as sensações, os sentimentos e os pensamentos.

NUCA RÍGIDA E BLOQUEADA, PERDA DE EFICÁCIA

A mobilidade da cabeça depende da mobilidade da nuca: "um pescoço rígido é um mau sinal, assim como o é uma cabeça demasiado inclinada para a frente ou mantida entre as duas mãos. O peso dos pensamentos a abate, uma cabeça que pensa parece pesada! Poucas cabeças prolongam o eixo do corpo"[8]. A rigidez da nuca está na origem de inúmeras disfunções do organismo.

- Uma crispação de toda a musculatura da nuca e dos ombros bloqueia as artérias e as veias jugulares. A energia acumulada pode provocar **dores de cabeça**.
- Uma pressão da cabeça sobre as últimas vértebras cervicais terá uma **influência sobre a alimentação sangüínea do cerebelo**, onde estão o centro de coordenação do equilíbrio do corpo e o centro de controle dos movimentos voluntários.
- Na parte lateral do pescoço, está o músculo escaleno, **músculo respiratório sensível a todas as contrações intermusculares**. Quando seu funcionamento é entravado, sentimos um mal-estar

8. J. Dropsy, op. cit.

que exprimimos da seguinte maneira: "Sinto-me engasgado, tenho uma bola na boca do estômago, sinto um frio na barriga."

- A **glândula tireóide**, alimentada por uma circulação deficiente, executa mal sua função de preparadora das funções do organismo. **O controle** do ritmo da nossa vida, do nosso metabolismo basal, bem como **nossas reações psíquicas ou emocionais se tornam então menos eficientes.**
- Podem aparecer dores nos braços e nas mãos se as vértebras cervicais são pressionadas.
- Enfim, a cabeça que não encontra seu lugar exerce peso sobre a laringe, **e a voz perde sua clareza**. A tonicidade do corpo intervém na emissão dos sons (seja facilitando-a ou, pelo contrário, tornando-a difícil), estando igualmente ligada ao estado afetivo, emocional, do indivíduo. Isso explica em parte a dificuldade de elocução ou o tom inaudível de certas crianças na sala de aula[9].

Essas repercussões em cadeia estão na origem de más atitudes que podem tornar-se crônicas se não são identificadas, perturbando certo número de funções essenciais.

Que fazer na classe?

O professor que deseja preservar a mobilidade e a eficácia das vértebras cervicais de seus alunos fica atento à organização material da sala de aula. Ele põe seu retroprojetor, sua tela de *slides* ou o mapa geográfico de maneira que evitem a torção prolongada do pescoço e da nuca. Para ter certeza de não se enganar quanto à altura, ele senta às mesas dos alunos quando a classe está vazia e escolhe a localização que lhe pareça melhor para o conforto da nuca, sabendo que o olhar tende naturalmente a se dirigir para baixo. Quando quer explicar alguma coisa à classe inteira, ele se põe nessa área considerada um ponto ótimo de focalização.

Ele também aconselha aos alunos que façam um exercício de descontração do pescoço e os autoriza a empregá-lo toda vez que a necessidade se fizer sentir na classe: baixar a cabeça suavemente para a frente e fazê-la girar na direção do ombro direito, depois, de volta, na direção do ombro esquerdo, expirando. Balançar a cabeça levemente para a frente e também fazê-la girar na direção de um ombro e depois do outro expirando. Esse exercício pode ser praticado duas vezes seguidas, a primeira levantando e a segunda baixando os ombros (cf. Denisson P. e G.).

O aluno sente a tensão desaparecer e adquire mais disposição para continuar a tarefa ou dedicar-se a outra atividade.

Da liberdade do pescoço dependem o bom posicionamento da cabeça no eixo da coluna vertebral e o repouso do rosto. Uma cabeça bem posicionada produz vivacidade no olhar, espontaneidade, clareza e precisão no gesto, bem como a harmonia do corpo inteiro.

9. Um relatório do CRESAS evidencia a existência "de um vínculo direto entre a produção da fala e a organização muscular tônica do conjunto do corpo" (CRESAS, n. 519/2).

DA TENSÃO À CRISPAÇÃO

1 Tensos para aprender e compreender

Na sala de aula, a tensão é dupla:

— física: porque existe uma boa atitude, um modelo do gesto a repetir;
— psíquica: porque é preciso se sair bem, obter bons resultados.

A uma tensão muscular física se associa uma tensão do espírito, como acentua G. Vermeil: "Para os estudantes, o esforço de compreensão e de aquisição de novos conhecimentos — seja lendo, seja assistindo a uma aula — exige o recurso de todas as nossas faculdades de atenção. Tensão de espírito que nada tem a ver com aquela que o atual trabalho profissional exige"[10].

Tensão muscular e tensão do espírito se associam. O aluno tem mais dificuldade de concentração e perde o gosto de aprender. Fre-

10. G. Vermeil, op. cit.

qüentemente confunde a necessidade de fazer um esforço sustentado e a concentração com a tensão ou a crispação. Para adaptar-se, ele se obriga a dominar o corpo e bloqueia sua musculatura numa crispação dolorosa, esperando compreender mais facilmente e com maior rapidez.

Pressionado pelo tempo até a crispação

Não estamos mais no ritmo da terra, das estações, em que o espaço e o tempo funcionam concertadamente. É o ritmo da rapidez informática que hoje prevalece; o espaço/tempo é quase sem limite, podemos a todo momento estar em contato com qualquer ponto do planeta, e até mesmo do espaço. Reflexo de sua época, a escola é um lugar em que o tempo se acelera.

Diante de um saber programado, o espaço-tempo pedagógico se programa. Não há tempo a perder. Os professores estão lá para dizê-lo e fazê-lo saber por meio de injunções que se manifestam regularmente na aula:

> "Rápido! Vamos com isso! Você está perdendo tempo..."

O aluno que deseja ter sucesso não demora a compreender que será malvisto se perder tempo para refletir, para pesar os prós e os contras, se hesitar, recomeçar. Por isso se lança impulsivamente à redação de um exercício cujo enunciado não pôde perder tempo para compreender, tenso e crispado, músculos e neurônios confundidos. Já não tem tempo de assimilar o que acabou de compreender. Ele teme demais as expressões fortes e cortantes do professor, cansado de sua lentidão:

> — Você é pior que uma tartaruga...
>
> — Você é tão rápido como um caracol ou uma lagarta.
>
> — Em que está pensando? Parece estar no mundo da lua...
>
> — Você tem a estabilidade de uma borboleta...
>
> — Outra vez o último a terminar o trabalho. Vai ficar com a lanterninha...

O professor multiplica as atividades na sala de aula e contribui para a crispação dos seus alunos. Para variar e manter o interesse dos mais jovens, para evitar os "tempos mortos", espaços vazios entre dois períodos de ação, ou ainda porque é preciso dar a matéria e, portanto, não perder tempo, ele já não tem lugar para a liberdade nem para a iniciativa.

Sob o peso de todos esses afazeres, de todas essas informações, projetado sem cessar num futuro imediato, para ser obrigado a terminar uma tarefa que mal acabou de começar, o aluno oscila num ritmo que não é o seu, correndo o risco de perder o fôlego. É assim que alguns deles, particularmente lentos, se vêem conduzidos para os cursos técnicos quando suas capacidades intelectuais são tão boas quanto as dos alunos mais rápidos e quando seu projeto não é esse.

Que fazer na classe?

— Para corrigir essa tendência, o professor deverá verificar em suas palavras todas as propostas referentes à noção do tempo. Em seguida, selecionará as que são enunciadas positivamente e as que têm uma conotação negativa.

— Para dar a sensação de que se aproveita o tempo, ele terá o cuidado de introduzir pausas para "tomar fôlego" entre duas atividades. Essas pausas poderão ser movimentos destinados a modificar as posturas e os ritmos anteriores ou, mais intelectuais, compostas pela abordagem, num tempo bastante curto, de um tema que mobilize os jovens e lhes permita se recuperar.

— Restabelecer a circulação da energia é restabelecer a circulação do ar na sala de aula, a respiração no aluno e no professor.

— Restabelecer uma boa circulação de energia é agir de maneira que os corpos possam se descontrair, é aceitar os tempos de fala, de intercâmbios reais.

Se não tomar consciência dessas tensões, que se instalam e se acumulam, o professor deixará as sensações desagradáveis invadir os corpos contraídos e dar origem a emoções.

2 Da crispação nasce a emoção

Os alunos, músculos crispados pelo esforço e pela imobilidade imposta, tensos por ter de ficar calados e não poder demonstrar suas emoções, são invadidos por ondas emocionais mais ou menos intensas.

O medo, a raiva, a impotência ou a ansiedade conseguem alterar profundamente seu tônus. Eles vivem um impasse entre a obrigação de atender à exigência do professor e a necessidade de se mexer. Instala-se então o cansaço.

Nicolau é uma criança agitada que, na classe, se mexe na cadeira desde os primeiros minutos, e isso incomoda sua professora.

— Só vejo suas costas — exclama ela.

Nicolau explica:

— Prefiro me mexer a ficar triste; quando preciso ficar sentado por muito tempo, não me sinto bem, tenho medo.

Além da passividade da atitude sentada e do esforço intelectual efetuado, Nicolau se esforça para permanecer imóvel, "bem-comportado"; ele mobiliza também sua vontade para não se deixar invadir cedo demais pela emoção que toma conta dele. Assim, ele procura agradar sua professora. Concentrado em se manter assim, não está disponível para ouvir nem para compreender o que é dito. Toda a energia está sendo empregada para controlar o corpo. Ele pensa que desse modo será considerado um bom aluno, mas seu trabalho se ressente disso, o que o perturba muito.

Lutar contra a desordem das emoções

Inquietude e medo têm uma realidade no corpo dos alunos. Os mais velhos já não se atrevem a reconhecê-lo nem sabem mais fazê-lo, ao passo que os mais novos são muito prolixos sobre o assunto.

P: O que acontece em seu corpo quando você tem medo?

R: Isso me sobressalta.

R: Meu coração bate muito forte.

R: Ele bate com rapidez, com tanta rapidez que fico ensopado de suor.

R: Meu coração é sensível.

R: Fico todo eriçado, como o porco-espinho.

R: Quando tenho medo, tenho a impressão de que vou chorar.

R: Às vezes, fico com angústia.

Sensações e emoções às quais a criança nem sempre pode reagir como gostaria.

P: O que você tem vontade de fazer então?

R: Tenho vontade de fazer um pouco de ginástica e depois tenho vontade de correr um pouco.

R: Tremo e tenho vontade de mudar de lugar.

R: Quando ela ralha comigo, fico com vontade de mudar de lugar.

R: Quando tenho medo, fico com muita vontade de ir para casa.

R: Tenho vontade de dormir.

R: Tenho vontade de não fazer nada, de ficar em casa.

R: Tenho um pouco de medo, tremo, faço besteiras porque, quando reclamam comigo, bem, a pessoa faz besteiras.

R: Tenho vontade de me irritar, de explodir.

R: Tenho vontade de fugir.

R: Não reajo, fico calmo, para que assim ela não grite mais comigo.

R: Tenho vontade de me transformar em herói.

As respostas dadas são instrutivas. Umas traduzem a necessidade de movimento para combater o medo e exteriorizá-lo, chegando à vontade de se irritar e mesmo de agredir; outras exprimem retração, a inibição do corpo ou do espírito, ou a busca de um lugar seguro: a casa, o sono.

A maioria das soluções evocadas é de difícil realização imediata ou ao menos não pode ser assumida abertamente sem que haja sanções. Os desejos e temores assim mascarados são ao mesmo tempo eliminados do campo da consciência. A negação dos desejos, assim como o descarte da angústia, é sempre uma negação e um descarte do corpo[11].

Nesse quadro, o que se vive e se sente de fato é esquecido ou reprimido. Professores e alunos do ensino fundamental em geral perderam o contato com suas sensações corporais a ponto de já não saber falar do corpo. Apartado de suas sensações, cada um suporta suas emoções, reprimindo-as no fundo de si mesmo até integrá-las ao corpo na forma de nós musculares e de tensões prontos a ressurgir na próxima situação de *stress*. Sensações e emoções se misturam e se confundem. Como regular as emoções latentes que circulam na sala de aula e perturbam o ambiente? Como permitir a cada um a identificação de suas sensações?

11. A. Bucher, *Les problèmes psychomoteurs chez l'enfant*, Paris, ESF, 1980.

Que fazer na classe?

O professor, habituado a ler os comportamentos não-verbais, compreende o que vê nascer nos rostos e se dedica a ajudar o aluno a identificar suas sensações a fim de encontrar os meios de melhor conviver com elas.

— Se deseja instaurar um clima favorável ao trabalho em sua classe, o professor começa pondo-se à escuta do seu corpo e observa os estados de tensão que ele manifesta e comunica à turma: dentes cerrados, cenho franzido, gestos irregulares, desastrados, batidas, quedas de objeto, respiração curta, tom de voz agudo, rigidez na nuca.

— Com os alunos de 5ª a 8ª série e do ensino médio, um trabalho de pesquisa sobre o vocabulário e as expressões especializadas no domínio das sensações, das emoções e dos sentimentos, seguido de uma discussão ou de jogos de RPG, mímicas ou representações teatrais, permite esclarecer e identificar as manifestações de afetos.

— Com os mais jovens, que costumam ser mais naturais e revelam melhor aptidão para aceder a seus sentimentos, é interessante instalar no fundo da classe uma "caixa de emoções". O aluno que tem uma emoção forte, um sentimento negativo, escreve no papel o que sente e o põe na caixa a fim de se tornar disponível e de se desembaraçar dessa emoção ou sentimento. Assegura-se o segredo vedando-se a caixa diante da classe e esvaziando-a diante dos alunos num saco de lixo, depois de feitas em pedaços todas as mensagens.

Se não tomam consciência das tensões, das crispações, sensações desagradáveis e emoções fortes, e não se faz nada para combatê-las, professores e alunos se privam do sinal de alerta que indica a passagem à fadiga. Ocultando-se por trás de sua couraça afetiva, do seu superego ou do seu falso eu, o indivíduo se torna presa fácil da fadiga.

6

O CORPO FATIGADO

É freqüente ouvir professores se queixar da falta de atenção, da dificuldade de concentração de certos alunos, qualificados como apáticos, passivos, sem energia ou então, pelo contrário, agressivos e agitados. Eles criticam a televisão, a falta de sono, o excesso de atividades extra-escolares ou o lazer não-controlado que produzem alunos cansados antes mesmo de o dia começar.

Tendo assim indicado o bode expiatório, esses professores não percebem que podem ter alguma responsabilidade ou algum poder sobre esse fenômeno sempre tão presente que é a fadiga na escola.

Que se entenda bem, a responsabilidade deve ser partilhada; contudo, é mais eficaz interrogar a si mesmo e agir sobre as causas da fadiga escolar.

APRENDER A RECONHECER A FADIGA

Como bons funcionários obedientes, os professores têm aplicado ao pé da letra antigos conselhos que recomendam exigir dos alunos:

"Uma boa higiene não pode aceitar atitudes em que o corpo se dobra sobre si mesmo; costas arqueadas, cabeça pendendo, torso contorcido, peito encolhido, encostado na mesa"[1].

Eles não pouparam esforços nem voz para obter uma melhor postura dos alunos. Aparentemente esses esforços foram empreendidos de maneira bastante punitiva. De fato, na alvorada do terceiro milênio, os professores continuam a criticar seus alunos por sua desatenção e sua agitação. Para incitá-los a manter a postura ereta, continuam a recorrer à disciplina, sem alimentar muitas ilusões quanto à eficácia de suas determinações.

A classe costuma ser animada por um permanente zum-zum, pés arrastados, atrito entre cadeiras, ruídos de canetas que caem. Alguns alunos se esticam, outros se encolhem sobre si mesmos, às vezes parecem querer entrar embaixo da mesa, outros ainda seguram a cabeça com as duas mãos... Em meio a todo esse alvoroço, a voz do professor se eleva, fica mais tensa... para resultados bem decepcionantes. Professores e alunos estão cansados, não sabem disso, e as coisas não vão se acertar... se não se tentar nada para remediá-las.

1 As leis da fadiga

A ergonomia e o estudo da fadiga

Numa obra brilhante, Guy Vermeil explica os mecanismos da fadiga na escola[2]. Esse pediatra nunca trabalhou em escolas mas interessou-se bastante pela medicina do trabalho e pelos trabalhos dos médicos

1. G. Vigarello, *Le corps redressé*, op. cit.
2. G. Vermeil, *La fatigue à l'école*, op. cit.

escolares alemães para compreender as causas da fadiga na escola. Ele constata com tristeza que esse assunto não atraiu muito a atenção das autoridades escolares. "Não há comparação entre os esforços feitos e o dinheiro gasto no estudo do trabalho industrial e a pobreza dos meios empregados no estudo do trabalho das crianças na escola."

É verdade que nenhum adulto aceitaria hoje trabalhar nas condições materiais oferecidas à maioria das crianças escolarizadas — de quatro a cinco horas por dia, 20 a 25 horas por semana — sem se rebelar. Para alertar a opinião pública e revelar os malefícios da fadiga sobre os jovens, o doutor Vermeil recorreu aos estudos ergonômicos do trabalho na indústria.

AS DOZE LEIS DA FADIGA

O quadro a seguir apresenta as constatações experimentais da medicina do trabalho e as conseqüências que se podem tirar delas no tocante ao professor e ao aluno.

Leis da fadiga	Conseqüências para o professor	Conseqüências para o aluno
1) É difícil passar mais de oito horas por dia no trabalho sem risco: — de acidente; — de absenteísmo; — de doença.	Evitar a sobrecarga no emprego do tempo. Pensar em repousar antes de preparar aulas e fazer correções. Dar atenção ao excesso de horas extras.	Evitar empregos do tempo desequilibrados (dias sobrecarregados e dias ou partes do dia liberados). Dividir harmoniosamente os deveres e as provas.
2) A má divisão do trabalho cansa mais que o excesso de trabalho. O repouso insuficiente de uma jornada não é compensado por um repouso semanal. A recuperação eficaz tem lugar nas 24 horas.	Fazer um planejamento das provas e das correções para evitar os esforços concentrados antes dos conselhos de classe ou as noites em claro. É irracional trabalhar sete horas por dia para completar a semana em três dias.	Ensinar os alunos a manter o caderno atualizado e a trabalhar regularmente todos os dias para não ser obrigados a estudar em excesso no dia que antecede as provas ou a refazer seus deveres.
3) A inadequação à função produz cansaço.	Cuidar para não adotar posições ruins na sala diante do retroprojetor, na mesa ou na lousa. Sentar-se confortavelmente para as longas sessões de preparação ou de correção.	Ter o cuidado de permanecer sempre de frente para os alunos para que eles possam vê-lo. A lousa também deve ficar sempre diante da classe. Se possível, trocar as carteiras inadequadas ao tamanho dos alunos.

4) A produtividade aumenta com a diminuição do tempo de trabalho e se reduz com o aumento deste.	Organizar os exercícios, os momentos de pesquisa, os trabalhos de grupo e os intercâmbios a fim de obter uma produtividade ótima na classe. É normal constatar que o trabalho assim organizado requer mais tempo de implantação.	Ensinar aos alunos métodos de trabalho rápidos e eficientes. Aconselhá-los a não prolongar de modo excessivo (tempo a ser fixado pelo professor) o trabalho em casa.
5) A capacidade de atenção varia de indivíduo para indivíduo; ultrapassar o tempo pessoal de atenção é fonte de fadiga.	Saber que quanto mais jovens os alunos, menor sua capacidade de atenção. — 15 minutos de 6 a 7 anos; — 20 minutos de 7 a 10; — 25 minutos de 10 a 12; — 30 minutos de 12 a 16. Levar isso em conta. Ser tolerante com aqueles que se distraem quando esses tempos são ultrapassados.	Estimular os alunos a fazer perguntas e fazer repetir se necessário. Pedir aos que estavam atentos que repitam aos outros o que compreenderam. Isso permite, por outro lado, envolvê-los, avaliar a compreensão e fazê-los memorizar uma noção.
6) Um indivíduo médio de mais de 16 anos permanece atento por no máximo 40 minutos.	Evitar fixar o calendário de atividades na sala de aula com base na capacidade de atenção da minoria de alunos hipercontrolados. Variar os exercícios e atividades no decorrer da aula.	Tranqüilizar os alunos, permitir que façam perguntas e reconheçam que estavam desatentos. Aconselhá-los a pedir uma pequena pausa (silenciosa ou não) para se recompor.
7) Quanto mais intenso o esforço, maior o cansaço.	Prever as aulas mais difíceis (teoria; noções abstratas) para os horários iniciais, ou antes de uma aula fácil... Evitar o acúmulo de aulas muito cheias de conteúdo num mesmo dia.	Rechear as aulas teóricas de anedotas, de exercícios fáceis e de diálogos curtos para descontrair os alunos. Multiplicar as pausas.
8) O esforço de atenção e de vigilância é maior quando a tarefa é nova.	Modular as pausas em função do trabalho exigido: — uma pausa que vem tarde (depois que o cansaço já se instalou) é inoperante; — uma pausa longa não é ideal; várias pausas curtas são mais eficazes. Recomenda-se aumentar as pausas no final do dia. O anúncio da pausa provoca uma recuperação da atividade: aprender a lidar com isso.	Pensar no gasto muscular e nervoso dos alunos que aprendem uma coisa nova e ajudá-los a se recuperar fazendo pequenas pausas durante a aula. Motivar os alunos anunciando-lhes a próxima pausa (em minutos, claramente enunciados, sem manipulação...)

9) Um ambiente desagradável provoca cansaço.	Evitar instalar-se em lugares ruidosos ou estressantes para fazer preparação de aulas, correções, receber um pai de aluno. Estabelecer a calma na classe. Fazer dela um lugar limpo, acolhedor, decorado.	Ensinar os alunos a respeitar o ambiente e o outro: ouvir sem interromper, levantar a mão antes de falar, respeitar a opinião do outro e preservar os locais de toda deterioração.
10) Um trabalho muscular prolongado prejudica o funcionamento do cérebro e provoca uma perda de atenção e de vigilância.	Pensar em se mexer, andar e se reanimar durante as longas sessões de correção e de preparação. Saber que um órgão, o cérebro, por exemplo, pode se mostrar inapto para o trabalho porque outro órgão (a mão, as costas, a nuca...) está fatigado.	Permitir que os alunos se espreguicem, bocejem e se movam durante as provas. Aconselhá-los a fazer pausas e a se levantar durante as horas de trabalho em casa.
11) O trabalho rotineiro, o taylorismo, cansa.	O tédio cansa os alunos, a rotina lhes dá sono... Cuidar para variar o tom de voz, os gestos, o humor, os exercícios e o ritmo das aulas. Aprender a surpreender.	As restrições do programa e a carência dos meios disponíveis no estabelecimento não impedem a variação e a diferenciação.
12) O sistema muscular é extremamente individualizado. Cada indivíduo reage de uma maneira à ergografia*. A fadiga muscular é tão individualizada quanto nossas impressões digitais.	O que é preciso saber quando se ensina: uma classe de 30 alunos de 1ª a 4ª série se divide em quatro grupos de desenvolvimento desigual: — 10 crianças, em geral meninas, acompanham bem e ficam à vontade; — 2 ou 3 crianças angustiadas acompanham corretamente mas estão em risco: podem não conseguir superar os obstáculos. — 10 crianças têm um nível médio; embora possam ir melhor, correm o risco de se perder ao passar para a 5ª série. — 2 ou 3 crianças já estão marginalizadas e fadadas ao fracasso escolar...	Cada aluno tem seu ritmo. A alternância entre tempo de trabalho e de repouso é personalizada. Tranqüilizar os alunos e ajudá-los a reconhecer seus ritmos de vigília-repouso e seu limiar de passagem para o estado de fadiga. Evitar desvalorizar os cinestésicos; encontrar com eles uma solução aceitável que lhes permita se mover sem prejudicar a classe.

* Ergografia: registro do trabalho de um músculo ou de um conjunto de músculos.

Os diferentes tipos de fadiga

Guy Vermeil fala da **fadiga muscular** e da **fadiga nervosa**: com este último termo, engloba a fadiga mental, psíquica e geral. Ele assinala que é muito difícil distinguir claramente a origem de uma fadiga que se manifesta. Como dizer que tal parcela corresponde à fadiga física e tal à fadiga nervosa quando se sabe que as emoções agem sobre o corpo? Vermeil também se recusa a estabelecer diferenças fixas entre uma **fadiga autêntica**, decorrente de critérios objetivos e mensuráveis, e uma **fadiga sentida,** cuja origem é desconhecida. Com efeito, o essencial é o que a pessoa sente. Quer se trate de uma manifestação afetiva ou física, temos de lidar com um corpo fatigado.

Considerada em seu sentido mais amplo, a fadiga nervosa compreende os fenômenos neurológicos propriamente ditos e os fenômenos psíquicos: "tudo se passa como se a atividade muscular liberasse uma ou mais substâncias tóxicas que agem sobre o conjunto do organismo e sobretudo sobre o sistema nervoso"[3]. É assim que se adiciona ao desgaste físico o desgaste nervoso, da mesma maneira como à fadiga muscular se associa a fadiga psíquica.

O adulto, preocupado com seu desempenho, poucas vezes leva em conta essa sensação de cansaço. Ela **tem como efeito a redução da capacidade de trabalho do aluno e a perturbação de suas relações com os outros**. Mas o aluno não pode agir de outra maneira para suprimir essa fadiga que ele não aprendeu a reconhecer. É por isso primordial identificar seus sinais e conhecer suas causas.

2 Os sinais da fadiga

A fadiga: um saudável mecanismo de alarme

Quando se aprende a reconhecê-la, a fadiga é um sinal enviado pelo organismo para nos avisar que é hora de levar em conta uma necessidade fundamental. Assim como a fome ou a sede, a fadiga nos alerta, o corpo nos revela que precisamos dormir, comer, nos movimentar e respirar.

3. Id., ibid., p. 31.

A necessidade de movimento é muitas vezes sentida cruelmente pelos jovens alunos: "Tenho principalmente dores nas pernas, porque durante todo o dia eu me apóio nelas".

"Tenho dor nas costas, entre as duas omoplatas, e além disso, nos ombros, meus músculos se contraem logo depois de eu começar a anotar, ou quando faço o ditado."

Quando é submetido a um esforço imóvel e prolongado, o músculo se contrai; mesmo que trabalhe nas melhores condições, ele precisa de repouso periodicamente. **Um trabalho prolongado produz uma diminuição da mobilidade muscular e da capacidade de concentração**.

A fadiga tem função protetora, mas é preciso saber reconhecê-la a fim de se ocupar da necessidade que surge.

O CORPO FALA AQUILO QUE NÃO SE PODE DIZER

Impedido de falar, o corpo se apresenta como um grito silencioso, lançado diante de todas as barreiras, todos os obstáculos que a ele se opõem.

Os sinais de fadiga ou de crispação, os movimentos de distensão podem expressar-se de maneira discreta e esporádica. O professor, com o olhar carregado, já não vê os corpos; concentrado naquilo que tem a ensinar, vê apenas o grupo.

Uma experiência em escolas francesas fotografou classes de 1ª a 4ª séries. Ao ver as fotografias, as professoras ficaram surpresas e até chocadas: "Nunca tinha visto minha classe assim!" É como se a imagem tivesse o poder de revelar a criança de carne e osso e não mais o aluno.

Diante das restrições, o aluno dá uma resposta corporal, às vezes em busca de um estado de relaxamento que pode levá-lo à beira do sono, na maioria das vezes a atitudes de descarga motora ou então ao espreguiçar-se.

Não se trata, na maioria dos casos, de uma recusa a aprender nem de uma oposição ao adulto, mas de um processo de necessária distensão.

Os movimentos do corpo são, sem dúvida, os sinais mais freqüentes e mais fáceis de perceber para um olho atento, mas não são os únicos. O professor atento pode diagnosticar uma fadiga quando um aluno altera brutalmente o comportamento.

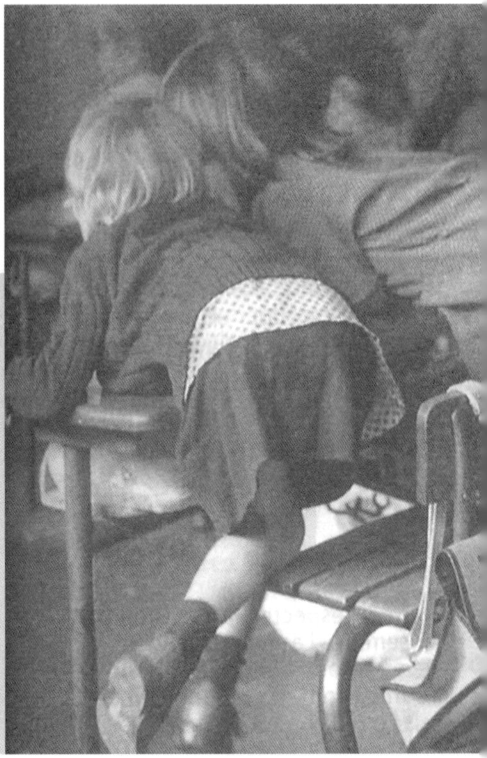

"Antes calmo e pacífico, ele ficou irritado ou agitado."

"Seu rosto ou seu corpo é em pouco tempo deformado por tiques regulares."

"Ele pede para ir à enfermaria com freqüência, queixando-se de dor de cabeça ou de estômago."

"Os responsáveis pela cantina se inquietam porque ele já não tem apetite."

"Seus pais alertam o professor ou o diretor sobre o aparecimento de insônias constantes ou de pesadelos capazes de provocar sonolência na aula."

É primordial levar em conta os sinais reveladores a fim de ajudar o aluno a recuperar a forma e evitar que a situação se deteriore. De fato, quando o aluno está fatigado, suas capacidades intelectuais se reduzem. Além da dor e das tensões musculares, de que é mais ou menos consciente, ele vive experiências desagradáveis que intensificam seus sentimentos de impotência ou de ansiedade; sua memória falha, ele gagueja, perde o controle. Às vezes, dorme ou sonha, e seja como for torna-se inapto para a reflexão e a criatividade.

O fracasso não exprime só a incapacidade intelectual do indivíduo, mas também está ligado às más condições de trabalho. Diante do fracasso, o aluno lança mão de seus próprios mecanismos de defesa.

Quem observa de fora pode ver ali inibição, preguiça, passividade, desatenção ou agitação, provocação, recusa de aprender ou de se expressar. Mas no interior do aluno instauram-se defesas que na maioria das vezes escapam ao controle consciente.

CAUSAS DA FADIGA NA ESCOLA

OS FATORES GERADORES DE FADIGA

A medicina do trabalho calcula a freqüência das pausas a partir da fadiga provocada por inúmeros fatores do local de trabalho.

Encontram-se fenômenos semelhantes na escola.

Consideram-se dez critérios para avaliar a fadiga de um trabalhador: esforço físico, tensão nervosa, ritmo de trabalho, postura, monotonia da tarefa, temperatura e grau de umidade, poluição do ar, ruído, vibrações e choques, iluminação do local de trabalho[4].

A classe em geral não sofre vibrações e choques. Sua iluminação é quase sempre apropriada e não há problemas com aquecimento; apesar de certa falta de ventilação fácil de remediar, o ar da sala de aula não costuma ser poluído.

Em contrapartida, seis fatores examinados nos locais de trabalho são geradores de fadiga também na escola: o ruído, a tensão nervosa, os ritmos de trabalho, a monotonia da tarefa e o esforço físico (imobilidade, postura sentada).

Que fazer na classe?

O professor que deseja reduzir as ocasiões de fadiga em sua vida e em suas classes é convidado a revelar os fatores de fadiga aos alunos e a lhes pedir que os classifiquem em ordem decrescente, do mais incômodo ao mais suportável. Terminada a classificação, professor e alunos definem juntos os meios de reduzir a fadiga na sala de aula, comprometendo-se todos a aceitar a decisão da maioria. O professor e os alunos serão obrigados a certas modificações de comportamento; mas o resultado vale a pena.

4. Id., ibid., p. 51.

AS CAUSAS DA FADIGA NO PROFESSOR

Comumente considerados privilegiados por causa de suas férias, os professores reclamam das difíceis e cansativas condições de trabalho. De que se queixam eles?

- Os locais costumam ter má acústica, são barulhentos e quentes demais no verão. A sala de aula é às vezes muito exígua, o material é impróprio, deteriorado (paredes e mesas cobertas de pichações).
- O número de alunos é muito grande, as classes não são homogêneas e alunos difíceis ou inadaptados ainda sobrecarregam o grupo.
- Os programas são demasiado ambiciosos, os horários ao mesmo tempo muito curtos e muito longos: curtos para se conseguir passar o essencial; longos pela excessiva carga horária.
- O relacionamento com os colegas e com pais de alunos nem sempre é fácil, e os problemas de avaliação são cada vez mais estressantes.

O professor é assim levado a trabalhar em meio ao ruído e à agitação, o que o obriga a forçar excessivamente a voz, na tentativa de ser claro, audível e tornar mais ágil o cumprimento do currículo.

O trabalho é muito tenso, porque o professor deve levar em conta ao mesmo tempo as mensagens não-verbais e verbais do aluno, o grupo e os indivíduos. Ele deve observar os movimentos e interpretá-los para agir ao mesmo tempo que permanece concentrado para orientar seu discurso e concluí-lo sem digressão.

Por fim, o repouso é raro porque o professor é de modo geral uma mulher, casada, mãe de família, que não termina a jornada quando cruza a porta do estabelecimento. Homem ou mulher, o professor tem trabalho em casa, e sua vida pessoal costuma ser marcada pela pressa e pela tensão nervosa.

Que fazer na classe?

Para lutar contra a fadiga, o professor depende em grande parte da administração da escola, o que não torna as coisas fáceis: Guy Vermeil indica quatro eixos de ação, mas só o último deixa o professor livre para optar por uma mudança. Os três primeiros devem ser negociados com a administração e envolvem o ambiente político e econômico:

— pedir o isolamento acústico dos locais para ter condições de cuidar de sua voz, acalmar a classe, melhorar o desempenho escolar dos alunos;

— pedir uma redução do número de alunos nas classes porque o "número excessivo mata a pedagogia. Ele cria a agressividade". O número ideal de alunos para o maternal ou as primeiras séries do ensino fundamental é de 15 alunos; classes de 5ª a 8ª séries devem ter cerca de 20 alunos; e, para todas as classes até o fim do ensino médio, não se pode passar de 25 por sala[5];

— Militar para que as férias escolares sejam mais curtas e os tempos de trabalho, mais bem divididos no ano: 175 dias de férias em vez de 220 a 230 seriam o ideal;

— cuidar para não pôr num só bloco todas as horas de aula, quando se é professor de 5ª a 8ª séries ou do ensino médio, em dois ou três dias de sete horas, dispondo-se a trabalhar quatro dias para evitar o desgaste pessoal e o prejuízo das últimas aulas do dia.

AS CAUSAS DA FADIGA NO ALUNO

A fadiga dos alunos costuma ser **atribuída aos fatores prejudiciais** acima evocados:

— falta de sono por causa da televisão, café da manhã insuficiente, excesso de atividades extra-escolares;

— falta de oxigênio, imobilidade prolongada.

Essas razões são na maior parte das vezes bem reais, mas não bastam para explicar tudo. Um **terceiro fator** desempenha um **papel primordial: o fator psíquico**. O medo do professor, o desentendimento com um professor ou um colega, o medo de fracassar, a expectativa excessiva dos pais quanto aos resultados estão na origem da fadiga profunda.

"Ele não vai passar; vai repetir; procurei o professor (ou o diretor), e ele me disse que não será possível. O que vai ser dele sem o diploma? Vai ficar desempregado... O que vamos fazer?"

5. G. Vermeil, J. Lévine, "Les médecins peuvent-ils contribuer à l'évolution nécessaire du système scolaire et educatif?", apud Vermeil, *La fatigue à l'école*, op. cit., pp. 139-140. Um matiz é introduzido pelos alunos do colegial: 40 alunos é um número pouco desejável mas é tolerável na última série do colegial, mas não no maternal.

Cheio de interrogações, esmagado sob as angústias familiares, o aluno se sente inferior, incapaz ou impotente. Não se sente bem em seu corpo, está esgotado.

Com freqüência, a essas fadigas psicológicas soma-se uma fadiga intelectual e física decorrente da distância dos trajetos, do excesso de trabalho ou da má divisão da carga de trabalho.

AS FADIGAS POR FALTA DE ADAPTAÇÃO

Tanto professores como alunos são às vezes atingidos por um tipo particular de fadiga que não provém do excesso de trabalho, mas do tédio ou da falta de motivação com relação a ele:

Eles não estão cansados **pelo** trabalho, mas **do** trabalho...

- O professor que não tem vocação para cuidar de jovens e lecionar, aquele que envelheceu no cargo acumulando rancores e decepções, se cansa com mais rapidez e termina cansando as classes por sua evidente falta de entusiasmo.

Ele chega até a dizer a si mesmo:

"Dou minha aula e penso em outra coisa."

"Dou minha aula mas não me envolvo com os alunos, que não são interessantes".

"Faz oito ou dez anos que dou a mesma aula, já a conheço de cor; em vez de me liberar, contento-me em recitá-la, repeti-la sem vivacidade".

"Dou minha aula e só penso nela; quando saio, percebo que nem vi os alunos".

"O que faço me causa um profundo tédio, mas tenho de ganhar a vida".

Que fazer na classe?

O professor que constata os efeitos negativos de sua falta de empenho na classe decide modificar seu comportamento, e de vez em quando trata de:
— olhar os alunos de frente;
— entrar em contato com eles antes de começar a aula;
— alegrar-se em conceber uma nova maneira de dar aulas;
— anotar num papel todos os pensamentos negativos que o invadem e o desestimulam durante as aulas;
— tomar 5 minutos antes da aula para se concentrar, relaxar; fazer alguns movimentos para melhor respirar;
— tomar 5 minutos no fim da aula para discutir com os alunos e ver em que estado de espírito eles saem da aula (estavam interessados, o que aprenderam, o que não compreenderam, tinham informações sobre o assunto?);
— observar com atenção o tom de sua voz e seu registro.

- Alunos que não consolidaram seus conhecimentos ou carecem de um método, que têm dificuldades para prestar atenção ou manejar conceitos; que se mostram incapazes de permanecer imóveis e silenciosos; que não conseguem fazer o trabalho no tempo devido — todos eles se cansam mais rapidamente que os outros. Tais alunos se vêem mergulhados numa espiral de fracasso sem compreender o que lhes acontece.

Juliano tem dificuldades para escrever; por isso se esforça e aperta a caneta para conseguir uma boa nota. Apesar da concentração, sua mão escorrega e ele faz uma rasura. Nervoso, multiplica os erros e entrega um trabalho rasurado. O professor não gosta e reclama:

— Você rasurou seu trabalho!

— Não! Eu me esforcei, mas...

— Você se esforçou? Está brincando...

— Não, professor.

Os risos e as zombarias vêm de todos os lados, os colegas começam a se agitar... Para pôr um fim naquilo e restabelecer a calma, o professor se volta para Juliano e como castigo lhe dá algumas linhas para escrever... Como não compreendeu a dificuldade pessoal de Juliano, ele acreditou que o menino zombava dele.

O professor não observou que Juliano lembra o paralítico (dado como exemplo por G. Vermeil) que ignora sua deficiência. "Suponhamos que o indivíduo tenha paralisia de um membro inferior e o ignore, já que pode andar normalmente; quando lhe pedem que corra, ele pode, graças a um considerável esforço, manter no início do exercício um ritmo igual ao das pessoas de constituição normal; mas bem rapidamente seu ritmo vai se reduzir, os outros se distanciarão dele, e ele sentirá por isso contrariedade e humilhação."[6]

O que Juliano viveu é comum a algumas crianças em dificuldade. Certamente, **com um considerável esforço**, ele poderia realizar o ato ou a tarefa solicitada e manter, no início do exercício, um ritmo igual ao dos que não têm essa deficiência. Mas seu ritmo não demora a se reduzir. Contudo, se não compreender onde está sua incompetência, ele não poderá se corrigir. **Exigir alguma coisa de um aluno que não dispõe**

6. G. Vermeil, op. cit., p. 107.

dos meios para realizá-la o deixa paralisado. Deixar um aluno paralisado no início de sua escolarização compromete toda sua vida escolar. Castigos e zombarias tornam ainda maior a sensação de incapacidade que ele já tem e desenvolvem nele um sentimento de vergonha que se traduz num abatimento corporal ocasionado por uma fadiga súbita e duradoura.

Toda emoção suplementar causa maior perturbação quanto menos recursos tem o aluno para enfrentá-la.

"Quando faço contas, às vezes é muito difícil, não consigo. Tenho vontade de chorar quando não consigo porque os outros conseguem antes de mim e depois eles todos acabam e eu sou a última, eu ainda não acabei, fico com vontade de me apressar, fico com dor na mão e nos ombros, e a professora me diz 'só falta você'. E eu não fico contente."

"Depois de fazer um trabalho, temos de levar o caderno para o professor. Então fico com medo de ter errado!"

CONSEQÜÊNCIAS DA FADIGA NA ESCOLA

A fadiga muscular e nervosa afeta nossas capacidades de compreensão, de explicação e de paciência. Se não se tomar nenhuma atitude, o aluno que cresce num espaço inadequado terá um desenvolvimento psicomotor ruim, e suas capacidades de atenção e de concentração nas situações de aprendizagem serão fortemente alteradas.

O PROFESSOR É UM HÁBIL HIPNOTIZADOR?

Para muitos, **a imobilidade**, o aspecto por vezes monótono, quase rotineiro, das atividades, o estado de tensão e depois o de fadiga que se instalam podem contribuir para **criar um efeito hipnótico** que, em vez de tornar o aluno receptivo ao ensino, mergulha-o numa **forma de letargia** contra a qual o professor luta, com o risco de nisso se esgotar.

Com efeito, como explica G. Vermeil, "a fadiga causada por um trabalho intelectual prolongado ou por uma tarefa que requer uma atenção constante pode resultar em recusa de todo esforço, até muscular, e, reciprocamente, a fadiga advinda do esforço físico prolongado torna o espírito inapto a toda reflexão"[7].

7. Id., ibid., p. 31.

O que explicaria a reflexão de Estefânia?

P: O que ocorre com seu corpo quando você está cansada?

R: Quando estou cansada, não compreendo nada do que me diz a professora!

Aparentemente, **a fadiga e as dificuldades apresentadas por certos alunos na escola não se vinculam apenas ao próprio estudante, mas também à natureza do trabalho e às condições** em que este é realizado.

Os alunos ficam divididos entre a vontade de aprender, de descobrir, e a obrigação de atender às restrições que a acompanham.

Os professores, por sua vez, têm dificuldades para encontrar o equilíbrio entre as exigências de pais ansiosos para que levem a termo o programa e a necessidade de responder harmoniosamente às necessidades de cada um.

A INIBIÇÃO

G. Vermeil esclarece que "a necessidade de movimento é permanente, e todo esforço estático dificilmente é tolerado tanto no plano físico como do ponto de vista do pensamento". Para ele, "a insuficiência de movimento é uma grave carência, talvez a mais grave de todas".

Privados desse movimento libertador, o aluno e o professor sabem encontrar meios de compensação, opções que permitam vencer a dificuldade com o mínimo de sofrimento... ou então com perda e fracasso. Inibição, devaneio, agitação, explosão são expressões de uma fadiga impossível de suportar.

"Podemos obrigar as crianças a permanecer sentadas e silenciosas; mas não nos enganemos, mesmo assim elas conseguirão, em muitos casos, deixar repousar o espírito ou criar uma distração para si mesmas e não acompanhar a aula quando estão cansadas."[8]

De fato, **a fadiga mental** põe nosso organismo **em estado de inibição, estado que afeta diretamente o desempenho físico, intelectual e psicológico**. Essa fadiga:

8. Id., ibid..

— reduz as percepções sensoriais;
— desacelera as faculdades de transmissão;
— diminui o poder de atenção;
— altera as capacidades de reflexão;
— afeta as funções psíquicas: o indivíduo inibido mostra um crescente desinteresse pelo trabalho e pelo contexto, tornando-se incapaz de escolher ou decidir.

Particularmente nos alunos jovens, ela é acompanhada de uma inquietação que pode beirar o medo e os torna especialmente sensíveis a toda situação que traga exigências emocionais: medo dos gritos da professora e das outras crianças, de fracassar, da punição, um medo que pode levá-las quase à doença física.

O estado de inibição assume duas formas que, embora pareçam opostas, têm a mesma origem profunda: o devaneio e a agitação.

O DEVANEIO

G. Vermeil descreve o devaneio como a conseqüência de uma forma de depressão física. A fadiga nervosa provoca uma espécie de entorpecimento do corpo, de paralisia muscular e de supressão da capacidade de atenção e de concentração. **O espírito está em outro lugar; sem ele, o corpo é um invólucro vazio**.

A criança que devaneia tem os olhos perdidos no vazio, está "no mundo da lua", partiu, o corpo e o espírito estão no espaço do seu devaneio, no qual o tempo já não existe.

É próprio do devaneio não perder a consciência do peso que se abate sobre a pessoa, de alguma maneira não viver o limite, mas antes levá-lo para um imaginário, para um alhures que mantém a criança fora da realidade presente, na memória ou na expectativa.

"... Pensamos em outra coisa, muitas vezes que gostaríamos de fazer isto ou aquilo; quando isso me acontece, pergunto a Cátia o que o professor disse..."

"Imagino que estou em minha cama, dormindo."

Diante de um ambiente que ameaça o princípio da continuidade do ser, diante de um presente em que a dificuldade de auto-afirmação é vivida a todo momento como restritiva ou perigosa, **inúmeros alunos realizam seus desejos de ação no imaginário.** Eles investem aí a fantasia do poder, da destruição, ao abrigo dos interditos e de toda oposição.

Juliano diz que sua carteira "é como um veículo que vai a mil por hora. Ele muda de marchas assim, com o botão". Ou ainda, para Arthur, sua carteira é "como um disco voador".

Sofia e Marcos falam de seu medo:

"medo de um tremor de terra que derrube as paredes" ou de "ladrões" que viriam destruir as paredes à noite.

Assim se manifesta a ambivalência entre o desejo de afirmação que a criança deve reprimir e a busca de um lugar regressivo, que ofereça segurança, em que não haja a mínima necessidade de defesa nem de afirmação da presença.

O lugar na classe torna-se uma redoma, objeto de proteção. Recanto em que a criança se isola, foge ou desaparece, longe da tarefa a realizar, longe do confronto obrigatório com o outro, ao abrigo do vento, de forças exteriores.

Os professores conhecem bem **esse gentil sonhador inatingível**: irritante porque não perturba, sempre diz "sim", mas só com a cabeça, e nunca entende o que lhe é dito. Saberão reconhecer nele **um aluno fatigado e tenso que se refugia em sua cabeça por ter o corpo privado de movimento?**

A agitação

"Não os agüento mais!

Preciso carregá-los pela mão!

Não consigo controlá-los!

Ele tem o diabo no corpo...

Ele é insuportável!

Ele é uma praga!

Ele pula como uma mola!"

Pequenas frases que pontuam as conversas na sala dos professores.

Cansado por não se poder mexer nem descansar, sob o peso dos valores e das proibições, o aluno não se atreve a transgredir a lei... **Mesmo sem querer, ele tumultua, perturba** os vizinhos e **chega até a alvoroçar a classe.** O professor então o impede de incomodar, interrompe seu movimento, recorrendo à disciplina — quando no fundo tem diante de si uma questão de saúde.

P — Você pode me explicar por que se mexe tanto?

R — Eu me mexo porque fico irritado; depois de ficar sentado durante muito tempo, minha cabeça se cansa e meu bumbum dói.

R — Porque transpiro ou tenho sede.

R — Porque estou com raiva.

Na criança, essas pulsões de vida se manifestam por meio do movimento, do prazer de fazer barulho, da necessidade de tocar, evidenciando uma atividade cujo fim é a exploração e o domínio do mundo exterior.

Temos diante de nós a **expressão do impulso vital**. Contido por tempo demais, esse impulso explode e pode assumir uma forma agressiva e agressora. Ora, como mostrou Winnicott, a agressividade não é na origem esse sentimento negativamente codificado, mas quase sinônimo de atividade. Nesse caso, nada tem de pulsão de morte, um ataque ao outro ou ao si mesmo, mas é, ao contrário, a manifestação essencial da vitalidade, uma pulsão de vida que convém orientar, dominar, controlar, e não destruir. A redução ou a restrição desse impulso vital, que condiciona a vontade de viver, afeta as bases da pessoa envolvida.

O efeito panela de pressão

Se o professor não percebeu a fadiga nos alunos, ele corre o risco de deparar com uma explosão inesperada e surpreendente de toda a classe:

"Às vezes, todo mundo faz bagunça, a gente respira muito rápido, tem vontade de mexer com qualquer um; quando alguém nos bate, nós empurramos, damos pontapés, a professora reclama quando a gente se bate, quando escondemos coisas, quando ficamos enganando uns aos outros".

Quanto maiores a restrição e a imobilidade, tanto maior é a necessidade de descarga motora. Cercado por todos os lados, o corpo não agüenta e explode, se estende, se distende e assume o controle, as crianças fazem bagunça no Jardim e no Pré, falam e se agitam no ensino fundamental e no ensino médio, todos se sentem irritados:

— Eu faço bagunça para ver se vou logo para o recreio; depois, se demora muito, fico irritado como se tivesse arrepios.
— Bagunço bastante porque sou nervoso.
— Quando estamos irritados ou agitados, sentimos calor.
— Eu me mexo bastante porque estou cheio de ficar sentado na cadeira.
— Vincent se mexe bastante; ele não consegue se controlar, não sei por quê... Talvez fique nervoso, alguma coisa o irrita, não sei.
— Os outros bagunçam bastante porque estão irritados; eu nunca quero me irritar, porque depois me acostumo e não consigo me acalmar.
— A professora disse que Karina não pode parar quieta.

A vida contida em demasia explode. As crianças cansadas, irritadas, tensas descarregam numa explosão que as faz cair num estado de cansaço ainda maior.

"Na hora do recreio, eu me divirto; corro, corro, corro, e quando volto para a sala estou ainda mais cansado."

Nathan explica muito bem como, ultrapassado o limite, já não se sente a passagem da calma à excitação. A corrida nada mais é que uma descarga, um lugar para acertar as contas e não um lugar de recreação.

AGITAÇÃO-REPRESSÃO: O CÍRCULO VICIOSO

A agitação de uma classe é muitas vezes vista pelo professor como agressão e agressividade contra sua autoridade. Ao interpretar dessa forma essas manifestações naturais de fadiga, o professor é tentado a fazer de tudo para restabelecer a calma na classe e obter a atenção do conjunto dos alunos. Se a classe é muito grande, ao final do dia o clima se deteriora rapidamente, o professor passa a pedir calma de maneira agressiva e, numa curiosa escalada, a agressividade de uns é transmitida aos outros até um ponto sem retorno... Sem que se encontre uma solução digna. Cada um adota comportamentos inadequados, que o fazem entrar num círculo vicioso sob a influência do outro em vez de reagir ao verdadeiro problema: o surgimento da fadiga.

O círculo vicioso dos comportamentos inadequados diante da fadiga ignorada numa sala de aula

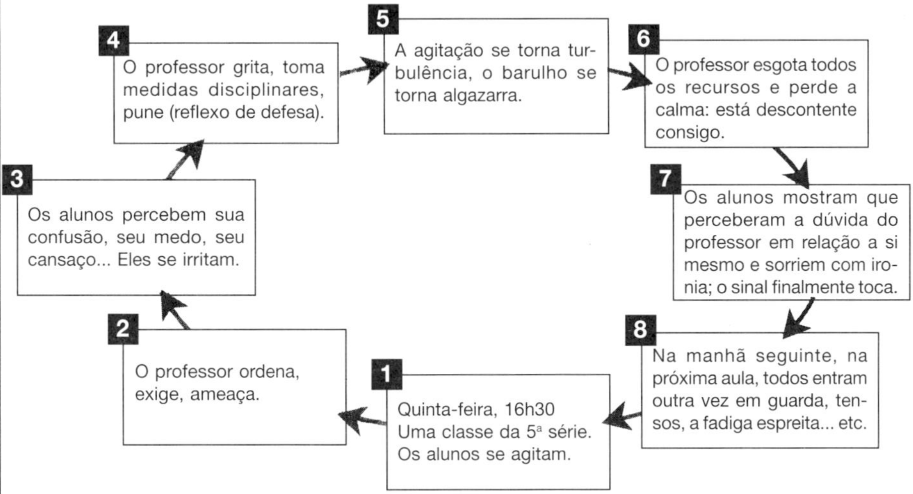

SOLUÇÕES PARA A FADIGA ESCOLAR

Aprendendo a reconhecer o surgimento e as conseqüências da fadiga em seus alunos, o professor consegue encontrar as soluções eficazes e sai da escola menos cansado.

RESPEITAR OS RITMOS BIOLÓGICOS

A atividade rítmica é uma propriedade fundamental do ser vivo. Somos ritmo, e o universo que nos cerca também é ritmo. O movimento dos planetas, as fases da lua, o ciclo das estações, as marés, as pulsações do coração, o inspirar e o expirar, o ciclo feminino... todos esses ciclos se encaixam, se articulam entre si.

A cronobiologia dedica-se há alguns anos a observar as variações das funções vitais em relação ao universo que nos cerca, do menor ao maior[9].

A análise de alguns ritmos fundamentais em correlação com a idade evidenciou as condições necessárias para que uma real aprendizagem possa ocorrer. Se essas condições não são respeitadas, o aluno se cansa. Sobrecarregado por todos esses afazeres, por todas essas informações, projetado sem cessar num futuro imediato, sendo obrigado a terminar assim que começa, o aluno oscila num ritmo que não é o seu, até se deixar levar e perder a consciência do seu tempo interior.

► As capacidades de atenção variam de acordo com a idade:

Faixas etárias	Duração máxima de um período de atenção concentrada (*Association Défense de la jeunesse scolaire*)	Duração máxima de um período de atenção concentrada (*Manuel d'hygiène scolaire de L. Burgerstein e A. Netolitzky)*
6-8 anos	20' a 30'	15'
8-10 anos	25' a 35'	20'
10-11 anos	25' a 40'	25'
12-16 anos	—	30'

9. O professor H. Montagner estudou com afinco os ritmos escolares em *En finir avec l'échec à l'école*, Paris, Bayard, 1996. O leitor encontrará igualmente um estudo dos ritmos escolares na escola em B. Trankiem, *Stress, attention, action*, Paris, Nathan, 1995 (col. "Outils pour la classe").

Esses dois estudos indicam a duração dos períodos de atenção possível de acordo com a idade. Um deles é mais otimista; o outro, talvez um pouco pessimista. Para G. Vermeil, é este último que parece mais confiável[10]. A Alemanha e a Europa Central fixaram o tempo da aula em 45 minutos por causa desse estudo, em que também foi constatado que os alunos não podem ultrapassar os 50 minutos de atenção máxima.

- Durante cada período de atenção, um indivíduo apresenta curtas seqüências de desatenção que podem durar alguns minutos.
- O número de horas possíveis de trabalho cotidiano varia de acordo com a idade: de duas a três horas aos 6 anos, de quatro a cinco, aos 11, de seis aos 13, de seis e meia aos 15 e de sete horas a partir de então.
- Observa-se uma queda de rendimento ao longo do dia; o aluno apresenta modificações comportamentais ao final da manhã: cansaço, redução da atenção, dificuldade nos intercâmbios sociais com aumento da agressividade. Outro período crítico é o início da tarde.
- A cada mudança de ritmo de vida (volta do fim de semana, das férias ou dos feriados), observam-se modificações comportamentais no aluno. Essas perturbações são ainda mais acentuadas nas crianças que têm dificuldades de relacionamento com a família.
- Ao longo do ano, o período de maior dificuldade, tanto para o aluno como para o professor, é setembro-outubro.

Que fazer na classe?

Levando em conta esses elementos, o professor que desejar obter o melhor de seus alunos ao longo do ano letivo terá o cuidado de organizar suas aulas para adaptá-las ao ritmo dos alunos. Consciente de que não pode contar com a atenção concentrada da classe durante toda a aula, introduzirá "quebras" regulares em função da idade, da mudança de ritmo ou de centro de interesse, a fim de manter o esforço de atenção dos alunos.

Assim, da 1ª à 4ª série, a cada período de no máximo vinte minutos deve ser introduzida uma alteração na forma de aprendizagem. Não basta apenas criar seqüências de ensino curtas para que o aluno esteja plenamente disponível do começo ao fim das atividades propostas. A manutenção da mesma posição corporal se oporá à variedade das atividades intelectuais.

— A forma de ensino será diferente ao final da manhã ou no começo da tarde: trabalho mais individualizado e mais lúdico.

— O ensino das matérias difíceis, ou das partes difíceis de uma matéria, não será feito na-

10. G. Vermeil, op. cit., p. 105.

queles momentos que H. Montagner denomina "os momentos de maiores dificuldades". Agosto poderia ser dedicado a uma revisão do primeiro semestre, a fazer uma síntese antes de iniciar outros assuntos. Quando isso não for possível devido às exigências ou à extensão do programa, será conveniente propor uma forma mais ativa e atrativa para a aula a fim de estimular a capacidade de atenção, que tende a diminuir nesse período do ano.

Respeitar as diferenças

O ritmo é um dado genético que, apesar de algumas constantes, **apresenta características próprias em cada indivíduo**. Além disso, é modulado por fatores ambientais denominados "sincronizadores". Há sincronizadores naturais, como a luz, as estações. Há também **sincronizadores sociais que podem influenciar os ritmos biológicos**; como **a família** é o primeiro sincronizador, cada criança, por imitação ou hábito, chega ao mundo escolar com seus ritmos pessoais.

Estudos recentes mostram o caráter individual de certos excessos de fadiga. Descartando-se a fadiga decorrente de uma deficiência sensorial ou funcional, convém portanto distinguir entre a fadiga escolar "em si", que afeta toda uma classe num dado período, e a vulnerabilidade à fadiga ou a fatigabilidade própria a certas crianças e adolescentes. Essas diferenças persistem na idade adulta, ainda que menos acentuadas porque niveladas pelo treinamento.

Pedro, concentrado em seu dever, não vê mais nada, não ouve mais nada, só se preocupa com o que deve fazer; seu professor observou que assim ele teria tempo suficiente para terminar o trabalho, e sua capacidade de concentração muitas vezes lhe permitiria acabar antes dos outros.

Duas fileiras adiante, Aléxia se agita, se vira de um lado para o outro; uma régua que cai, ramos de árvores que balançam ao vento, o deslocamento do professor, tudo atrai sua atenção, e ela não consegue concentrar-se no trabalho mais de cinco ou dez minutos. Sendo obrigada a parar freqüentemente, é claro que ela não termina a tempo. Seu professor, atento a cada um de seus alunos, no início inquietou-se com o comportamento de Aléxia, temendo que a ala de alunos em dificuldades aumentasse ainda mais. Um estudo mais preciso de seus resultados e de suas intervenções na classe permitiu-lhe perceber que ela era boa aluna quando se respeitavam as exigências do seu ritmo pessoal.

Para deixar tanto Pedro como Aléxia à vontade, bem como todos os alunos que a eles se assemelham, esse professor propõe alguns trabalhos modulando as seqüências e reduzindo-as no tempo. Exercícios de cinco minutos várias vezes durante a aula permitem a Aléxia se valorizar e adquirir autoconfiança, sem que isso incomode Pedro.

Certos alunos trabalham com rapidez e com facilidade. Dessa forma podem se beneficiar de mais tempo de descanso. Outros têm mais dificuldades e precisam de mais tempo para fazer o que lhes é pedido. Ainda assim, com um pouco mais de esforço, essas crianças mais lentas conseguiriam obter resultados igualmente bons se lhes fosse dado o tempo. Em contrapartida, em todos os casos, elas exigem bem mais de suas reservas... e nem sempre mantêm o ritmo.

Praticar a alternância

A concepção tradicional da escola tende a encerrar o espaço escolar num corte rígido. Há de um lado a classe onde se trabalha e do outro o pátio onde se brinca. Uma separação que reforça uma cisão do indivíduo entre um tempo para a atividade mental e outro para a atividade física.

Nas sociedades tradicionais, os tempos de trabalho e de descanso se alternavam sem restrições. As sociedades industriais estabeleceram e separaram estritamente os momentos dedicados ao trabalho e ao repouso. G. Vermeil pede um retorno a uma situação menos rígida a fim de prevenir e corrigir a fadiga escolar.

"O estudante necessita da agitação, do grito, da respiração violenta, da atividade do jogo. E essa atividade, um pouco explosiva e essencialmente livre, não pode ser substituída pela aula de educação física ou pela prática do esporte, por ser a única que põe em jogo precisamente todos os músculos do corpo numa desordem útil."[11]

Torna-se evidente que o professor já não pode contar com as horas de educação física para canalizar a energia dos alunos e permitir que exprimam sua vitalidade: "Que eles se mantenham tranqüilos durante as aulas... Não quero que se mexam!".

O doutor Vermeil esclarece que a educação física e a atividade livre, lúdica, não são idênticas. O aluno tem necessidade das duas, mas sobretudo de alternância, pois se trata tanto de recuperar uma dimensão lúdica nos tempos de trabalho, em que o espírito é solicitado em sua dimensão criativa e intuitiva, como de reconhecer o valor essencial dos tempos livres em que os corpos se recuperam, resgatam uma harmonia, para se tornar mais disponíveis.

Que fazer na classe?

O professor que adota essa concepção do ser humano, programado para se mover e refletir, respeita o ritmo de cada um e propõe a seus alunos uma alternância razoável de fases de atividade intelectual e de repouso. Então, sabe interromper a aula (de educação física ou de física!), para fazer o inverso, ler e se sentar, se movimentar, mexer o corpo, ouvir música. Passa assim do movimento à imobilidade, do silêncio ao ruído, da obscuridade à luz, do trabalho ao jogo, da novidade à repetição.

Ele avalia que a educação física e a atividade livre são tão importantes para o aluno quanto a atividade dirigida e a reflexão silenciosa na classe. Se leva em conta essa necessidade, o professor não hesita em interromper a aula para permitir alguns movimentos. Sente-se capaz de favorecer o descanso dos olhos, solicitados freqüentemente pela imagem, pela leitura na lousa, pela escrita, de introduzir um tempo para se ouvir música que, como todos sabem, é melhor de olhos fechados, ou de propor uma recuperação "criativa" na forma de construção de mandalas pessoais[12].

Se é professor de educação física, ele pratica em suas aulas tempos de "relaxamento", faz com que os alunos se sentem e leiam um texto ou olhem imagens para evitar a fadiga.

VIVA O RECREIO!

O professor não pode fazer tudo, pensar em tudo, dominar tudo sem cair num estado de fadiga intensa, o que lhe traz dificuldades psi-

11. Id., ibid..

12. O leitor encontrará um desenvolvimento sobre a técnica da mandala na escola em B. Trankiem, op. cit.

cológicas e pode refletir-se em suas aulas. Irritado, desconcentrado, agitado e estressado, pode levar seus alunos ao esgotamento. **Ele conta com os intervalos** previstos no horário e **aprende a respeitá-los**. Ignorando os valores da educação oficial que ainda dão mais importância ao trabalho que à brincadeira, ele defende a idéia de que é preciso preservar os momentos de descanso na escola, mesmo que eles contrariem seu desejo de cumprir o currículo mais rapidamente. Em conseqüência, não descuida do recreio, permitindo que seus alunos saiam na hora, brinquem e façam barulho no pátio. **Por isso, nega-se a empregar esse momento privilegiado para conversar em particular com os alunos que apresentam problemas.**

7

A ADOLESCÊNCIA OU O CORPO TRANSFORMADO

Dedicando-se à carreira, todo professor torna-se um especialista em crescimento, cabendo-lhe acompanhar e ajudar os jovens a crescer. Embora testemunhe as mudanças do esquema corporal dos alunos e suporte as alterações de humor que elas produzem, o professor não tem o preparo necessário para aceitar os novos comportamentos gerados pelas transformações fisiológicas. Com efeito, sua formação e sua orientação levam-no a trabalhar sobretudo com uma faixa etária. Ora, as mudanças corporais dos jovens são mais rápidas e desconcertantes a partir da 5ª série. Os professores encontram pouca ajuda e poucas informações para lidar com a chamada "crise da adolescência" porque esse período difícil remete aos anos de perturbação de cada um, ao período em que cada qual descobriu seu corpo, em que teve de controlar um corpo que trai, que incomoda, que fala e deseja. A maioria prefere não reviver essas más recordações.

ADOLESCÊNCIA

Uma mutação física, psíquica e social

O fenômeno do crescimento é irregular, porém contínuo; a tempestade pubertária, que esculpe o corpo do adolescente para fazer dele um futuro adulto, nos faz esquecer o longo processo de maturação que o precede e que muitas vezes influencia a capacidade do adolescente de viver sem problemas esse difícil período.

1 Do nascimento à puberdade

CRESCER: UM TRÍPLICE PROCESSO

Quando a criança nasce, a família... se interroga e prevê: "Será grande como o pai; ele é pequeno, tudo o que é pequeno é delicado". No curso das semanas, dos meses e dos anos que se sucedem, o rebento é saudado por inúmeras interjeições: "Como ele cresceu! Quando ele vai parar de crescer?".

Essas observações sobre o tamanho costumam estar associadas a juízos sobre o comportamento adequado aos centímetros ganhos:

"Você é grande demais para chorar, para chupar o dedo, para se fazer de bebê e para querer o colo da mãe..."

"Você ainda não é grande o bastante para compreender, para ver esse filme, para sair, para ficar acordado até tarde...".

Para a criança, a socialização, "sua" socialização, toma corpo no ato de crescer. Não se trata, pois, de um simples **processo físico** que num momento dado torna as roupas muito pequenas, a maçaneta da porta mais acessível, os objetos menos pesados..., mas também de um **processo psíquico** que leva a criança à conquista da autonomia, e ainda de um **processo social** que permite que ela se situe e depois se reconheça como membro de um grupo social.

UM CORPO DIFERENTE PARA CADA UM

Desde a escola maternal, professores e professoras se espantam com a diferença que já existe entre os alunos. Crianças do mesmo sexo e de idade idêntica têm às vezes porte, peso e estatura tão diferentes que é preciso consultar a certidão de nascimento para considerá-las contemporâneas.

Essa diferença física é ampliada pelas atitudes específicas de cada um: facilidade e flexibilidade para uns, rigidez e falta de jeito para outros, proximidade e confiança, distância e desconfiança contribuem para diferenciar claramente uns dos outros no âmbito da classe. Contudo, já então o olhar e a atenção são atraídos pelos casos extremos: certas **crianças de desenvolvimento precoce** têm um peso ou uma estatura incomuns. Elas atraem a atenção dos professores por serem muitas vezes **vítimas de gozações e de apelidos pouco lisonjeiros, transformando-se então em tiranos agressivos ou em tímidas sombras**.

Nos primeiros anos do ensino fundamental, o corpo da criança muda progressivamente e sem pressa excessiva, o que lhe dá tempo para assimilar harmoniosamente as novas dimensões de espaço nas quais se move, adquirir o controle do equilíbrio estático e desenvolver sua psicomotricidade.

Nesse período, crescem sobretudo os membros inferiores, isto é, aquilo que está sob a mesa.

Entre 8 e 12 anos, a criança — o aluno, que logo concluirá o ensino fundamental — vive um **estado de graça**. É o **período de latência** — ou ainda a idade da razão — que constitui uma zona de calma e de serenidade por vezes aparente[1] — o olho do furacão — antes da virada da puberdade. O aluno adquiriu o domínio de si mesmo, de seu corpo e de seu ambiente. Está disponível para realizar aprendizagens mais complexas.

Que fazer na classe?

O professor que deseja dar a cada um de seus alunos a possibilidade de se desenvolver ao ritmo do seu corpo estabelece regras de proteção para evitar que os que se destacam por sua estatura ou peso sejam vítimas de trotes. Ele compreende a lógica daqueles que são levados a se fazer de tiranos para se defender das humilhações e canaliza sua energia para valorizá-los na classe. Além disso, estimula os que se retraem para fugir das brincadeiras, atribuindo-lhes algumas responsabilidades a fim de que recuperem a autoconfiança.

1. Para os psicanalistas, no decorrer do período de latência a criança reprime as aquisições da sexualidade infantil. Para alguns deles, ela começa aos 5 anos.

2 A virada da puberdade

Ao ingressar na 5ª série, os alunos vivem ao mesmo tempo o ritual iniciático da passagem do nível I ao nível II do ensino fundamental e o que leva da infância à adolescência mediante a dura prova da puberdade.

PUBERDADE E ADOLESCÊNCIA

É comum associar ou misturar dois fenômenos diferentes que abalam a vida dos jovens num período particularmente curto:

- **A puberdade** é uma **noção fisiológica**. Desencadeada pela secreção de um hormônio produzido pelo hipotálamo, que promove por sua vez a ativação da hipófise e das glândulas genitais, os ovários e os testículos, ela modela e transforma o corpo para lhe dar uma estatura de adulto num período bem curto.
- **A adolescência** é uma **noção global** que compreende os fenômenos **fisiológicos** da puberdade, mas considera igualmente as manifestações **psicológicas** e **sociais** que a acompanham. A virada pubertária impõe à criança uma imagem transformada de si mesma. Tudo muda para ela, que deve acostumar-se a seu novo corpo. Seu esquema corporal sofre uma transformação. Ela continua dependente dos adultos e já não suporta essa situação. Pensamentos, emoções e sentimentos intensos a invadem. Ela se abre aos outros e tece para si uma rede de relações sociais para além da família. Assim, a adolescência é um período mais complexo e mais capcioso que a puberdade, podendo se estender até os 20 anos.

UMA TEMPESTADE HORMONAL NUM PERÍODO RECORDE

A puberdade não se situa na mesma idade para todos e corresponde a uma dada idade óssea. É mais precoce nas meninas, mas cada um obedece ao seu ritmo pessoal.

Ao contrário do período precedente, o crescimento afeta sobretudo "aquilo que está acima" da carteira (cf. capítulo 4); com efeito, dois terços do crescimento concernem ao tronco (ao tórax em particular) e um terço aos membros inferiores. O crescimento é acompanhado da ossificação do esqueleto. Nesse período aparece, na verdade, o sesamóide do polegar, que marca precisamente a idade óssea.

- As meninas têm uma puberdade que evolui de maneira rítmica: por volta dos 11 anos e meio, a maioria passa a apresentar os primeiros sinais: aumento do quadril, nascimento dos seios e aumento da massa gordurosa. Por volta dos 12 anos e meio, elas têm suas primeiras regras, que vão ritmar sua vida, mês a mês, até a menopausa.
- Os meninos têm uma puberdade cuja evolução segue outros parâmetros: desenvolve-se num tempo mais longo, começando em média aos 11 anos e meio e terminando perto dos 13 anos e meio. Um menino que não tenha nenhuma manifestação da puberdade aos 14 anos apresenta uma anomalia funcional.

A mudança da voz, a pilosidade do lábio superior e a musculação são os sinais visíveis dessa mudança: entre os 10 e os 18 anos, o menino, mesmo que não seja corpulento, ganha em média 25 centímetros de diâmetro do peito.

Essas transformações rápidas e espetaculares costumam acontecer sem problemas e de maneira muito simples; **mas produzem profundas perturbações, ou até traumas, em algumas crianças.**

De fato, quando interrogados, a maioria dos adolescentes diz que estão satisfeitos consigo mesmos (84%) e seguros (53%), mas os meninos dizem estar mais à vontade que as meninas, a partir da idade em que começa a puberdade. Entre 11 e 19 anos, essa diferença persiste e talvez se acentue[2]. Levando em conta o peso — tema que desperta tantas

2. Y. Jacquet, P. Huerre, *Adolescences — Transformations*, Paris, Fondation de France, AGF, 1993, p. 12.

suscetibilidades em nossa época —, essas diferenças entre meninos e meninas ainda estarão presentes, bem como esse sentimento de satisfação majoritária[3].

	Os dois sexos juntos	Meninas	Meninos
Satisfeitos com o peso	68%	—	—
Acham-se muito gordos	25%	37%	12%
Acham-se muito magros	7%	4%	10%

Quanto maior a idade das meninas, tanto maior seu descontentamento com o peso.

UM DIFÍCIL RECONHECIMENTO NO ESPAÇO

Crescer implica a necessidade de adaptar-se: o corpo anatômico já não é o mesmo que o corpo identitário. É preciso reconhecer-se a si mesmo porque **a imagem de si já não corresponde à realidade**. A mudança e a transformação do esquema corporal implicam uma mudança de reconhecimento no espaço, uma mudança de relação com o mobiliário e com as outras pessoas.

Trata-se de uma adaptação relativamente lenta. É por isso que **o adolescente em plena crise pubertária** costuma ser **desajeitado e desastrado**. Ele corre riscos, e os acidentes no esporte o testemunham. Inúmeros estudos têm sido feitos nos países industrializados sobre as causas de acidentes entre os jovens. A primeira é o esporte, responsável por 54% das mortes entre 15 e 24 anos e por 25% das mortes entre 13 e 19 anos. Se os rapazes são duas vezes mais atingidos que as moças na prática de esportes fora do sistema escolar, **os acidentes de educação física na escola têm a mesma freqüência entre jovens dos dois sexos**. Isso permite dizer que, diante de riscos idênticos, moças e rapazes estão no mesmo grau de perigo[4].

3. Id., ibid..
4. Id., ibid..

Que fazer na classe?

Os professores de educação física estão mais familiarizados que os outros com os problemas de crescimento e mais bem preparados para tratá-los. Eles costumam ser compreensivos, indulgentes e prudentes. Sabem as razões dos pedidos de dispensa da aula de educação física ou de natação entre os jovens e as jovens e os riscos que correm os alunos que cresceram com muita rapidez. Lembremos contudo aqui algumas precauções a tomar:

— As moças costumam ficar ansiosas e incomodadas quando estão menstruadas. Os médicos aconselham que não sejam impedidas de sair durante as aulas, apesar das disposições do regulamento. É bom seguir esse conselho. Uma mocinha ansiosa com a possibilidade de manchar sua roupa não tem condições de aproveitar a aula.

— Os rapazes, atingidos por uma ginecomastia temporária (inchaço dos seios), às vezes pedem dispensa das aulas de educação física, e é bom respeitar essa decisão. Ela dura pouco e os poupa da vergonha e do medo dos outros.

— As moças, que costumam ter mais vergonha do seu novo corpo que os rapazes, pedem dispensa da aula de educação física. O professor que o constata sabe que não é proveitoso obrigá-las a freqüentar aula sem a garantia dos pais de que elas contam com acompanhamento e apoio médico ou psicológico.

— Alguns alunos, às vezes brilhantes e apaixonados pela prática de um dado esporte, repentinamente deixam de se dedicar a ele e terminam por abandoná-lo, para grande decepção do professor. Com esse gesto, eles se afirmam diferentes. Esse comportamento é às vezes uma manifestação de prudência: ainda surpresos com seu novo corpo, eles não mais se sentem capazes de praticar o esporte sem risco. Ajudando-os a formular as razões do abandono e deixando-os livres porém informados, damos-lhes os meios de retomar essa atividade mais tarde, caso desejarem.

— Em algumas ocasiões, é eficaz provocar alunos um tanto intimidados para despertar neles o gosto pelo esporte e levá-los à ação. Contudo, diante de adolescentes que entram em pânico, é bom ter prudência para não fazê-los correr riscos. Progredindo por etapas, nós os tranqüilizamos e eles vão se acostumando a seu novo corpo e a suas novas aptidões. Forçando-os a ir além de seus limites, nós os expomos ao risco.

INABILIDADE E SUSCETIBILIDADE

Os jovens adolescentes têm dificuldade em avaliar seu novo invólucro. Vivem em seu novo corpo acreditando que ele ainda é minúsculo e pequeno **e desconhecem sua força muscular ou o alcance de sua voz. Gritam** para dominar as conversas dos outros como antes, quando não conseguiam se fazer entender pelos adultos.

Ao mesmo tempo, vêem seus professores diminuir, encolher, se dobrar sob os seus olhos, e os ultrapassam rapidamente em tamanho... Essa mudança lhes permite ver o professor “de cima” e os leva a questionar sua autoridade. Ocorre-lhes então de experimentar seu novo poder e contestar, conseguindo às vezes abalar o professor com suas observações incongruentes ou agressivas:

Frederico, 15 anos, 1,82m, responde a uma observação de Madalena, sua professora, 35 anos, 1,58m. Ela acaba de tratá-lo como "grande paspalho". Ele não tem a mínima idéia do que significa paspalho mas achou doloroso ironizar seu tamanho.

Ele fica indignado: "Espere um pouco! A senhora não tem o direito de falar assim comigo. Nada disso! Essa escola é mesmo uma maravilha! Com professores como a senhora, pode-se dizer que é uma maravilha... Veja bem, a senhora é a anã da escola!"

Magoado, ele quis dar o troco. Movendo-se no terreno que o preocupa, o corpo e o tamanho, ele acerta na mosca, porque Madalena tem precisamente complexo de sua baixa estatura!

Os adolescentes são extremamente suscetíveis e desconfiados. Eles não suportam as críticas de professores que não correspondem a suas expectativas. Questionam a autoridade dos professores quando magoados ou incomodados por serem ainda considerados pequenos.

UM PERÍODO DE MUTAÇÃO INTELECTUAL E PSICOLÓGICA

A evolução do ser humano do nascimento à morte é una e múltipla: é impossível dissociar o corpo e o cérebro, que, graças a seu desenvolvimento, nos permite adquirir aprendizagens cognitivas e afetivas. Um corpo que se transforma é igualmente um sistema nervoso que amadurece e se diferencia, assim como uma personalidade que se afirma e se constrói.

1 O desenvolvimento cognitivo do indivíduo

Nosso sistema nervoso evolui aos saltos da infância à adolescência, dando a cada um os meios de adquirir habilidades e aprendizagens. Os neurobiólogos e os psicólogos evidenciaram o fenômeno de mielinização dos axônios. **A mielinização** é lenta e progressiva, **começando um mês antes do nascimento** e **continuando até a adolescência**[5]. Quando os axônios que levam aos neurônios dos lobos frontais são mielinizados, as operações complexas e a conceitualização tornam-se possíveis.

Os quatro estágios do desenvolvimento de acordo com J. Piaget

Jean Piaget[6] estudou sistematicamente a evolução do espírito humano e o amadurecimento progressivo do cérebro. Ele definiu o longo cami-

5. Ver, na mesma coleção, *Deux cerveaux pour la classe*.

6. J. Piaget, *La psychologie de l'intelligence*, Paris, A. Colin, 1967; *Psicologia e pedagogia*, São Paulo, Forense Universitária, 1998; *Psychologie et épistémologie*, Paris, Denoël, 1970; *Réussir et comprendre*, Paris, PUF, 1974.

nho que o indivíduo deve percorrer para formar por completo sua inteligência quando explorou sistematicamente os processos mediante os quais se edificam em cada ser as construções mentais estratégicas. A partir de seus trabalhos, conhece-se melhor a evolução intelectual da criança.

Piaget distingue **quatro fases do desenvolvimento do intelecto** ou do desenvolvimento cognitivo. Tais fases se estendem **do nascimento aos 14 anos. A conceitualização** só é possível no **último estágio da evolução do desenvolvimento cognitivo**, isto é, em plena virada pubertária, **quando o aluno está cursando a segunda etapa do ensino fundamental**.

Que fazer na classe?

Muitos professores se surpreendem com os resultados escolares ruins de certos alunos. Eles se indignam: "É tão simples! Faça o que eu peço, e pronto! Veja, seu colega fez um trabalho excelente... Acho que você não estuda em casa!" As queixas se sucedem às comparações entre alunos, e o professor já não sabe a que santo recorrer!

Aqueles que conhecem a evolução progressiva das capacidades intelectuais do ser humano são vigilantes e praticam uma abordagem individual no âmbito da classe.

— A vigilância consiste em avaliar o alcance das operações estimuladas no aluno por meio dos exercícios propostos em classe. A presença de um exercício no diário de classe nem sempre garante sua factibilidade para uma dada faixa etária. Para obter sucesso e dar confiança aos alunos, é importante não se antecipar às capacidades cognitivas.

— É bom saber que não convém impor aos alunos um ritmo de aquisições e de aprendizagens que não corresponda ao seu estágio de desenvolvimento.

— É ineficaz propor aos alunos exercícios correspondentes ao estágio das operações formais antes de ter se certificado de que eles alcançaram o estágio das operações concretas. Não se pode ganhar tempo e progredir de modo desordenado.

— Ter uma abordagem individual no âmbito da classe significa adotar uma pedagogia diferenciada e um trabalho autônomo. Como a classe não é um grupo etário coerente, constituído de indivíduos de mesmo nível de amadurecimento, o professor que deseja dar a cada um o trabalho compatível com suas capacidades deve adaptar-se à classe.

2 O desenvolvimento psicológico: os ciclos da identidade

Crescer consiste também em construir a personalidade, o que por vezes requer que se olhe para trás e se refaçam os passos para retomar etapas importantes da vida que não haviam sido vencidas de maneira satisfatória. **A adolescência é um período durante o qual é possível reviver as decisões tomadas na infância.**

Os teóricos do desenvolvimento da personalidade, os psicanalistas e os psicólogos descreveram **ciclos de crescimento**, marcados por várias etapas que garantem a cada um a passagem da infância à maturidade indicando-lhe a trajetória para tornar-se autônomo, criativo e feliz.

Os indivíduos não dispõem das mesmas oportunidades na vida. Alguns contam com proteção e carinho e realizam sem problemas essa evolução, tornando-se adultos desenvolvidos, independentes e estáveis. Outros vivem experiências difíceis, por vezes traumatizantes, ou então mostram uma propensão natural a transformar todo evento num drama pessoal... Eles não conseguem assim vencer as etapas do ciclo de crescimento.

A GRANDE RODA DO TEMPO

E. Erickson, Pamela Levin e Teddy Novey[7] nos tranqüilizam ao afirmar, cada qual à sua maneira, que "nem tudo se passa aos três anos", segundo a fórmula célebre de S. Freud, mas que **cada qual traz em si um relógio cíclico** que estrutura sua existência, marca as diferentes etapas da sua vida e dá a cada um sua oportunidade, seu curinga, para partir de uma boa base, anular as experiências fracassadas e recomeçar o caminho que leva à auto-realização. Tal como a roda da vida do budismo, **esse relógio nos permite reescrever as etapas da nossa vida** para que nos realizemos plenamente e alcancemos a harmonia e a serenidade.

Distinguem-se na construção da personalidade quatro ciclos principais. No curso de cada ciclo, as tarefas que ficaram suspensas, inaca-

7. De acordo com S. Freud, E. Erickson em *Enfance et société* (Neuchâtel, Delachaux-Niestlé, 1974, pp. 48 a 109) descreveu o desenvolvimento psicológico de um indivíduo ao retomar os diferentes estágios (oral, anal, genital...). Ele insiste no papel das interações sociais no desenvolvimento da pessoa, concebendo-o como uma sucessão de crises psicológicas desencadeadas ao longo dessas interações. Pamela Levin, em *Les Cycles de l'identité* (Paris, InterÉditions, 1986), retoma e aprofunda esses conceitos. Essa autora define a idéia de ciclos da identidade ritmados formados por várias etapas que é sempre possível realizar se não se tiver passado por eles. Ted Novey, em "Âge moyen et management" (*Actualités en analyse transactionnelle*, volume 3, n. 11, jul. 1979), amplia e sistematiza essa idéia ao definir três ciclos no decorrer da vida que nos permitem retroceder: aos 12 e aos 40 anos, estamos maduros para recomeçar o ciclo da infância em 6 meses. Dominique e Marie Joseph Chalvin enriqueceram essa descrição com suas observações. Eles consideram que o ser humano transpõe quatro ciclos sem interrupção. Entre o ciclo da adolescência e o da maturidade, descrevem o ciclo da idade adulta que permite atribuir-se os poderes de regeneração e de transmutação descritos por P. Lévin. Possuímos então todos os elementos de nossa personalidade e retrocedemos para desenvolvê-la e aprimorá-la.

badas ou pela metade num ciclo precedente são retomadas. É importante ajudar a pessoa a realizá-las de maneira positiva para garantir seu desenvolvimento.

A tabela adiante apresenta esses quatro ciclos e as etapas que aí se sucedem regularmente, permitindo tomar consciência de várias coisas.

- **Todo ser humano**, criança, adolescente ou adulto, **vive questionamentos** e distúrbios. Sente necessidades vitais que o perturbam.
- O **ciclo da adolescência** é **o mais curto no tempo**, o que permite compreender melhor a falta de jeito e os excessos de certos alunos.
- **As necessidades são diferentes em cada etapa.** É preciso satisfazê-las para adquirir o poder de existir, de fazer, de pensar, de identificar-se e de ter sucesso.
- **O professor que não está bem consigo mesmo** está em más condições para ajudar os alunos a cumprir uma etapa. É por isso útil **identificar as necessidades sentidas** a fim de dar a si plenamente o poder que a pessoa recusa a si mesma.

OS QUATRO CICLOS DA VIDA

ESTÁGIOS	ETAPAS	INFÂNCIA	ADOLESCÊNCIA	IDADE ADULTA	MATURIDADE
ORAL – Primário	**Poder** de EXISTIR	**0-6 meses** **Necessidade** de ser nutrido, acarinhado e cuidado pelos que o cercam	**12 anos** **Necessidade** de alimentos saborosos, vontade de consumir doces. **Necessidade** de relações afetivas fortes e de solicitude.	**18-20 anos** **Necessidade** de autonomia e de independência. Deixar a casa, ter liberdade de movimentos, decidir sua orientação.	**40 anos** **Necessidade** de se ocupar do corpo/ apreciar o bom vinho e a boa comida. Gosto pelo esporte, pela malhação. **Necessidade** de uma vida sexual e afetiva satisfatória.
ORAL – Secundário	**Poder** de FAZER	**6-18 meses** **Necessidade** de explorar o mundo com os sentidos: ver, ouvir, cheirar, tocar, provar.	**13 anos** **Necessidade** de brincar com seus companheiros, de ter atividades extra-escolares e extrafamiliares.	**21-25 anos** **Necessidade** de encontrar um trabalho e de formar um casal, de ganhar a vida.	**40-45 anos** **Necessidade** de ter responsabilidades, de fazer coisas novas, de sair da rotina.
ANAL	**Poder** de PENSAR	**18 meses-3 anos** **Necessidade** de afirmar sua individualidade entrando em choque e em confronto com os outros.	**14 anos** **Necessidade** de se distinguir e de se mostrar diferente dos outros. **Necessidade** de afirmar sua independência pela raiva, pela cólera, pela revolta, pela irritação.	**25-30 anos** **Necessidade** de exprimir idéias pessoais e de compará-las com as dos outros. **Necessidade** de discutir e de argumentar.	**45 anos** **Necessidade** de rever os vínculos de dependência. **Recusa** das restrições, gestos de autonomia na vida profissional e na vida de casal.
GENITAL	**Poder** de IDENTIFICAR-SE	**3-6 anos** **Necessidade** de descobrir as redes de relações e a vida social. **Necessidade** de compreender as diferenças e de reconhecer a realidade levando em conta a parte do imaginário.	**15 anos** **Necessidade** de encontrar os meios de mudar o ambiente para tornar-se mais independente e se diferenciar do grupo.	**31-35 anos** **Necessidade** de ser reconhecido como cidadão, profissional, colega, pai ou mãe de família. Necessidade de ter uma identidade reconhecida.	**50 anos** **Necessidade** de revisar seu estilo de vida costumeiro para facilitar sua evolução pessoal, para viver melhor em acordo consigo mesmo e para realizar seu potencial.
Período de LATÊNCIA	**Poder** de TER SUCESSO	**7-12 anos** A criança adquiriu o controle do seu corpo. Ela tem um bom domínio do ambiente. **Necessidade** de criar, de adquirir competências e de elaborar seu sistema de valores.	**16-18 anos** O adolescente discute e contesta a moral, os valores e os métodos. Ele deseja agir a seu modo, mostra-se argumentativo e recusa opiniões e conselhos. **Necessidade** de construir valores pessoais inspirando-se nos de seus pais. Necessidade de tornar-se alguém.	**36-40 anos** O adulto recusa as falsas aparências do sucesso. **Necessidade** de viver plenamente sua vida profissional e pessoal. **Necessidade** de se reorientar se o balanço for julgado negativo.	**55 anos** Na maturidade, a pessoa reconsidera seus envolvimentos e seus valores com isenção. As questões filosóficas assumem importância. Questionam-se as opções religiosas ou políticas com serenidade.

A ADOLESCÊNCIA

Descobrir-se no olhar dos outros

A adolescência é um momento de riqueza inaudita em que o jovem se desenvolve em todos os planos. Mas é igualmente **um momento-chave** em que se deixa o ninho confortável da família para **tecer vínculos** e **ampliar os intercâmbios** com um **ambiente social ampliado.**

UM PERÍODO DE TRANSIÇÃO

A adolescência é uma metamorfose imposta: não a escolhemos, não a controlamos, é impossível recusá-la. É preciso portanto adaptar-se ao desconhecido, renunciar à infância e harmonizar passado, presente e futuro a fim de tornar-se adulto. Tornar-se adulto consiste em:

- **Romper com o passado**, isto é, negociar com a família, fazê-la aceitar a mudança e ajudá-la a abandonar suas esperanças irrealistas e seus temores excessivos.
- **Assumir o presente**, aceitar o corpo, chegar a um acordo com as pulsões, canalizar afetos, enquanto se continua a trabalhar e a ter sucesso na vida escolar.
- **Preparar o futuro**, pensar em se orientar e se estabilizar, fazer escolhas coerentes num período em que tudo desmorona em si mesmo e em que as interrogações e a dúvida superam as certezas.
- **Responder a três perguntas-chave** para se assegurar da nova identidade:
  — Quem sou eu?
  — Como sou eu com relação aos outros?
  — Sou normal?

Uma tarefa de gigante

Ao longo desse período, o equilíbrio do adolescente é frágil; ele joga uma apaixonante partida de cartas, de acordo com o que lhe dá quem as tem nas mãos; ele pode ganhar e ter sucesso ou perder e fracassar.

- Aqueles que viveram num **ambiente favorável** à expansão pessoal usam esse período para **desenvolver suas potencialidades**:
  — boas faculdades de adaptação;
  — autonomia;
  — imagem positiva de si;
  — descoberta do prazer.
- Aqueles que não **contam com o apoio adequado** em sua família ou em seu ambiente fixam-se em **comportamentos estereotipados**, fechando-se no impasse. Isso costuma traduzir-se por:
  — recusa global do corpo;
  — desvalorização de si;
  — focalização quase obsessiva numa parte ou aspecto desse novo corpo que é rejeitado: o tamanho, o peso, a acne, os cabelos.

1 Verificar sua imagem e descobrir seu *look*

Um corpo que decepciona

Os meios de comunicação e a publicidade criam uma imagem do adolescente modelo que é tão forte, tão onipresente, que é impossível escapar a ela. **Os jovens observam sua nova aparência** e **buscam modelar seu corpo a fim de fazê-lo assumir o caráter imposto pela nossa sociedade de consumo**, que os solicita com insistência. Alguns são fortemente afetados por isso. E o são tanto mais se esse novo corpo é mal aceito e até rejeitado pela família. Quando os pais, os irmãos ou as irmãs são mordazes e usam a crítica e a ironia para apontar um defeito ou uma característica física, o jovem, a jovem se inquieta e rejeita o objeto de seus ressentimentos: um nariz muito grande, sobrancelhas muito espessas, seios protuberantes, pernas grossas. Tudo se torna ocasião de fixar a decepção sentida diante desse novo corpo cuja realidade está muitas vezes muito longe do corpo com que se sonhou e que se idealizou.

Um corpo sexualizado

Com a puberdade, o adolescente herda um novo papel cuja necessidade nem sempre sente e que parece ser superior a suas forças ou lhe dá medo: ele se torna capaz de garantir a reprodução da espécie. Os adultos que o cercam se mostram muitas vezes bastante preocupados em preveni-lo e informá-lo sobre isso com riqueza de detalhes, com a descrição de mecanismos, que o chocam e às vezes o desgostam.

A transformação do corpo e essas recomendações são fonte de ansiedade e contribuem para introduzir uma **dimensão de incômodo** e impor uma distância física exagerada daqueles de quem eram tão próximos, os pais. Para alguns alunos, essa revelação provoca, também na escola, uma necessidade de se isolar, uma **rejeição de toda proximidade física** com os outros.

Os professores que têm ocasião de trabalhar tanto no ensino fundamental como no ensino médio estão acostumados com o fenômeno: algumas classes de ensino fundamental parecem praticar uma segregação natural entre meninas e meninos em sua escolha de lugares na sala.

É comum haver lugares e fileiras ocupadas pelas moças e outros por rapazes. Em contrapartida, nas classes de ensino médio, a mistura é total e se vive a sexualidade sem complexo excessivo.

EM BUSCA DE SUA PERSONAGEM

Tendo crescido, mudado de voz, engordado, o adolescente muda tanto de roupa como de corpo. Ele deve renovar seu guarda-roupa, o que lhe oferece oportunidades de fazer experiências e de **medir o efeito de suas escolhas nos outros**. Ele utiliza então a provocação e a sedução, por vezes a regressão e com freqüência a imitação.

- **Provocação**: todo professor é testemunha de esquisitices passageiras ou modas que causam furor nas escolas em termos de roupas, cortes de cabelo ou maquiagens. Do mais sofisticado ao mais desmazelado, e até ao mais sujo, tudo é possível! O adolescente está à procura de si mesmo... Ele se busca suscitando reações, se faz inconveniente para ter certeza de desagradar e de se fazer ouvir.
- **Sedução**: é freqüente ver um garoto ou uma garota, alunos das últimas séries do ensino fundamental ou das primeiras do ensino médio se dedicar a seduzir o professor! Eles são tocantes e divertem aqueles que têm suficiente discernimento para encarar de maneira sadia essas manifestações. Trata-se de uma **boa ocasião de desviar sua atenção** para o trabalho escolar; **o interesse pelo professor se torna** então **a paixão por língua ou matemática**. Em contrapartida, é prudente **não estimular pela atitude o desejo de seduzir** dos alunos.

Nicole é uma moça muito bonita; mas sua juventude e sua beleza em nada prejudicam suas competências. Formada em Letras, acaba de conseguir sua transferência de um colégio de subúrbio para uma escola técnica. Ela reconhece que nunca fora incomodada pelos olhares e comportamento dos alunos. Os meninos das classes finais assoviam quando ela passa, fazem gestos evocadores a seu respeito e, pior ainda, recusam sua autoridade. Alguns lhe dão a impressão de desprezá-la, enquanto outros se dão ares protetores que a exasperam. Ela se pergunta por que os métodos que funcionavam no ensino fundamental fracassam no ensino médio...

Ela crê dirigir-se a alunos imaturos, mas está diante de adolescentes para quem toda imagem feminina um pouco *sexy* constitui um atrativo. Sendo mais fria, distante e contida, essa professora os desestimulará rapidamente e se tranqüilizará. Não se trata de alunos perigosos, mas de adolescentes perturbados, já homens. Como o jovem aluno que se empenha em fazer a professora se inclinar para ver seu caderno na esperança de ver seus seios pelo decote da blusa, o aluno do ensino médio, mais velho, vai mais longe.

- **Regressão**: alguns adolescentes às vezes recusam-se inconscientemente a ingressar na tormenta; em lugar de assumir a sexualidade, eles regridem e se fazem de bebês. Sujam-se por prazer, e essa regressão, evidente sobretudo no âmbito da família, aparece na classe em suas tarefas; eles entregam trabalhos sujos e fazem de tudo para conseguir... notas ruins.
- **Imitação**: a adolescência é um momento de mudança tão rápido e formidável que as idéias recebidas têm dificuldade para suportar o choque. Questionam-se os valores e as regras, mas também aqueles que os implantaram. **Os ídolos do passado** — os pais, particularmente — **são destronados** e **o jovem busca novos modelos** com que se identificar. Volta-se então para pessoas de fora do ambiente familiar. Ele escolhe companheiros, amigos, identifica-se com um grupo e se torna inseparável dele. Trata-se de **uma fase de conformismo necessária**. Acontece contudo de o professor se inquietar com essa opção, às vezes com razão, quando o aluno se deixa envolver por um grupo de companheiros que não freqüentam a escola. É bom nesse caso ajudá-lo fazendo-o compreender que, se é normal ter amigos com os quais nos entendemos bem, é possível manter objetivos pessoais e afirmá-los sem se fazer rejeitar. É bom identificar-se, mas não com qualquer um.

Certos alunos se identificam às vezes com um dos professores, o que os incita a querer abraçar a profissão. Isso não apenas facilita o recrutamento... mas também estimula o aluno em seu trabalho: duas conseqüências que não se devem negligenciar.

2 A idade ingrata: uma tempestade afetiva

O adolescente é invadido por emoções e sentimentos contraditórios, às vezes difíceis de verbalizar. Ele os reprime. Como a maioria dos adultos, os professores com freqüência esqueceram o período perturbado de sua adolescência. Se conseguissem se pôr no lugar dos alunos, os professores compreenderiam melhor sua instabilidade e sua agressividade.

UMA FORTE INUNDAÇÃO EMOCIONAL

A adolescência substitui o período de latência. À calma e à serenidade da criança de 8 a 12 anos sucede um período desestabilizador no curso do qual a cada evento incomum, a cada contrariedade, a cada *stress*, mesmo pequeno, o corpo é **inundado por um forte fluxo de energia** que é difícil de domesticar e dominar. Uma observação, um cumprimento, uma reprovação, um erro, uma situação surpreendente provocam uma **cadeia de emoções**: ansiedade, angústia, medo, cólera, tédio, tristeza, depressão, vergonha e desgosto substituem o prazer, a exaltação, a alegria, a felicidade intensa, a beatitude.

Muito sensível ao ambiente, à fadiga, às alterações de humor dos outros, o adolescente demonstra uma grande **instabilidade de sentimentos** que surpreende os adultos. Já não se sabe como lidar com ele; delicado e cheio de boa vontade, de repente ele se torna odioso, obstinado, irritadiço, devastador... Julgamo-lo suscetível, estranha-se que ele não se mostre compreensivo ou reconhecido por aquilo que se fez por ele. Gostaríamos de vê-lo mais tolerante e menos cortante em seus julgamentos.

UM CORPO QUE TRAI

Como se mostrar sereno e distanciado quando se vive uma reviravolta interior que se mostra de maneira evidente? É impossível dissimular o que se sente, e os outros fazem observações sobre isso. O adolescente está **mais vulnerável que nunca**, e os adultos indiscretos lhe fazem saber que perceberam a pulsão que o habita e com freqüência exigem que ele a verbalize.

O acanhamento, o desejo, a vergonha provocam o rubor: o aluno se desconcerta quando lhe fazem uma pergunta que não sabe responder, quando o professor ou a professora que ele ama secretamente lhe dirige a palavra, quando tenta se safar contando uma mentira.

A pele já não faz o trabalho de outrora; já não é um invólucro protetor, mas **revela os estados interiores**, os pensamentos profundos; ela chama a atenção e trai (cf. capítulo 2). Perde-se a naturalidade, sendo preciso reinventar tudo. Para não perder o controle, para não se deixar invadir pela curiosidade maldosa dos outros, a agressividade, a raiva ou a irritação são uma boa estratégia.

3 As necessidades do adolescente

NECESSIDADE DE AUTONOMIA

O adolescente vive um período de transição que o põe na **difícil situação do duplo vínculo** (cf. capítulo 4). Ele deseja tornar-se adulto mas teme abandonar o conforto da infância; deseja a liberdade, mas não é capaz de assumi-la; precisa de apoio mas este ameaça sua autonomia... Essa situação paradoxal é evidenciada pela seguinte fórmula: "Aquilo de que preciso é o que me ameaça"[8].

Ele costuma rejeitar aquilo que o liga a seu passado. Deseja provar sua independência, mas se priva de vínculos importantes com a família e de fontes de valorização.

Descobre o prazer, atividade que o leva muitas vezes a transgredir a lei em vigor na família ou na escola. Em nome da alegria de matar a aula, sair à noite, flertar, ir a uma casa noturna, deve aprender a gerir os desacordos, a aceitar a solidão, a viver a inquietação e a culpa.

Ele obedece a suas pulsões, o que gera nele mais **frustração e depressão** do que verdadeiro prazer, e isso desenvolve o desejo de recomeçar para sentir de novo esse prazer fugaz. O adolescente entra assim num círculo vicioso que lhe proporciona sempre mais culpa e frustração e que afeta seu equilíbrio e seus resultados escolares. Ele fica irritadiço, cansado, silencioso, hostil...

NECESSIDADE DE UM AMBIENTE TRANQÜILIZADOR, DE UM ESPAÇO DE LIBERDADE

Para permitir ao adolescente a estruturação e a conquista da independência, é extremamente importante **fixar os limites para garantir**

8. Y. Jacquet, P. Huerre, op. cit.

sua segurança. A liberdade não existe sem um conhecimento preciso do espaço no qual pode ser exercida. (Já evocamos essas necessidades de limite e de autonomia, sob outro ângulo, nos capítulos 3 e 4.) Lembremos que o adolescente recomeça um ciclo de identidade aos 12 anos; ele reencontra as necessidades do recém-nascido que encontra cuidado, calor e segurança no berço formado pelos braços daqueles que dele se ocupam. Ele **tem necessidade de um espaço que lhe pertença**, um quarto da casa para decorar, arrumar (ou desarrumar) e organizar de acordo com seu gosto, um lugar em que possa isolar-se para proteger dos olhares indiscretos seu corpo transformado. Precisa de proibições e de contratos para saber onde está a lei e se empenhar em tornar-se ele mesmo. Ele precisa de pontos de referência para de vez em quando transgredir, mas sobretudo para **aprender a transformar as pulsões em prazer profundo.**

O verdadeiro prazer é na verdade uma pulsão controlada que está de acordo com os valores. Logo, ele é uma resposta a um ideal, uma satisfação do dever cumprido, um sentimento de ser amado e amável, o sentimento de se realizar. Nesse sentido, o adolescente tem condições de tornar-se autônomo na escola assimilando o prazer do sucesso, do desempenho e do respeito à autoridade, em vez do prazer da transgressão.

A oposição: uma desajeitada exigência de limites

Nas famílias excessivamente tolerantes e nas classes em que o professor não fixa normas, os adolescentes, os alunos se vêem em dificuldades. Inquietos, provocam um conflito para obrigar os adultos a fixar as regras e, assim, restabelecer a proteção.

Não há sociedade sem tabu, não há **grupo** de indivíduos que viva **sem lei**. A lei fixa o limite, **o limite** protege, **oferece a possibilidade de transgressão com conhecimento de causa**, estabelece a liberdade de cada um, permite o acesso à autonomia.

Que fazer na classe?

Estabelecendo limites precisos na sala de aula, o professor permite que cada aluno ouse dizer "não", atreva-se a enfrentar o conflito e a pedir explicações sobre os limites.

Não obstante, uma autoridade excessiva, uma permissividade exagerada impedem os adolescentes de ter acesso à autonomia. Nessas circunstâncias, eles criam o conflito permanente, reclamam sem cessar ou apresentam reivindicações, reforçando assim o vínculo de dependência. Tendo necessidade de espaço, eles usam a cólera que os isola e os deixa temerosos. Se o professor os incomoda e os contraria, eles ficam sem esse espaço que lhes é necessário.

A situação ideal consiste em instaurar um quadro preciso, negociado ou ao menos explicado, que deixe ao aluno um espaço de liberdade em que ele possa se dedicar a tornar-se autônomo, correr riscos calculados, agir sozinho sabendo que se deposita confiança nele.

ENSINAR A ADOLESCENTES

Os concursos de seleção para o magistério até hoje não preparam os futuros professores para os fenômenos muito específicos da adolescência. Não obstante alguns esforços isolados, o curso dá mais importância aos desvios que à psicologia do adolescente que não apresenta problemas graves.

Se se perguntar a um professor com que tipo de alunos trabalha, ele responde infalivelmente: "Da 6ª, da 4ª e da 3ª"... "Tenho da 2ª e da última série do ensino médio." O nível da classe prevalece. Se se insistir para obter detalhes, a segunda intervenção incidirá sobre o comportamento e o sucesso escolar: "É uma boa classe. Eles são agitados. São vivos mas não muito esforçados..."

A adolescência só é evocada no caso de classes com problemas: "Eles são muito difíceis: estão em plena crise de adolescência..."

A maioria dos professores tem até uma definição demasiado restritiva do adolescente. Falam com freqüência de um aluno difícil e rebelde. Pensam então que esse comportamento é inelutável e não depende de sua atitude ou de sua capacidade de se adaptar a essa faixa etária. Eles adotam com os novatos o mesmo comportamento que têm com os veteranos. Os alunos que se opõem são considerados maus elementos. **Maus elementos** ou **elementos diferentes** que justificam um tratamento diverso? Não seria melhor substituir o discurso sobre o mal do adolescente por um esforço criativo destinado a desencadear um desenvolvimento promissor? O adolescente, qual uma crisálida, é um ser em mutação. Podemos ajudá-lo a realizar sua metamorfose e a tornar-se borboleta.

1 A um novo corpo um novo aluno

UM PEDIDO DE RESPEITO AOS SEUS DIREITOS

O adolescente, que acaba de mudar de corpo, fica **ansioso por ser considerado um adulto** e não mais uma criança. Ele se mostra extremamente suscetível quanto a isso. Temendo ser alvo de observações maldosas ou insistentes sobre seu aspecto físico, assume uma atitude defensiva.

Ele costuma enfrentar as observações da família e portanto proíbe que o professor enverede por esse terreno. O adolescente costuma estar preocupado, pensamentos ou emoções o invadem, tornando-o distraído ou irritadiço. Ele não deseja que ninguém o estimule com insistência nesses momentos difíceis.

Em suma, ele pede que sejam respeitados certos direitos que julga poder reivindicar:

— direito à discrição e aos recantos secretos;
— direito a ter variações de humor;
— direito a estar descontente e a dizê-lo sem excesso;
— direito a ser desajeitado;
— direito a não ser mais tratado como criança;
— direito a ter emoções e pulsões;
— direito a criar conflitos;
— direito a não se desculpar em público.

A lista varia de pessoa para pessoa e de classe para classe, mas o professor que procura valorizar seus alunos adolescentes se beneficia ao negociar com eles permitindo-lhes fixar as regras e os limites da comunicação, ao aprender a reconhecer os assuntos tabus e as zonas perigosas.

Analisar as próprias reações diante do aluno adolescente

► Quando o professor esqueceu — ou quis esquecer —, dificilmente compreenderá seus alunos. Nesses casos é aconselhável que se questione sobre esse período, evoque certas lembranças e verbalize para si mesmo as emoções e transformações dramáticas vividas naquele momento.

► **Quando o professor tem más recordações** de sua adolescência — pais e mestres demasiado autoritários ou demasiado permissivos —, **chega a tomar o sentido diametralmente oposto** ao dessa relação malvivida. Passa então de um excesso ao outro **e não sabe lidar com sua autoridade**. Assim, confunde os alunos, que precisam de limites bem estabelecidos.

- Quando o professor **lamenta ter sido reprimido** em sua juventude, **não ter aproveitado a vida**, ter ficado preso à monotonia de uma vida rotineira e pouco gratificante, ele tende a **considerar liberatórios e positivos comportamentos preocupantes da adolescência**: a fuga se torna um maravilhoso gesto de autonomia, o roubo é considerado uma restituição normal numa sociedade desigual, a violência torna-se uma expressão salvadora numa sociedade injusta. Assim, o professor, sem o dizer, por meio do seu comportamento não-verbal, dá aos alunos mais fragilizados por sua metamorfose a permissão de transgredir.
- Quando está convencido de ter diante de si alunos que se preparam para ser adultos, **às vezes o professor os provoca abordando assuntos que os deixam chocados**. Julga assim agradá-los e os imagina prontos a tudo entender quando na verdade lida com indivíduos ainda frágeis e ingênuos.

2 Permitir aos adolescentes que se integrem à classe

O consenso social praticamente não existe mais, sendo o professor levado então a descobrir sua posição e a defendê-la. Ele deve transformar sua atividade educativa em aventura pessoal. A regra não se aplica mais a todos, tendo-se tornado subjetiva. Podemos questioná-la: eis por que é necessário ser claro e estar pronto a ouvir e a negociar sobre pontos concretos que venham a surgir.

O adolescente procura adaptar-se e mudar, mas é exigente e crítico; decepcionado com o mundo dos adultos, recusa regras e restrições que lhe pareçam injustas, impostas sem razão e inúteis. É preciso dar-lhe explicações, ter uma atitude de diálogo aberto e levar em consideração seus pareceres e sua opinião.

O professor que deseja ajudá-los **aceita as divergências de opinião**, a não-conformidade e a diferença; ele se compromete a não fazer juízos definitivos sobre o bem e o mal e a respeitar a distância: "Não concordo com o que você faz, mas confio em você". Pode-se levar uma pessoa a fazer alguma coisa sem que ela concorde. Mas também se pode levar o aluno a trabalhar forçando-o ou gratificando-o com uma recompensa: "Você vai ganhar o *skate* se... você verá seus companheiros se..." Porém é mais eficaz estimulá-lo encontrando meios para motivá-lo. A **melhor motivação** consiste em **se saber livre para fazer ou não fazer**.

O professor Courtecuisse, que dirige, no Centro Hospitalar Universitário do Kremlin-Bicêtre, a primeira unidade francesa de medicina de adolescentes, lembra como o sistema escolar francês é inadequado às expectativas e necessidades dos adolescentes.

"Há de início uma violência dissimulada, decorrente do fato de, salvo exceções, o sistema escolar na França tender mais a induzir à passividade que a favorecer a expressão individual. Tudo se passa como se o aluno devesse ser na escola uma criança diferente da que é fora da escola. O estudante francês ideal é aquele que nunca contesta. É verdade que a passividade, quando a obtemos, é uma garantia de ter classes tranqüilas. E é compreensível que alguns professores não sejam indiferentes a essa perspectiva nestes tempos de agitação escolar. Mas essa agitação é, na verdade, em si mesma, uma resposta a alguma coisa."[9]

Que fazer na classe?

O professor que aceita se questionar para permitir que os adolescentes se integrem, suprimindo assim tensões nas salas de aula entre os alunos e ele, modifica seu sistema de relações:

– Verbaliza claramente suas proibições e limites, expressando-os e codificando-os no início do ano, para reformulá-los caso pareçam não ter sido assimilados. Estabelece limites sem temer as diversas manipulações dos alunos: "Isso não é justo! É porque você não gosta mais de mim". Está pronto a enfrentar as críticas e o descontentamento, assim como situações de conflito, sem fraquejar: o jovem tem o direito de estar descontente, e o adulto de fixar o limite.

– Ele se reserva uma margem de manobra e a possibilidade de negociar as regras e de renegociá-las caso o grupo não se adapte. Ele aceita que o aluno dê sua opinião, enfrente o professor sem perder a estima deste. Ele encontra o equilíbrio entre liberdade e coerção. Nem demais de uma nem demais da outra. A dinâmica está entre a autoridade do professor e a autonomia do aluno. A legitimidade das regras está no quadro da negociação.

– Recusa-se a se refugiar no silêncio diante da contestação, pois isso implica uma vacilação e uma cumplicidade de sua parte, encorajando os comportamentos de transgressão. Ele expressa sua opinião e seu desacordo sem juízo de valor que diminua os alunos.

– Sabe que certos comportamentos desviantes na classe são calculados para provocar uma reação da parte dos pais. Por isso, ele se informa sobre a vida familiar dos alunos para se tranqüilizar e eventualmente informar os responsáveis se o comportamento for preocupante: associação de pais e mestres, assistente social, equipe de saúde.

– Recusa-se a reagir com demasiada rapidez e demasiado rigor diante de certas atitudes surpreendentes; o tempo costuma resolver as coisas: deixando o aluno "ruminar", esperando o dia seguinte, ter-se-ão emoções menos invasivas

9. V. Courtecuisse, *L'Adolescence — Les années métamorphosées*, Paris, Stock, 1992, p. 253.

para um e para o outro, um diálogo mais construtivo. Evita-se assim transformar o oponente em ovelha negra e entrar numa relação conflituosa.

– Conhece a tendência de certos adolescentes a julgar e a "se" julgar de maneira peremptória: "Sou uma nulidade; nunca vou conseguir"... Evita, assim, obstinar-se em seus juízos a fim de não contribuir para fechar os alunos numa imagem negativa.

– Não busca ser um professor perfeito, mas sobretudo um professor "bom o bastante", na fórmula de Bettelheim e Winnicott. A demasiada preocupação com a perfeição gera a intolerância e impede a identificação por parte dos alunos. Ele é atento, benevolente, tolerante e vigilante, na medida dos seus meios, e não se culpa quando se deixa dominar pelo cansaço ou pela raiva.

UM CORPO QUE EXPRIME A DIFICULDADE DE VIVER

Os professores "partilham" o adolescente com a família. Muitos deles sabem que essa partilha é desigual e que é a escola que muitas vezes toma o lugar dos pais, ausentes ou sobrecarregados. Quando o adolescente tem problemas, estes costumam vir de uma situação familiar difícil, mas se revelam na escola. É por isso que o professor, cujo papel inicial não é esse, deve indicar as disfunções a fim de encaminhar os alunos com dificuldades para os serviços competentes.

1 Os problemas inevitáveis da adolescência

Cada indivíduo passa por uma **fase de problemas** no momento da adolescência: eles são **inevitáveis** e acompanham o desenvolvimento. Esses problemas são mais ou menos marcados, notados ou notáveis. Somos tão solicitados pelos adolescentes difíceis que quase não vemos os normais. O doutor Vermeil[10] aconselha que não nos inquietemos além da conta diante dos problemas do desenvolvimento, já que, de acordo com ele, boa parte das dificuldades desaparece em no máximo um ano. Ele observa que a motivação escolar (motivação ou desmotivação) tem uma incidência maior sobre o sucesso ou o fracasso escolar do que os problemas do desenvolvimento.

Doenças corporais que exprimem a insatisfação e os temores

O corpo é considerado inconscientemente a emanação daqueles que lhe deram a vida: os pais. Quando exprime sua dificuldade de viver

10. G. Vermeil, op. cit.

por meio de diferentes **males corporais**, quando se diz e se acha feio, desajeitado, antipático, o adolescente **exprime** sua insatisfação e seu rancor com relação aos pais, assim como **sua incapacidade para encontrar uma solução adequada aos problemas** que a ele se apresentam. Assim agindo, ele exprime desajeitadamente seus medos:

— da mudança muito rápida, de evoluir;
— de crescer e de "vampirizar" seus pais, desenvolvendo-se em detrimento deles;
— de aprender;
— de fracassar e decepcionar os pais;
— de se decepcionar com a vida.

O adolescente de modo geral tem dificuldades para avaliar as coisas; ele se mostra ou demasiado otimista ou demasiado pessimista com relação a suas oportunidades de sucesso. Esperando muito da vida, ele costuma se decepcionar. Seus erros de avaliação o levam a perder a confiança em si e a ter uma imagem negativa de si mesmo. Essa dúvida é sobretudo perceptível no domínio escolar, no momento em que os pais lhe comunicam sua ansiedade quanto à passagem para a entrada na 5ª série. O medo do desemprego os incita a aumentar suas exigências; seus filhos esperam não decepcioná-los e conservar sua estima, mas, se têm dificuldades escolares, tudo vai por água abaixo e seu corpo se ressente.

Os males mais freqüentes[11]

Dos 11 aos 13 anos, **os adolescentes se conformam às normas sociais. As moças**, como verdadeiras mulheres, **se queixam** de diversos males do belo sexo e põem o corpo no centro de suas preocupações. **Os rapazes**, como homens, põem em primeiro plano a ação e **exprimem** na maioria das vezes **suas mazelas por meio da transgressão** das regras. Essas observações coincidem perfeitamente com os comportamentos registrados em sala de aula: as moças raramente criam problemas graves de disciplina, mas têm mais problemas de saúde que os rapazes.

11. "Maladies — Se plaindre", *Adolescences*, obra coletiva, Paris, Fondation de France AGF, 1993, p. 103. Não evocamos aqui a criança acometida por uma doença crônica de nascença ou anterior à adolescência; incitamos todavia o leitor a não deixar de se informar sobre esse assunto.

Entre os diversos males observados, alguns se repetem com mais freqüência:

— perda do sono e os pesadelos;
— perda do apetite;
— dores de cabeça;
— dores de barriga;
— cansaço;
— nervosismo;
— vontade de chorar.

A fadiga e as dores de barriga se devem, na maioria das vezes, à ansiedade e às dificuldades de relacionamento. (A televisão e o modo de vida só têm aí um papel secundário.) 40% dos rapazes e 42% das moças dizem sentir-se cansados ao despertar.

Que fazer na classe?

O professor costuma perguntar a si mesmo se deve respeitar as exigências não-verbais dos alunos que se queixam freqüentemente. É evidente que não se devem encorajar as idas e vindas da classe, que além disso são proibidas pelo regimento interno. Da mesma maneira, esses males são sinais de aflição e, em certos casos, é bom permitir que o adolescente se exprima, transforme seus "males" em "palavras" para se livrar deles.

O professor vigilante e que fica à escuta sabe reconhecer certos apelos (levando em conta inúmeros índices) e permite que o aluno vá à enfermaria. A enfermeira tem um papel-chave no estabelecimento: ela sabe escutar, não é parte da equipe de professores que julga e avalia; serve de válvula de escape. Os alunos encontram na enfermaria uma espécie de casulo tranqüilizador e caloroso, voltando para a classe calmos e disponíveis. As febres não são as únicas manifestações de ansiedade; a agressividade também o é. É melhor compreender e antecipar um conflito do que provocá-lo. A escuta ativa praticada pela enfermeira impede muitas vezes o uso de medicação, evitando tratar o mal-estar psicológico com uma resposta química.

No caso de males e de queixas repetidas da parte de um aluno, é bom não se enervar, não zombar nem ironizar, mas tranqüilizar e motivar o aluno em questão. Por meio dessas dores e do mal-estar, ele exprime seu medo de fracassar (antes das provas, dos conselhos de classe ou das decisões de orientação) ou sua falta de interesse. É igualmente recomendável estudar cuidadosamente a complexidade das situações antes de tomar uma decisão. Levando em conta todas as informações sobre o aluno, evitam-se violências e dramas no momento de decidir sobre uma repetência ou alguma outra medida importante.

A ADOLESCÊNCIA SEM SOBRESSALTOS: UM SINAL PREOCUPANTE

Os pais de alunos, assim como os professores, se felicitam e consideram um sinal encorajador e positivo a estabilidade do adolescente que não parece nem um pouco afetado por sua puberdade. Na opinião dos psicólogos, essa ausência de sintomas é antes um mau sinal. Para ter sucesso nessa travessia iniciática que é a passagem da infância à idade adulta, o jovem adolescente deve **passar pelo luto da sua infância**. Inúmeros adolescentes realizam esse trabalho de luto delicadamente e sem dramas. Aqueles que se recusam a fazer a passagem se caracterizam por duas atitudes:

- **Eles preferem a companhia dos pais** à dos colegas de classe ou de faixa etária. Recusam-se a crescer, mas dão a impressão de já ser responsáveis, ponderados, distanciados e serenos.
- **Eles se recusam a assumir sua sexualidade**. Não procuram seduzir, mostram-se calmos e estáveis diante das pessoas do sexo oposto.

Essa negação, essa recusa do corpo são sinais preocupantes que permitem prever dificuldades para atingir a maturidade.

12 As anomalias de comportamento

O papel do professor diante dos adolescentes que exprimem sua dificuldade de viver é extremamente complexo. Não é necessário repetir que um professor é formado para ensinar — isto é, transmitir conhecimentos e experiências, garantir a aprendizagem — e não assumir o papel de mãe, cuidar, acompanhar os jovens em sua crise. No entanto, ele é impelido a se preocupar com os alunos em crise porque os problemas que eles representam repercutem no ambiente e na serenidade necessária ao trabalho eficaz. Ele não está preparado para assumir a tarefa de dar apoio e não tem nem o tempo nem os meios necessários para tanto. Sua função se situa, por conseguinte, na encruzilhada entre a família e os serviços competentes para se encarregar de adolescentes em dificuldades.

Sendo bom observador, o professor tem condições de identificar os sinais precursores de disfunções, problemas graves e comportamentos arriscados. **Uma mudança importante no comportamento e no trabalho que dure mais de três semanas ou de um mês justifica uma comunicação ao serviço de saúde.**

Os atos alarmantes

Quando não consegue resolver um problema, o adolescente sente-se incapaz e decide fugir para escapar a uma situação insuportável. Essa fuga se manifesta de diversas maneiras. Sua identificação permite acionar o alarme antes de as coisas se agravarem.

- **Súbita queda de atividade**:
  — sentir-se anormalmente cansado;
  — ter dificuldades para dormir;
  — fumar ou usar medicamentos;
  — regredir no plano escolar (redução da atividade e dos resultados).
- **Excitação anormal:**
  — dedicar-se a um esporte até o esgotamento;
  — esforçar-se exageradamente; matar-se de trabalhar;
  — mostrar excessiva excitação dos sentidos;
  — racionalizar e intelectualizar tudo.

- **Agressividade e violência repetidas:**
  - — indispor-se freqüentemente, brigar com todo mundo, agredir;
  - — gritar, xingar, injuriar;
  - — acessos de raiva, irritabilidade e criação de conflitos.
- **Comportamentos de desescolarização:**
  - — matar aulas, faltar muito;
  - — comportamentos de oposição sistemática que provocam a exclusão;
  - — chegar sistematicamente atrasado à aula.
- **Roubo.**
- **Fuga.**

3 As disfunções inquietantes

Um número crescente de jovens está "atrasado" com relação a seus companheiros de classe nos planos cognitivo, social ou afetivo; isso contribui para isolá-los. Eles se sentem acuados e se marginalizam. Se, por outro lado, se virem diante de um mundo familiar que os impede de mostrar autonomia, de adultos fortes que fazem pensar que é impossível dialogar com eles, esses jovens caem no desvio e na oposição. Essa oposição se traduz por anomalias de comportamento que apresentam dois aspectos opostos:

— uma passividade extrema;
— uma forte agressividade orientada para os outros ou para si mesmo.

O ISOLAMENTO OU A AMBIGÜIDADE DA CRIANÇA BEM-COMPORTADA

"**O isolamento** designa um mecanismo de defesa específico da neurose obsessiva que consiste em romper os vínculos associativos entre uma representação ou um ato e o conjunto de pensamentos ou atividades do sujeito."[12] É possível observar isso em certos adoles-

12. Definição dada pelo *Grand Larousse universel*.

centes presa de uma ansiedade muito forte. Eles têm **medo dos outros, medo de fracassar, medo de se decepcionar, medo de enrubescer**.

Seu comportamento é muito bem suportado pelos professores, dado que estes não estão atentos aos **sintomas preocupantes que levam à incapacidade intelectual** por meio do empobrecimento da riqueza associativa e imaginativa, ou ainda em função da agressividade e da violência.

Os adolescentes vítimas do isolamento são particularmente morosos, **fecham-se na retração e no silêncio**, mostrando um desapego excessivo. Na classe, recusam-se a falar, a trabalhar em grupo ou a participar de um exercício. Não manifestam interesse por coisa alguma e abandonam as atividades que antes dessa crise praticavam com prazer. Por trás dessa frieza, dessa retração e das caras fechadas se esconde uma **forte demanda de relação** e um desejo profundo de que alguém se interesse por eles.

A AGRESSIVIDADE: CORPO A CORPO, CORPO PERDIDO

Costuma-se definir **a agressividade** como um desejo de destruir o objeto dos ressentimentos, isto é, o outro, o elemento incômodo... Na realidade, essa violência **pode ser voltada contra si mesmo e contribuir para a autodestruição**. A agressividade, a violência, os conflitos abertos desencadeados na escola por adolescentes aparecem regularmente na primeira página dos jornais e constituem o essencial das conversas nas salas de professores do ensino fundamental e do ensino médio. **Um professor agredido é todo corpo docente em perigo; um aluno anoréxico é um corpo perdido... e pouco mais.** Sem querer, tem-se menos interesse pelos atos solitários e silenciosos.

Certos adolescentes exprimem sua dificuldade de viver por meio de atos que visam à autodestruição: problemas alimentares, abuso de álcool, automutilação ou suicídio[13]. Trata-se de patologias que devem ser tratadas não pelo professor, mas pela equipe de saúde. Contudo, os professores estão em melhor posição para perceber seus sinais precursores e encaminhar para os serviços competentes os alunos que correm risco.

IDENTIFICAR SEM ROTULAR

O professor Courtecuisse incita os professores a identificar os sinais de alerta mas tomando o cuidado de não cair na fixação dos comportamentos, associando apressada e definitivamente um nome de aluno a um comportamento arriscado. É verdade que se ouvem às vezes nas salas dos professores julgamentos categóricos e cortantes que causam perplexidade.

"Aqui, você vai ver, todos os alunos se drogam mais ou menos..."

"Os alunos da 6ª se tornam verdadeiros facínoras na saída."

"Imagine! Você não sabia? Aleixo é completamente drogado, Corina é anoréxica, Juliano fez uma tentativa de suicídio, Constância é deprimida, Karina abusa da cerveja, Fátima fuma dois maços por dia, Jônatas já fugiu duas vezes, Sílvia se enche de tranqüilizantes..."

Certos professores são tão ansiosos que exageram e imaginam por trás de toda ligeira disfunção, de toda crise existencial, um desvio grave. A maioria se pergunta como ajudar os alunos que vivem um problema preocupante.

13. Novecentos jovens morrem por ano na França vítimas de suicídio, mas as tentativas são mais numerosas: elas dizem respeito a 2% dos jovens. As moças tentam o suicídio com mais freqüência (dois casos em três), os rapazes costumam ter mais êxito em suas tentativas. As perturbações alimentares — anorexia, bulimia — atingem dez moças para cada rapaz. A anorexia é facilmente observável por causa da importante perda de peso; a bulimia passa a maior parte do tempo despercebida. O anoréxico sente certo orgulho por ser capaz de controlar seu peso, o bulímico tem vergonha e se esconde. Ele pratica medidas de controle de peso: vômitos, laxantes, exercícios físicos intensos. As duas perturbações estão ligadas (50% dos anoréxicos se tornam bulímicos durante seu tratamento) e têm conseqüências graves para o corpo e o moral. A anorexia aumenta de freqüência. Ela tem por origem "anomalias" biológicas complexas associadas a perturbações psicológicas. Os anoréxicos têm com freqüência brilhantes sucessos escolares e um comportamento considerado exemplar pelo ambiente.

Embora seja bom ajudá-los e alertar as pessoas que têm condições de cuidar deles, é preciso em primeiro lugar **estar atento para não considerar todo comportamento alarmante como um claro sintoma de um drama eminente.** O importante é reintegrar o aluno à classe depois de um acidente de percurso. Observar é ajudá-lo; rotular é encerrá-lo num estereótipo, é afundá-lo.

Um pedido de ajuda? Nem levar demasiado a sério nem ignorar

Os adolescentes com dificuldades de viver procuram estabelecer uma relação com alguém porque a comunicação com os adultos que os cercam se tornou impossível. Voltam-se então para um professor escolhido seja como confidente ou como árbitro. O pedido é insistente e a pressão, forte. O professor se vê preso entre duas opções igualmente delicadas:

— rejeitar o aluno alegando ser incompetente para resolver esse tipo de problema, correndo o risco de se ver diante de uma situação perigosa;

— ajudá-lo, envolvendo-se numa situação instável e arriscada: chantagem em termos de notas da parte do aluno, violências da parte da família, responsabilidade penal por qualquer ato delituoso do aluno que protege.

O ideal consiste em acompanhar e encaminhar o adolescente a pessoas que possam se encarregar da questão, permitindo que cada um fique em seu lugar, satisfeito com o papel que desempenhou; o professor, por ter encaminhado o aluno a uma pessoa capaz de ajudá-lo, o aluno por ter pedido ajuda a um professor receptivo.

Infelizmente é raro chegar a esse tipo de situação, pois há poucas instâncias que possam garantir essas condições, e os professores, demasiado solitários, agem com os meios disponíveis.

CONHECER A VERDADEIRA HIERARQUIA DOS COMPORTAMENTOS DE RISCO

É comum encontrar pais (e os professores quase todos o são) que **dramatizam excessivamente o problema da droga e da toxicomania com relação aos outros desvios**. É bom dar às coisas sua devida importância de maneira a tomar medidas de prevenção adequadas e eficazes na escola. As estatísticas a seguir, apesar de antigas — datam de 1988 —, podem pôr os pingos nos is no tocante a isso:

Comportamentos de risco do mais forte ao mais fraco		
POSIÇÃO	RAPAZES	MOÇAS
1	Álcool	Violências verbais
2	Embriaguez	Fumo
3	Violências verbais	Droga
4	Fumo	Violência física
5	Droga	Embriaguez
6	Violência física	Álcool
7	Desordem	Furto público
8	Furto público	Furto privado
9	Furto privado	Desordens
10	Vandalismo	Vandalismo

Para essa amostra representativa de 3.280 alunos de 11 a 19 anos, escolarizados na maioria na zona rural da França, a droga não é o maior risco; o álcool e o fumo são as drogas mais perigosas, particularmente entre os rapazes. O furto e o vandalismo ocupam as últimas posições.

Em contrapartida, como acontece com os pais, os professores e os franceses em geral, a violência verbal é um importante meio de expressão, sobretudo para as moças.

Impõem-se diante desses resultados duas evidências:

— **substituir o medo da droga pelo medo do álcool, do vinho e da cerveja**, provocando debates sobre isso em todas as classes;
— para reduzir a violência verbal no adolescente, já não é hora de se questionar sobre uma primeira mudança de relação entre professores e alunos? Um pouco mais de abertura, de questionamento, de negociação não poderia fazer baixar o tom?

Mantendo os olhos e os ouvidos bem abertos, é possível ajudar os alunos adolescentes a passar da infância à idade adulta com um mínimo de dificuldades ao lhes permitir:

— crescer e mudar de corpo;
— desenvolver sua inteligência e atingir o estágio das operações hipotético-dedutivas;
— conferir a si mesmo o poder de existir, de fazer, de pensar, de ter sucesso, a fim de ter segurança e orgulho de sua própria identidade, ponto primordial desse conturbado percurso.

8

UM CORPO PARA APRENDER

A escola e o professor transformam o aluno em "animal so-cial". Eles lhe transmitem condicionamentos úteis à adaptação ao ambiente. Alguns desses condicionamentos são infelizmente impróprios do ponto de vista dos objetivos visados. De fato, numerosos alunos excessivamente centrados na postura e na posição impostas mostram-se muitas vezes incapazes de se fixar: eles não chegam então a adquirir as aprendizagens necessárias para progredir no conhecimento e no saber.

Como seria um espaço escolar que favorecesse o movimento do aluno, que lhe permitisse explorar o espaço, que reconhecesse as alternâncias do visto e do oculto, do sobre e do sob, do alto e do baixo, do dentro e do fora, do repouso e da atividade, da retração e do envolvimento — isto é, uma pedagogia que reconhecesse a criança como indivíduo e não mais somente como aluno?

UMA PEDAGOGIA QUE DÁ A PALAVRA AO CORPO

G. Vermeil insiste no desvio operado pela escola, que, com o aval dos pais de alunos, define sua missão de maneira restritiva: **ser bom aluno é saber dizer por escrito**. Ele enumera todas as funções abandonadas e estimula os professores a reintroduzi-las em seu tempo pedagógico a fim de suprimir o mal-estar na escola. Ele pede que, ao lado do saber dizer por escrito, se reabilite o saber discutir, imaginar, brincar, cooperar, fazer e viver. Trata-se de todo um programa a que ele acrescenta o tempo de praticar atividades manuais, artísticas e esportivas, independente e indiferentemente das horas escolares dedicadas a isso.

São cada vez mais numerosos os professores que põem em prática em sua pedagogia essas diferentes atividades. Da mesma maneira, são já várias centenas de estabelecimentos que experimentam horários que levam em conta os ritmos biológicos e permitem liberar tempo para atividades livres, escolhidas pelos alunos. E já se prevêem faixas horárias reservadas a essas atividades. Propomos aqui algumas pistas àqueles que desejam modificar sua prática e responder às necessidades do corpo.

1 O pedagogo ergônomo

No momento da preparação da tese que deu origem a grande parte desta obra, assisti a inúmeras horas-aula, munida dos instrumentos tradicionais do estudante.

Sentada ao fundo da sala, deslocando-me pouco, deparei com acessos de sono difíceis de conter, olhos com dificuldades para se fixar, atenção perturbada. Ao mesmo tempo, eu não sabia como ver tudo e tudo acompanhar, preocupada em dar conta, com a maior fidelidade possível, daquilo que se passava. Logo deixei de lado o bloco de anotações e a caneta e me senti cada vez mais sobrecarregada de elementos parasitários:

— de ordem material: dificuldade de ver e escrever ao mesmo tempo;

— de ordem afetiva: dificuldade de ficar neutra, de não ser influenciada por certos elementos da vida da classe (uma criança que recebe um castigo);

— de ordem física: dificuldade de ficar sentada muito tempo, imóvel, escutando ou olhando.

Pouco a pouco o tédio e a inquietação foram tomando conta de mim, e todas as ocasiões de evasão me dominaram; surpreendi-me pensando em qualquer coisa menos na razão de eu estar ali. Muito rapidamente, vi na fotografia um recurso que me permitiria resolver em parte esse problema. Além disso, essa prática, que me é familiar, notadamente do ponto de vista técnico, constituía um instrumento eficaz no quadro da minha pesquisa.

Tal como a autora[1], muitos alunos têm dificuldades para se concentrar porque não conseguem dominar e coordenar tudo, porque não estão mobilizados nem focalizados numa tarefa ativa, porque se sentem mal num espaço mal organizado.

Organizar a classe com os meios disponíveis

O professor que deseja organizar a classe para mobilizar as energias, utilizar o corpo e os gestos para facilitar a aprendizagem e a motivação dos alunos terá de se dedicar a uma "bricolagem" de alto nível. Ele precisará estabelecer uma interação dinâmica que permita ao mesmo tempo liberar o potencial de energia dos alunos e manter sua autoridade e a lei que garante o grupo. Lembremos aqui as conseqüências disso para a organização da classe.

- Locais claros, arejados, limpos, sem ruídos excessivos facilitam o trabalho e reduzem a fadiga. De comum acordo com os colegas que dividem a sala, o pedagogo ergônomo **habitua seus alunos a manter a classe limpa**, sem pichações nem papéis, sem chiclete colado nem manchas de tinta. Pede que se exprimam em voz baixa durante os trabalhos em grupo. Ele faz que os

1. Véronique Girard.

deslocamentos, os movimentos corporais e os gestos de descontração sejam **silenciosos**. Inventa um código não-verbal, em conivência com os alunos, para fazer tomar consciência das transgressões e reduzir o ruído. **Areja regularmente o local**, estimulando os alunos, nessa ocasião, a respirar fundo.

► Uma circulação facilitada na sala, uma boa postura diante da carteira escolar, uma boa legibilidade da lousa ou do texto retardam a fadiga nervosa e visual.

O pedagogo ergônomo aprende a negociar com o(a) responsável pela **aquisição o ajuste ou a troca de uma parte do mobiliário quebrado, ruidoso ou impróprio** por um material mais eficiente, às vezes disponível mas esquecido numa sala. Se deseja **mudar a disposição das mesas e cadeiras** para certas atividades, ele procura obter a participação dos alunos nesse tipo de deslocamento.

Certos professores de 5ª a 8ª série e do ensino médio se queixam do barulho produzido por essas modificações. Basta, contudo, dar crédito e se organizar como esta professora:

> "Quando faço grupos pequenos, é preciso automaticamente alterar a disposição das carteiras. No começo do ano eu ensino os alunos a carregá-las delicadamente, uma de cada vez, a pô-las no lugar e a se instalar".

Isso permite, como dizem certas professoras das primeiras séries, descer do pedestal e se tornar alunos.

> "Trata-se de fazer uma grande mesa, partilhada por todos. Gosto muito disso. Estar dentro e não fora. Trabalho como eles."

Transpor o método das equipes autônomas

A ergonomia é empregada sobretudo nas empresas, não só com o objetivo de melhorar as condições de trabalho dos operadores (novo termo que designa os operários) mas também de aumentar a competitividade da empresa. Para combater o acúmulo de estoque e evitar perdas, os ergônomos substituíram o trabalho na linha de produção pelas equipes autônomas. Esse arranjo permite que cada um se torne independente e trabalhe com serenidade em seu ritmo pessoal, sem incomodar os outros para o fornecimento de peças e sem sofrer as conseqüências de seus erros ou de sua lentidão.

Inspirando-se nessa organização do trabalho, o pedagogo ergônomo torna-se **adepto do trabalho autônomo** e da pedagogia diferenciada. **Ele substitui as aulas expositivas pelos conselhos individuais**, autorizando assim cada aluno a viver em seu ritmo, sem se fazer rejeitar, sem atrasar os outros e sem perturbar a classe. Os professores de 1ª a 4ª série já estão acostumados a esse tipo de trabalho. Os de 5ª a 8ª série e do ensino médio têm mais dificuldades em implantar esse sistema e consideram impossível conciliá-lo com um conteúdo programático. Os que tiram tempo para isso vêem-se, contudo, amplamente recompensados: seus alunos ganham com isso segurança e eles, tranqüilidade.

Organizar o espaço para encontrar a harmonia

Véronique Girard, no curso de sua pesquisa, aplicou um questionário a três professores a respeito de suas finalidades e de seus objetivos pedagógicos. Ela pôde constatar que a organização da sala reflete a personalidade e os valores do professor (ver quadro na página 233).

Cada professor, de acordo com seus valores e preocupações, induz um estilo de comunicação na classe que pode permitir uma certa liberdade aos corpos ou imobilizá-los.

- **Na classe 1**, o aluno deve ficar em sua carteira, e é instado a escutar, responder e fazer suas tarefas. Fora da hora do intervalo, único momento reservado à brincadeira, a atividade é única: aquisição de conhecimentos. O professor tem medo de perder a importância, pois dá muito valor a seu papel. Ele não se adapta aos alunos. Estes é que devem adaptar-se ao seu sistema de autoridade.
- **Na classe 2**, o aluno só fica na carteira nos momentos em que precisa trabalhar com os temas que requeiram atenção e escrita. Ele é avaliado a partir de dois aspectos: seu desenvolvimento

pessoal e suas capacidades de ser um bom aluno. O professor é às vezes exigente e impõe limites precisos quando se trata de atividades eminentemente escolares, mas deixa aos alunos a iniciativa para as outras atividades. Há uma espécie de contrato moral entre todos. O professor se adapta aos alunos.

- **Na classe 3,** o aluno é considerado um ser autônomo, responsável e livre. Livre para trabalhar ou para nada fazer. Existem limites, mas estes se referem mais a uma moral ou a um *modus vivendi* do que a regras precisas: é necessário ter atenção para com os outros e respeitá-los. O aluno não tem sua própria carteira, podendo mudar de lugar quando quiser. O professor se sente culpado com a idéia de "fazer as vezes de um policial".

Três professores, três estilos de pedagogia, três modalidades de organização espacial que induzem, por meio da modelagem do espaço, a certos valores e linhas de conduta.

Que fazer na classe?

O professor que observa esses três tipos de organização e de pedagogia é incitado a se interrogar sobre seu estilo pessoal. É ele demasiado rigoroso, exigente demais, ou, pelo contrário, demasiado permissivo e não-intervencionista? É útil, nesse caso, rever gradativamente as regras de funcionamento impostas à classe. O professor favorece a criatividade e a autonomia ao mesmo tempo que faz que a lei seja respeitada? Se sim, ele pode se felicitar, pois estabelece dessa maneira a harmonia necessária ao desenvolvimento intelectual e ao equilíbrio de seus alunos.

Em outro estudo, coordenado pela Direction des équipements de l'Éducation nationale, sobre quatro tipos de construções escolares, constata-se que, nas construções recentes, a redução de superfícies, o aumento do número de alunos, o atravancamento decorrente de um mobiliário mais volumoso contribuem para diminuir cada vez mais o espaço dedicado a cada aluno. Por falta de tempo, os professores aproveitam pouco a possibilidade que têm de modificar a altura das mesas, com freqüência demasiado restritiva, e imprimem poucas variações à disposição da classe.

	CLASSE 1	CLASSE 2	CLASSE 3
• PROJETO PEDAGÓGICO	PRIORIDADE AO CONHECIMENTO	EQUILÍBRIO ENTRE CONHECIMENTOS TEÓRICOS E PRÁTICOS	PRIORIDADE AOS CONHECIMENTOS PRÁTICOS
• CONCEPÇÃO DA CRIANÇA	A criança é um ALUNO. Sua vida privada desaparece.	A criança é ao mesmo tempo um ALUNO e um SER HUMANO que tem uma vida extra-escolar	A criança é sobretudo um SER EM FORMAÇÃO que freqüenta episodicamente a escola
• DISTRIBUIÇÃO DO TEMPO	Aula expositiva Ler – Escrever – Contar 100%	Seqüências alternadas Aula expositiva 50% / Exercícios 50%	Exercícios Intercâmbios Experiências + de 50% / Aula expositiva – de 50%
• MODO RELACIONAL ***Professor/Alunos***	Alunos 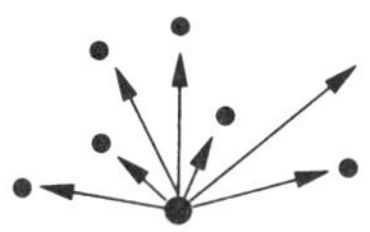 Mestre	Alunos 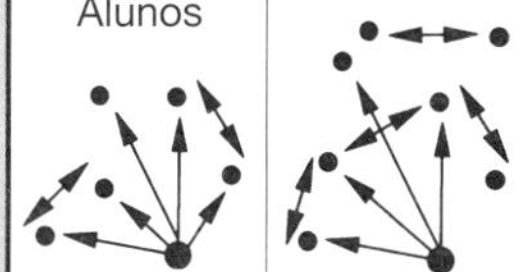 Professor / Professor	Alunos 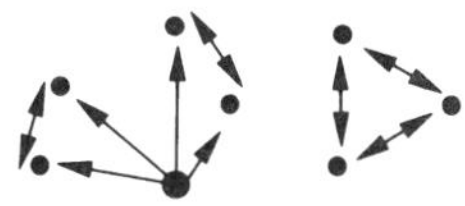 Mestre
Comportamentos admitidos	Intercâmbios e movimentos furtivos	Intercâmbios e movimentos furtivos / Intercâmbios e movimentos autorizados no âmbito da vida do grupo	Intercâmbios e movimentos autorizados Atividades lúdicas
Liberdade corporal	Sentado em seu lugar	Sentado em seu lugar / Sentado no chão, em círculo Deslocamentos livres	- Deslocamentos - Sentado em seu lugar - Alongado, - Agachado, - De pé } em seu lugar ou não - Ajoelhado

2 O educador cinesiólogo

Dissemos que o cinesiólogo tem por objetivo liberar as energias bloqueadas a fim de melhorar ou restaurar a espacialização e as capacidades de “centração”. Não fornecemos aqui exercícios de cinesiologia, mas principalmente idéias para utilizar o movimento.

O papel do movimento na aprendizagem intelectual vem sendo negligenciado até agora. **É incomum e, portanto, difícil associar motricidade e desenvolvimento cognitivo**, pois se considera, evidentemente, que o movimento tem menos força que a produção verbal. A maioria dos professores concorda com essa afirmação... Sabe-se, todavia, quanto a motricidade participa da aprendizagem[2]:

— as manifestações sensório-motoras são processos cognitivos integrais;
— as atividades sensório-motoras se misturam com as atividades intelectuais;
— o movimento é o lugar de integração entre processos automáticos de cunho sensorial, adaptativo e cognitivo.

Essas três razões justificam uma consideração do corpo.

Substituir a palavra pelo gesto

A habilidade prática é anterior à linguagem. Essa observação sensata é esquecida na **escola atual, que privilegia a linguagem** e a expressão oral em detrimento dos trabalhos práticos, que muitas vezes só ocorrem se sobra tempo. Por isso, movidos pelo desejo de se sair bem ou de ser “bem vistos”, alguns alunos falam a torto e a direito sem refletir. **O próprio professor às vezes usa a palavra desmesuradamente** para se fazer compreender por todos, cansando os alunos e **deixando-os confusos**.

É importante que cada professor avalie o lugar do gesto e das mímicas e saiba que **a palavra pode ser mais enganosa que o gesto, e este pode ter uma eficácia superior à daquela** em termos de pedagogia: “a expressão facial tem um impacto maior que a voz ou o conteúdo do

2. G. Vignaux, *Les sciences cognitives: une introduction*, Paris, La Découverte, 1992.

discurso para a boa compreensão da mensagem"[3]. Os elementos não-verbais da comunicação favorecem ou inibem a aprendizagem.

A aprendizagem compreende três aspectos: motor, afetivo e intelectual. Se um deles não for solicitado, ela será menos sólida. O aspecto motor costuma ser negligenciado; além disso, mesmo quando levado em conta, não é corretamente vinculado com os outros dois.

- Procurar fazer que o aluno assimile o sentido de espaço; ensinar-lhe a direita e a esquerda com a ajuda "de exercícios motores" no momento decidido pelo professor, só será útil se o professor estiver, nesse momento, numa dinâmica de pesquisa.

  A ação tem um papel primordial na percepção do espaço e do tempo; os movimentos dão forma ao espaço e ritmam o tempo, mas **gerar ações sem conteúdo nem objetivo contribui para separar o ato de seu significado.**

- Querer ensinar uma **língua viva** aos alunos sem facilitar as interações na classe impede sua aquisição. Não basta pedir aos alunos que falem para conseguir que eles se exprimam. **O sucesso de um método comunicativo caminha ao lado da discrição do professor**. Quanto menos ele fala, tanto mais os alunos se exprimem, sobretudo quando são encarregados de dar explicações uns aos outros reunidos em subgrupos. Tendo a possibilidade de ser ativos, eles se animam sozinhos. O professor alcança seu objetivo sem fadiga ou dificuldades.

- Dar aulas tentando evitar o contato com os alunos e afastando, na medida do possível, os aspectos afetivos reduz as oportunidades de sucesso de cada um. Com efeito, pesquisas sistemáti-

3. M. Argyle, *Bodily Communication*, Londres, 1975.

cas sobre as aulas de inglês constatam que **o sucesso dos alunos varia de acordo com o humor do professor.** O aspecto afetivo não-verbal, que vem dos gestos e da mímica, determina o ambiente de trabalho. Se a atmosfera é favorável, os progressos são evidentes; se o humor do professor é negativo, as aquisições são modestas e até nulas[4].

- Organizar um **passeio na mata com bússola permite passar a noção de orientação** em geografia mais seguramente que um longo discurso.

- Tentar fazer que se **aprenda a escrever e a fazer cálculos** negando a implicação dos gestos e dos movimentos corporais traz dificuldade a certos alunos que não conseguem assimilar as noções de volume ou de relevo.

  São muitos os alunos que "falharam" nessa fase de aprendizagem do espaço, do volume, do relevo, das medidas tridimensionais. Eles têm dificuldades no estudo da matemática. Para eles, estudar matemática sentado à mesa, com o olhar voltado para a lousa, o cérebro em alerta, o olho solicitado a tentar reconstruir o espaço a partir de esquemas, triângulos e curvas desenhadas naquela superfície plana, é uma missão impossível.

  Podemos ajudá-los a progredir por meio da prática de certos esportes ou de exercícios cinesiológicos. Usando os músculos num barco a vela ou num barco de regata, eles aprendem a calcular um ângulo. **Adquirindo o gesto correto, encontram a palavra correta** no momento da passagem à aplicação teórica e abstrata.

- Ensinar a **ler, escrever ou falar são atividades de linguagem**; a linguagem escrita e a linguagem falada estão intimamente ligadas. Que dizer então das **crianças que descobrem o escrito no silêncio**? Elas assimilam um conjunto de mecanismos que não são convidadas a usar; escrever é traçar arabescos, falar é buscar se fazer compreender, ler é decifrar conjuntos de letras que se é capaz, por outro lado, de traçar. Entregue ao silêncio, a criança aprende a decifrar e a alinhar as palavras, as letras, as frases,

4. A. Pechou, Y. Lange, "Le geste et la mimique en classe de langue: des résultats étonnants", *Communications et langages*, n. 75, pp. 38-52.

mas a passagem da decifração à leitura e à compreensão dificilmente acontece. Parece que o importante é antes traçar e alinhar sílabas do que compreender o texto. É assim que **O Ministério da Educação produz, sem querer, iletrados,** muitas vezes capazes de decifrar, soletrar e reproduzir laboriosamente um texto, mas sem compreender seu sentido.

Que fazer na classe?

Muitas vezes pressionados pelo tempo e pelo desejo de "terminar a matéria", os professores consideram que uma aprendizagem adquirida fica definitivamente gravada nos neurônios de cada aluno e que o que ficou na memória é indelével. Seguros dessa crença, consideram supérfluo rever e repetir para promover a lembrança e lutar contra o esquecimento. Essa atitude provoca a perda de aptidões adquiridas em certos alunos. Para impedir essa regressão, é bom não considerar os conhecimentos como algo definitivamente adquirido.

Por isso, os professores que de fato estão muito ocupados para voltar sem cessar aos pontos já expostos devem pedir aos pais que ajudem as crianças a usar seus novos conhecimentos em casa. Fazendo-os ler em voz alta todos os dias um texto curto, a crítica do filme da televisão do dia, receitas de cozinha, piadas, e pedindo que façam cálculos, os pais promovem as aquisições fundamentais e podem alertar o professor em caso de incompreensão flagrante.

- **Os estudos dirigidos** costumam apresentar um mau rendimento. Os alunos são obrigados a aprender e a trabalhar silenciosos e imóveis para não incomodar os outros. Ora, em certos alunos a "**agitação tranqüila**", nos termos de G. Vermeil, é necessária a uma boa memorização. Esses alunos têm **necessidade de uma liberdade de corpo e de espírito**, de ler em voz alta, de falar sozinhos, de se levantar e de mudar de lugar. A própria estrutura das salas de estudos ou de permanência de modo algum se presta a isso, mas é bom aceitar certa gestualidade e alunos que fazem movimentos à medida que fazem a lição.
- Aprender outra **língua é mudar de corpo**, mudar de reflexos, **ter acesso a outra lógica**. O aluno fica às vezes perturbado, e até envergonhado. Tem vergonha de cometer erros ou de sua pronúncia defeituosa; fica desconcertado diante do vocabulário e da dificuldade de encontrar a palavra certa. Os professores que desejam ajudar os alunos a se adaptar com mais rapidez a uma língua estrangeira lançam mão de gestos. No início eles são usados para mostrar como "mudar de corpo", isto é, **colocar a**

língua, os lábios, a boca para pronunciar corretamente as palavras. Os gestos são em seguida orientados seja para **pôr o acento tônico na sílaba certa**, seja para **ajudar o aluno a encontrar a palavra quando sua memória falha**. Os professores estão muito divididos no tocante a isso; enquanto alguns vêem aí sinais inoperantes e incongruentes, outros vêem um interessante meio de envolver os alunos e de comunicar-se de maneira lúdica com uma certa cumplicidade para ajudá-los a progredir.

Maria, professora de inglês da 5ª à 8ª série, é viva, alegre e bem-humorada. Depois de se entusiasmar com um artigo sobre os gestos, ela passou a empregar gestos lúdicos para chamar a atenção dos alunos ou indicar-lhes um erro. Se um aluno transgride a regra e começa uma frase em português: "Vejo um homem..., basta a Maria beliscar a pele das costas da mão para obter a passagem ao inglês: "I (ai) see a man..." O aluno associou o grito provocado pelo beliscão e o pronome pessoal. Se um aluno se engana de tempo verbal e diz: "I can" quando deve dizer "I could", Maria leva ostensivamente as mãos à cabeça, como a dizer "Acudam"... e a mudança é feita. Os alunos se divertem bastante, Maria não precisa fazer discursos e percebe que a freqüência de recurso aos gestos vai se reduzindo mês a mês à medida que se consolidam as aquisições.

- Muitos alunos desejam **tocar um instrumento musical**; por vezes têm dificuldades para tocar corretamente, ficam desanimados e desejam parar. Não há dúvida de que eles subestimaram o trabalho assíduo e exigente que precede a virtuosidade. Terão eles aprendido a usar o corpo inteiro a fim de adquirir a facilidade necessária para tocar seu instrumento? Com efeito, os melhores artistas sabem que, para tocar perfeitamente piano, violão, flauta ou guitarra, **é preciso relaxar a parte inferior do corpo**, apoiar-se nos pés, estar estável no assento a fim de conferir aos braços, às mãos, à parte superior do corpo toda a flexibilidade necessária para tocar "sem pensar no que faz" com inspiração.

Reabilitar a brincadeira?

A brincadeira não é muito bem-aceita pelos professores... Trata-se de uma atividade a praticar fora do tempo escolar. Além disso, ela não deve ocupar o tempo dedicado ao estudo, aos deveres e às lições! Os pais costumam apoiar esse ponto de vista, e uma grande parte dos alunos concorda, pelo menos dessa vez, com esses fervorosos defensores do trabalho.

Alguns consideram a brincadeira fútil e inútil, e outros a usam como acessório para motivar os alunos. Outros ainda a instauram como uma dimensão, um ambiente descontraído, a fim de tornar a escola atraente para aqueles que a rejeitam. Ela é aceita em geral sob condição: em aulas de educação física, de música ou de artes plásticas, ela se torna legítima, desde que **vigiada e dirigida**.

A brincadeira é uma atividade necessária? Devemos introduzi-la na escola? A resposta depende da definição que lhe damos e do ambiente no qual a vivemos.

A língua portuguesa, geralmente muito rica, reúne sobre o mesmo vocábulo conceitos diferentes. **A brincadeira recobre** um amplo leque de atividades que vão da **recreação pura** — ação sem alvo preciso em que se encontra prazer e descanso — à **atividade de despertar** (ou jogo educativo), pensada, imaginada, que permite ir além da realidade, viver concretamente a abstração e aprender com o corpo aquilo que parece complicado e inacessível.

A brincadeira é necessária, para muitos alunos, a fim de permitir certas aprendizagens cognitivas. Por isso, não só é importante reabilitá-la como instrumento de conhecimento mas ela é também necessária como atividade em si, porque é com base na brincadeira que se edifica toda a existência essencial do homem. Na brincadeira, a experiência do corpo ocupa um lugar de destaque. Trata-se de um espaço/tempo em que se mesclam as pulsões criativas, motoras e sensoriais, em que podem se manifestar experiências em todas as suas formas, incluindo as lingüísticas.

A brincadeira, a mais séria das nossas atividades[5]

"É brincando, e talvez só quando brincam, que a criança e o adulto ficam livres para se mostrar criativos."[6] Fazendo sua essa afirmação, D. Morris acrescenta, em *La Clé des gestes*, que não há nada mais desas-

5. D. Morris, *La Clé des gestes*, op. cit.
6. Winnicott, op. cit.

troso que uma criança privada de atividades corporais e lúdicas na infância. Em sua opinião, isso pode constituir um obstáculo ao sucesso da sua vida adulta.

Já a partir da 5ª série e depois no ensino médio, aquilo a que se dá o nome de brincadeira já não permite reencontrar o prazer de jogar com o corpo, de jogar com as capacidades exploratórias. De fato, o desenvolvimento da informática e da multimídia, introduzido na escola, permite o exercício da inteligência, da imaginação, da criatividade, da lógica e da estratégia sem nenhuma mobilização corporal; fica-se imóvel, sentado diante da tela.

Os jogos educativos permitem assim evitar o tédio e progredir em seu próprio ritmo, porém a falta de envolvimento corporal inquieta certos observadores, que assinalam que os jovens perdem aí uma dimensão essencial.

De fato, **a prática da brincadeira em classe** modifica as relações de dominação, **permite reabilitar certos alunos em dificuldades** ao canalizar sua energia e ao eliminar bloqueios. Envolvidos numa mímica, num jogo de RPG ou numa peça teatral, eles ficam totalmente ativos, de corpo inteiro, aprendendo com todos os membros. E essa atividade será ainda mais rica e eficaz se o professor aceitar participar e sentir-se pronto a se tornar, por um breve momento, igual aos alunos. Assim, ele redistribui as cartas, **favorece o direito à autonomia**, observa comportamentos incomuns e insuspeitados que podem lhe revelar certos dons ocultos.

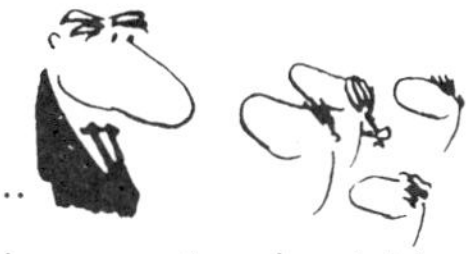

Que fazer na classe?

O pedagogo que deseja acompanhar os alunos em sua aprendizagem estará atento para respeitar os lugares e tempos em que se dará mais importância a experiência do corpo que à mental. Verificando o papel da brincadeira no tempo escolar e no tempo de ensino, ele não hesitará em prever atividades lúdicas para que cada aluno desenvolva sua parte criativa para se tornar completo.
Na escola, é recomendável que se comece aos poucos, na própria classe evitando perturbar as salas vizinhas; os jogos de "faz-de-conta" e os de RPG ligados à matéria ensinada podem ser implantados com facilidade.
Contudo, nem sempre é fácil organizar esse tipo de atividade sem avaliar a calma e o ambiente de estudos do estabelecimento. Por isso é preciso conhecer os textos, entrar em contato com colegas para implantar projetos mais amplos e ambiciosos: peças de teatro, danças, coreografias, comédias musicais, jogos temáticos.

3 O pedagogo gestaltista

Lembremos aqui os princípios da Gestalt evocados no primeiro capítulo: **o ser humano evolui na necessidade**. Uma **necessidade insatisfeita** nos faz mergulhar num **estado de tensão elevada**, o qual é tão preocupante que nos impede de ser responsáveis aqui e agora. Vemo-nos lançados numa frustração tão forte que não conseguimos reagir.

O circuito do sucesso

Gysa Jaoui[7], especialista em análise transacional, criou um instrumento para **identificar os bloqueios que impedem os indivíduos de obter a satisfação esperada de seu trabalho**. Trata-se do círculo do sucesso[8]. Ele se baseia na tipologia de Taïbi Kahler, colaborador de Éric Berne, que definiu cinco comportamentos estereotipados, usados em situações de *stress*, que se mostram ineficazes e impróprios[9] Ela decompõe o processo de realização de um objetivo em quatro etapas distintas que descrevem um ciclo contato-retração descrito pela Gestalt.

7. G. Jaoui, *Le Triple Moi*, Paris, Laffont, 1979 (col. "Réponses").
8. "Des étapes pour réussir", *Actualités en analyse transactionnelle*, vol. 9, n. 35, pp. 139-142.
9. Distinguem-se o Seja Perfeito, o Seja Forte, o Agrade, o Esforce-se e o Apresse-se.

Compreendendo claramente a origem de certos bloqueios, os professores podem identificar as causas das frustrações de seus alunos e ajudá-los a superar suas insatisfações ao cumprir as etapas que têm dificuldades para ultrapassar.

► **1. O projeto**. Certos indivíduos se mostram **incapazes de ter projetos pessoais** por estarem confusos ou por carecerem de segurança, o que os leva a depender excessivamente dos outros. **Ajudando-os a definir um projeto** em que se envolvam, nós os ajudamos a alcançar a satisfação.

- **Como ajudar o hiper-reativo a definir seu projeto?** Ele se permite ter sucesso desde que o projeto não seja o seu e é muito eficaz quando se envolve no projeto de outra pessoa. Ele omite a etapa número um ao evitar elaborar um objetivo pessoal.

Trata-se do modelo do aluno super-adaptado que **se inscreve completamente no projeto do professor**, usando com bastante sutileza todos os meios para se transformar naquilo que se espera dele. Ele busca incessantemente a atenção do adulto, mas logo se torna insatisfeito, não tardando a lançar mão de artifícios para receber cada vez mais atenção. É importante que o professor, valorizado por essa atitude, não a reforce. Ao contrário, para ajudar o aluno, ele deverá valorizar as atitudes ou projetos deste, a fim de lhe permitir descobrir que, em vez de ter sucesso adotando modelos de outros, é importante que a pessoa seja ela mesma.

► **2. A ação.** Certas pessoas às vezes têm muitos projetos mas **não conseguem se decidir** a realizá-los: deixam para amanhã, hesitam, desistem e permanecem insatisfeitas. Quando as **incentivamos a iniciar a ação, elas ficam satisfeitas por levar a termo o seu projeto.**

- **Como ajudar aquele que sonha acordado a realizar seu projeto?** Navegando em meio aos sonhos e às fantasias, ele se imagina prestes a viajar, se vê prestes a ter sucesso, mas não se decide a agir.

Carecendo de idéias precisas sobre o que quer fazer, ao ser interrogado ele demonstra que quer tudo... e nada. Está cheio de expectativas mágicas, cabendo à pessoa que está diante dele, no caso o professor, encontrar energia para pôr em ação um de seus projetos pessoais. Não que estes lhe faltem, mas ele pensa que não têm valor, pois, sendo jovem, ao falar deles freqüentemente era alvo de zombarias, o que o levou a se refugiar no sonho para não correr o risco de provocar propostas desvalorizadoras.

► **3. O sucesso.** Há pessoas ativas, decididas e trabalhadoras que procuram pôr em prática vários projetos ao mesmo tempo, realizando-os quase até o fim. Depois, **sem compreender a razão** profunda, são acometidas pela dúvida, ficam cansadas e **perdem o interesse pelo projeto** para se lançar em outro que parece mais interessante e primordial para o futuro. Essa dispersão, esse abandono produzem insatisfação. Quando se consegue terminar, **levar a termo o projeto**, o sentimento de sucesso permite obter a satisfação e a liberação para se dedicar a outro trabalho.

- **Como ajudar o insatisfeito a aceitar o sucesso?** Ele tem um objetivo razoável, põe mãos à obra e se esforça muito para mostrar que deseja ir até o fim: ele se contrai, transpira, faz esforços desmesurados e chega... quase chega.

No último momento, vem a mancha de tinta na folha do caderno, o buraco negro, um problema qualquer e... o projeto fracassa! Na verdade, o aluno não quer fazer aquilo que desejam que ele faça; porém, como não se atreve a se opor, ele tenta mas não chega lá. Um professor que percebe esse tipo de comportamento deverá ajudar o aluno a aceitar que é ele e sobretudo ele que tem interesse em alcançar o sucesso. E, com esse objetivo, aproveitará todas as ocasiões para valorizar as idéias e projetos desse aluno.

► **4. A satisfação.** Não é raro constatar que certos alunos, que trabalharam com rigor e inteligência e em alguns casos conseguiram realizar trabalhos difíceis, **não aceitam os cumprimentos** e **criticam** sem nenhuma piedade **seus próprios resultados**. Eles não chegam a ficar satisfeitos com seu sucesso. Quando os habituamos a aceitar e a **reconhecer seus sucessos**, pequenos e grandes, **eles aprendem a recuperar a energia liberada e a reinvesti-la** em outros projetos. Estão prontos a recomeçar o circuito...

- **Como ajudar o hipereficiente a reconhecer seus sucessos?** Ele tem sucesso em tudo o que faz, ou ao menos assim julgam os observadores, mas nunca está contente. Se vai bem numa prova, é porque era muito fácil; se chega a 9, lamenta não ter chegado a 10. Ele põe a barra sempre mais alto, certo de jamais atingi-la.

Aprendendo a receber em troca do seu trabalho a energia positiva desencadeada pela satisfação, ele será ainda mais eficaz e menos crítico ao ver os que o cercam.

AQUECER O CÉREBRO COMO SE AQUECEM OS MÚSCULOS

Qual atleta de alto nível ou professor de educação física responsável se lança à ação sem antes preparar cuidadosamente o corpo e os músculos para responder aos diversos esforços e solicitações? Quem se arrisca a fazê-lo é considerado irresponsável, prevendo-se para ele o fracasso certo. Em contrapartida, se um professor anuncia com bastante seriedade que está concedendo cinco minutos de aquecimento cerebral antes de cada prova, seus colegas incrédulos e chocados o tornam imediatamente alvo de brincadeiras e zombarias. Ora, **a atividade intelectual é uma atividade sensório-motora**; não há atividade cerebral produtiva sem o apoio do corpo; **o cérebro não dá o máximo quando não é** estimulado, isto é, **irrigado corretamente.**

AS QUATRO CONDIÇÕES DO SUCESSO

Quando nos interessamos pelo aluno em sua globalidade, temos muito a aprender com o professor de educação física, que, por meio de sua disciplina, observa a maneira como cada um deles coordena de maneira mais ou menos harmoniosa seu potencial físico e cerebral. Na educação física, distinguem-se quatro fatores determinantes do êxito[10].

- **O físico**. Não temos todos a mesma silhueta nem a mesma musculatura; também não temos as mesmas aptidões intelectuais. É preciso reconhecer que certos alunos fazem sem nenhum esforço aquilo que custa muito aos outros. Os professores têm dificuldade em aceitar que alunos obtenham êxito sem trabalhar enquanto outros se esforçam em vão.

10. Devemos essa exposição a Paul Alart, professor do SUAPS (Service universitaire des activités physiques et sportives) na universidade de Paris V.

A vida é injusta; os dons são mal-distribuídos. É legítimo impelir o aluno naturalmente dotado a explorar ao máximo suas aptidões, mas é inoperante tê-lo como alvo exclusivo e desvalorizá-lo esperando assim restabelecer uma certa justiça! Os outros podem atingir o sucesso de outra maneira.

- **O técnico**. Alguns atletas de alto nível conseguem resultados graças ao seu trabalho. Eles levam horas trabalhando um gesto, seguindo uma instrução, corrigindo um defeito ou uma falha física, tornando-se assim campeões incontestes. Embora não tenham o dom excepcional de alguns, são capazes de rivalizar sem problemas com eles.

Muitos alunos compensam a falta de facilidade com um trabalho rigoroso; eles assimilam a aula e adquirem mecanismos por meio da prática freqüente de exercícios que os preservam do esquecimento e da ilusão de ter conseguido. O método lhes permite acumular uma bagagem e descobrir assim o caminho do êxito.

- **O tático**. Certos alunos, às vezes pouco estudiosos, às vezes menos dotados que outros, são excelentes táticos. Eles sabem dosar judiciosamente seu esforço, chegar ao essencial. Mostram-se capazes de determinar o importante e de eliminar o supérfluo. Graças a suas aptidões táticas, obtêm sucesso. Sabem perfeitamente o que os leva ao sucesso e continuam a aplicar seu sistema apesar das críticas de professores convencidos de que só há um método (o seu!) para alcançar um objetivo[11]. Ao mesmo tempo, constata-se que outros alunos, dotados de uma sólida bagagem escolar, decepcionam e surpreendem devido a certos fracassos retumbantes e imprevistos. Falta-lhes o sentido tático. Eles têm dificuldades para adquirir uma visão global das coisas e avaliar a situação. Acham-se demasiado presos a um modo rotineiro de agir.

Não conseguem, por exemplo, organizar o tempo a dedicar a questões levando em conta o número de pontos atribuído a elas ou seus coeficientes. Levam um terço do tempo tratando de uma questão que lhes dará um ponto e ficam com apenas cinco minutos para redigir a que vale cinco. Falta-lhes lucidez.

11. Esses táticos são adeptos da Gestão Mental sem o saber. Eles responderam à questão tradicional dessa técnica: o que você faz quando tem sucesso? O leitor interessado encontrará o essencial do método na obra de Chantal Evano, *A gestão mental*, São Paulo, Edições Loyola, 2001.

- **O moral**. Termo típico do vocabulário esportivo, o fator mental designa ao mesmo tempo um estado de forma física e mental e uma vontade interior de ganhar. **Ganhar em competição consigo mesmo ou com os outros**. Ter "o moral" consiste em sentir-se à vontade, encarar sem medo uma prova, dar o que tem de dar e não deixar passar uma ocasião privilegiada de aprender e de se exercitar. Esse estado mental tem um papel primordial tanto na competição esportiva como nas provas, avaliações ou exames intelectuais. Na escola raramente nos preocupamos em preparar os alunos para o sucesso.

Que fazer na classe?

Os quatro fatores do sucesso não estão todos presentes num mesmo aluno. O sucesso pode estar no encontro sem sua conjunção. O professor vigilante observa atentamente seus alunos e aprende a reconhecer seus pontos fortes e seus pontos fracos. Ajuda o técnico a se tornar tático, leva o tático a se tornar mais técnico... Estimula os que têm talentos a desenvolvê-los e insiste em ajudar o conjunto em se pôr em situação mental para fazer as provas em boas condições. Ele explica aos alunos como se projetar no futuro próximo por meio da visualização[12]. Ajuda-os a se imaginar já prestes a realizar o exercício ou a avaliação que se preparam para fazer a fim de avaliar bem o que os amedronta e os pontos em que estão tranqüilos. Isso lhes permite se apoiar nos pontos fortes e adquirir segurança, felicitando-se por seus conhecimentos.

O professor não se recusa a responder à demanda afetiva de certos alunos ávidos de reconhecimento transmitindo-lhes sinais não-verbais que os fazem saber que eles são apreciados e contam na classe.

CENTRAÇÃO E BAIXA DO TÔNUS EMOCIONAL

Para levar os alunos a uma boa condição física, mental e intelectual, uma preparação prévia às vezes é necessária. Os professores de educação física lhes ensinam a se aquecer.

O objetivo é duplo: **fazer baixar o tônus emocional** para livrar-se do medo e da confusão e **obter o bem-estar físico** a fim de melhorar o estado mental, liberar as energias e intensificar a atividade cerebral. Na educação física, o aquecimento consiste numa série de movimentos e alongamentos, de início moderados e depois mais intensos, acompanhados de respirações profundas e regulares.

12. A visualização é uma das várias maneiras de se preparar mentalmente para uma prova. O leitor encontrará uma exposição dessa técnica na obra de Chantal Evano, op. cit..

Que fazer na classe?

O professor de ensino geral ou técnico, pressionado pelo tempo, atrapalhado pela exigüidade do local, pode dedicar alguns minutos no começo da aula a aquecer as capacidades cerebrais, fazer desaparecer "o nó" que revela a angústia diante do fracasso e centrar a atenção com exercícios de cinesiologia[13], relaxamento[14] ou exercícios de estimulação adequados à prova proposta. Ele pode ensinar os alunos a relaxar sozinhos antes de ler o enunciado de uma avaliação ou depois de ter lido o tema. Pode-se praticar esse relaxamento em casa para avaliações ou exames realizados nas primeiras horas da manhã ou no começo da tarde. Em contrapartida, nas horas intermediárias, é bom praticá-lo na classe. Se for discreto, o aluno poderá realizar o relaxamento sem se expor às zombarias dos que não praticam nem incomodar os outros. Contudo, continua a ser ideal que esse curto trabalho seja iniciado com uma instrução geral dada à classe inteira.

O professor aconselha os que são receptivos a esse tipo de exercício e os pais de alunos a fazer uma preparação prévia que deve integrar os hábitos cotidianos de higiene de todo estudante, tal como escovar os dentes: renovar a irrigação do corpo ao eliminar os humores residuais (ir ao banheiro, tossir, tomar banho), bebendo água lentamente, para senti-la irrigar todo o corpo como se fosse uma planta que se rega. Distender todo o corpo sentindo cada membro, cada órgão, cada articulação. Respirar vá-rios minutos absorvendo ar como um néctar, sentindo os pulmões aumentar até quase se encostar no diafragma ao inspirar; eliminando o ar delicada e profundamente na expiração, imaginando que ele sai diretamente do cérebro. Bloquear a atenção dada a uma idéia, a uma palavra ou a alguma coisa específica durante um ou dois minutos a fim de criar o vazio e preparar o cérebro para o duro trabalho do dia. Fazer esse exercício todos os dias sentado diminui o nervosismo e a ansiedade e desenvolve as capacidades de concentração.

Na classe, é possível aconselhar os alunos a pôr as duas mãos na cabeça, a respirar fundo e a fixar longamente, sem se deixar distrair, um ponto da classe. Alguns professores sobrecarregam as paredes com cartazes ou textos úteis. Os adeptos do relaxamento aconselham que não se disperse a atenção dos alunos; isso significa, portanto, a presença de um só texto de cada vez: renovando-o com freqüência, obtém-se uma melhor estimulação cerebral.

Ginástica cerebral

Em 1991, Monique le Poncin publicou *Gym-cerveau*, destinado a pessoas idosas inquietas com a queda de seu desempenho cerebral. A autora propunha exercícios para se adquirir uma maior facilidade em inúmeros domínios:

— aprender a **perceber** rapidamente uma informação **graças aos cinco sentidos**;

13. Ver os exercícios propostos por P. Dennisson em *Le Mouvement, clé de l'apprentissage*, Le Souffle d'or, 1994.

14. Ver os exercícios adaptados à situação de classe apresentados em Magda Vilas-Boas *Relaxamento com crianças*, São Pulo, Edições Loyola, 92000.

— ser capaz **de situar objetos e situar-se no espaço**, manejar com facilidade as noções de superfície, volume, distância, intervalo e orientação;
— conseguir **organizar várias informações** de ordem diferente para transformá-las num conjunto coerente;
— **encontrar a seqüência lógica** entre vários elementos;
— **adquirir um vocabulário preciso** e adaptado àquilo que se deseja descrever ou enunciar.

Não se trata da soma de competências que todo pedagogo procura desenvolver nos alunos? Esses exercícios são divertidos, atraentes e curtos. Por que não utilizá-los para despertar e aquecer as células cerebrais dos alunos?

Que fazer na classe?

Os professores desejosos de facilitar os trabalhos escolares dos alunos se beneficiam se estimulam a atenção mediante a ginástica cerebral antes de um exercício exigente. Os que não estão convencidos da eficácia de pequenos exercícios divertidos como esses minitestes são convidados a não evitar essa curta fase de aquecimento. Eles podem (e já não o fazem?) voltar à tradicional explicação ou argüição, no começo da aula, sobre a aula precedente. Contudo, como esse curto momento não mobiliza todos os alunos ao mesmo tempo, sua eficácia é menor antes de uma avaliação importante.

A volta à forma depois do esforço intelectual

O professor de história geral fica satisfeito e julga ter cumprido sua missão quando tem sobre a mesa todas as provas dos alunos. Então vira a página. Tendo descansado enquanto os alunos “ralavam”, ele está em grande forma e propõe imediatamente um novo trabalho, que submete a dura prova o cérebro fatigado dos alunos. Em nenhum momento pensa em recuperar a forma; seus melhores alunos também não, pois estão prontos e disponíveis enquanto os outros estão sufocados. O professor se enerva, explode e pune. Não leva em conta a fadiga de uma parte dos alunos, dos que estão decepcionados com seus resultados, os que deram tudo para ter sucesso... Encaminha-se para o conflito, a desconcentração, os problemas.

Depois do esforço muscular, os professores de educação física cuidam de fazer que seus alunos voltem à forma. Não convém deixá-los ir embora sem acompanhar seu retorno à calma. Essa retomada da forma consiste antes de tudo em oxigenar o organismo fazendo exercícios que restaurem o sistema cardiovascular. Além disso, é preciso cuidar da musculatura e restaurá-la. Empregam-se duas modalidades, a branda e a dura, dependendo do tipo de personalidade dos alunos. A modalidade branda consiste em fazer alongamento, enquanto a dura visa tonificar e reforçar. Ambas descarregam a energia negativa e devolvem energia para investir em outra coisa.

Que fazer na classe?

O professor que percebe a fadiga causada por uma atividade prolongada se beneficiará se organizar uma atividade pouco exigente durante alguns minutos antes de começar um novo trabalho que requeira muita atenção: propor exercícios de relaxamento, aceitar um pouco de bagunça, dar tempo para que os alunos organizem suas coisas ou verifiquem no livro o que deveriam ter respondido na avaliação, tranqüilizar rememorando a tabuada dada no começo, fazer um pouco de humor, começar a outra atividade por um exercício fácil e estimulante... e perdoar as manifestações de raiva contra si mesmo... e contra os outros quando se percebem os próprios erros!

UMA PEDAGOGIA DO EQUILÍBRIO: NEM DE MAIS NEM DE MENOS

Os professores de boa vontade podem desanimar diante da abundância de conselhos dados neste livro para levar em conta as necessidades dos alunos e garantir-lhes ao mesmo tempo o bem-estar corporal e mental. Para ter sucesso com suas classes, os mais motivados correm o risco de esquecer suas próprias necessidades, comprometendo assim seu próprio humor e sua própria saúde. O professor que fez demais tende a se estressar e a ficar estafado. Ele não tarda a se decepcionar; incapaz de motivar todos os alunos, mostra-se mais irritadiço que de costume. Por outro lado, o professor que continua a ensinar da maneira tradicional, sem levar em conta a evolução e as mudanças da sociedade, prepara situações de conflito e de violência na classe. Por isso um professor responsável implanta mudanças razoáveis, que pode aplicar sem esforço excessivo, e que tragam benefícios para os alunos. Nem mudanças em demasia nem alterações muito raras: é preciso encontrar o equilíbrio.

Ao professor que está bem consigo mesmo...

Quem deseja praticar uma pedagogia do equilíbrio e **criar assim um ambiente favorável ao desenvolvimento** dos alunos **se beneficia se**

se conhece e se aprecia a si mesmo com suas qualidades e defeitos, a fim de poder tomar distância e ser menos vulnerável às zombarias, críticas e alterações de humor dos alunos.

"Amar a si mesmo é iniciar uma bela história de amor que vai durar a vida inteira", dizia Oscar Wilde. Amando-se a si mesmo, o professor se torna amável pelos outros e capaz de amar os outros... Estabelece assim uma relação calorosa e confiante que favorece a aprendizagem.

Essa predisposição a estar **bem consigo mesmo lhe dá melhores condições de escutar** seus alunos, **aceitar** suas observações, **suportar o confronto diante do erro** sem ter vergonha, sem se sentir culpado e **decidir fazer uma mudança** para responder à realidade: organizar pausas curtas, permitir o movimento e os deslocamentos, identificar a fadiga, falar menos, adotar uma gestualidade eficaz, desculpar-se quando se enganou ou quando foi demasiado rigoroso, ser capaz de perceber um gesto, uma mímica agressiva sem ser notado, extrair disso as conseqüências e, assim, desanuviar a situação.

... Nem demasiado psicólogo, nem demasiado ergônomo

O equilíbrio sugere igualmente não chegar a excessos de intervenções em nome da psicologia ou da ergonomia.

Certos professores desmobilizam seus alunos e os põem em má situação conferindo-lhes o papel de vítimas. Para evitar chocar ou traumatizar os alunos, aceitam todos os exageros e praticam a indulgência. Criam assim um clima de insegurança e de injustiça no interior da classe. Sendo a lei diferente de acordo com o caso, os alunos mais espertos se aproveitam, manipulam e obtêm o que querem. Não são os que sofrem que mais se beneficiam disso.

Outros importunam e desconcentram os alunos que não adotam a posição ideal à mesa. Em nome da ergonomia, declaram guerra à má postura, às costas arqueadas, à nuca inclinada, aos pés mal-assentados no chão... Essas admoestações excessivas irritam profundamente certos alunos e provocam atitudes deficientes adotadas voluntariamente a fim de criar conflito, irritar o professor e fazer os companheiros rirem.

"O melhor é inimigo do bem": buscando a perfeição, ele consegue destruir o ambiente do grupo.

O professor desejoso de ter sucesso em seu ofício mantém sempre em mente o objetivo de sua profissão: ele tem de dar uma aula — e portanto transmitir conhecimentos e levar à aprendizagem — num tempo limitado (55 minutos), num local determinado, com um grupo de alunos (mais ou menos 30) de níveis heterogêneos.

Durante esses 55 minutos, ele pode escolher o tipo de pedagogia, o nível de comunicação, a organização das mesas, a mobilidade dos alunos e as atividades; mas também deve transmitir um saber, levar à aquisição de habilidades, para terminar seu programa a tempo a fim de permitir aos alunos enfrentar o ano seguinte com as melhores oportunidades de sucesso.

Por isso, tudo o que se disse neste livro não passa de um meio para alcançar com mais facilidade essa meta, não devendo ser utilizado como um fim em si.

ALUNOS EM FORMA E MOTIVADOS

Sem esquecer o objetivo pedagógico, é no entanto útil ter idéias e pistas para tornar sua aula variada e adaptar-se aos alunos. Linda Williams[15] emprega uma metáfora para falar da relação da criança com a escola e o saber: ela diz que toda criança que chega à escola está ávida de conhecimentos. Ela se instala à mesa como no restaurante e espera o menu. Mas, que pena, nenhum prato lhe convém e ela se vê obrigada a deixar a escola permanecendo com fome! Será a cozinha moderna mais atraente que a tradicional? Tudo depende da arte do cozinheiro e da atenção que ele dá ao cliente. **Os bons pedagogos não são os que fazem as coisas da moda... mas os que criam a harmonia entre o professor, o grupo e o ensino dispensado**. Sabem motivar os alunos mantendo atenção suficiente para impeli-los a trabalhar e a descobrir coisas novas. Eles os tonificam fisicamente, descontraem os que estão rígidos e bloqueados e estimulam os que estão acabrunhados e sem energia. O tônus corporal dos alunos na classe reflete o estilo do pedagogo — autoritário, rotineiro, confuso ou dinâmico, estimulante, comunicativo...

15. L. Williams, *Deux cerveaux pour apprendre*, Paris, Les éditions d'Organisation, 1996.

CONCLUSÃO

No momento em que a sociedade se inquieta com justa razão diante das crescentes dificuldades dos jovens para se inserir no mundo do trabalho, em que nos alarmamos ao ver aumentar consideravelmente o número de excluídos e os fenômenos de violência que disso decorrem, torna-se impossível fechar os olhos aos pesos mortos e à impropriedade de certas práticas perpetradas na Educação Nacional, ainda que se tenha constatado sua ineficácia.

A sociedade evolui, a escola se altera notavelmente em seus ensinamentos, adapta-se, com certa flexibilidade, à revolução das técnicas — é assim que vamos assimilando rapidamente a multimídia —, pensando melhorar os métodos de trabalho, sem no entanto levar em conta o desenvolvimento e o bem-estar de cada um. Por isso a comunicação interpessoal e os ritmos escolares revelam-se inadequados aos ritmos biológicos apesar dos gritos de alerta dos cientistas.

Daí decorre uma situação paradoxal: a maioria dos jovens tem maturidade e recebe informações sobre todos os assuntos numa idade cada vez mais precoce; os publicitários e os políticos os solicitam e cortejam porque conhecem sua influência sobre as decisões tomadas pelos pais em termos de investimentos e de escolhas sociais. Por outro lado, esses jovens são mantidos um tempo cada vez maior na escola para retardar sua entrada no mercado de trabalho e evitar que passem pela dura experiência do desemprego ao lhes conceder a oportunidade de uma qualificação sólida. Nesse ambiente protetor, eles são muitas vezes privados de direitos que lhes são reconhecidos na família e na sociedade. Eles devem se calar, permanecer imóveis numa sala pouco confortável, obedecer sem discutir. Têm às vezes a impressão de que só terão direito a se exprimir se seu discurso atender às expectativas de seus professores. Suas observações, a seus olhos judiciosos, são com freqüência interpretadas como críticas ou tentativas de desestabilização por seus professores. Verdadeira ou falsa, essa situação paradoxal afeta os que não têm tanta segurança, fazendo que se inibam ou se revoltem. Decepcionados, mal consigo mesmos, eles entram no ciclo da resistência, da agressividade e da violência: estão "em dificuldades", segundo a fórmula consagrada.

Todos sabem o que é preciso fazer, mas o peso da educação oficial, o medo da mudança manifesto pelos administradores bloqueiam os avanços globais e espetaculares. No entanto, iniciativas numerosas e notáveis provam que muitos professores estão prontos a considerar esse paradoxo e a agir levando em conta as necessidades fisiológicas e a maturidade dos alunos: é preciso fazer nas escolas brasileiras um emprego do tempo que considere os ritmos biológicos. Muitos professores atribuem responsabilidade aos alunos e favorecem os contatos com profissionais, dedicando parcelas de tempo ao desenvolvimento da criatividade em seus alunos.

Este livro deseja ajudá-los a continuar nesse caminho dando-lhes algumas pistas para agir de outra maneira com suas classes num contexto ainda pouco sensibilizado por essas novas preocupações nascidas da evolução de nossa sociedade.

ANEXOS

1 O mobiliário escolar

► **Para executar um trabalho em boas condições**, deve-se estar instalado de maneira que se respeitem os seguintes pontos:

- proteção da curva lombo-sacral;
- mudança de posição possível;
- altura do assento compatível com o comprimento da perna;
- respeito aos ângulos de conforto.

► **É importante saber que**:

- um assento muito alto com relação à superfície de trabalho envolve uma posição "para a frente" que suprime a curvatura lombar e tensiona os músculos;
- uma superfície de trabalho muito alta provoca problemas de visão;
- uma posição conveniente para escrever não convém para escutar:
  — para a escrita, o corpo se inclina para a frente;
  — para a escuta, a melhor posição (dita de conferência) consiste em inclinar ligeiramente o corpo para trás.

► **Constata-se** que os jovens têm hoje uma altura média maior que no passado. A partir dessa constatação, conclui-se que precisam de cadeiras e mesas mais altas.

- As pesquisas antropométricas e ergonômicas provam o contrário. Com efeito, é menos nocivo para um aluno estar sentado numa cadeira muito baixa (o ângulo formado pelas coxas é mais fechado e os pés repousam no solo) do que numa cadeira muito alta que lhe impeça o contato com o chão.
- Os fabricantes que levam em conta as normas ergonômicas estabeleceram os padrões a seguir para a altura das mesas e cadeiras levando em conta o tamanho do aluno:

Tamanho do aluno	Altura das mesas	Altura das cadeiras
de 0,96 m a 1,11 m	46 cm	26 cm
de 1,12 m a 1,27 m	52 cm	30 cm
de 1,28 m a 1,42 m	58 cm	34 cm
de 1,43 m a 1,57 m	64 cm	38 cm
1,58 m e mais	75 cm	42 cm

► **O desconforto é maior nas seguintes condições:**

- se a mesa é muito alta e os pés do aluno não tocam completamente o chão;
- se a cadeira tem o assento excessivamente profundo: o aluno tende a escorregar, e uma compressão dolorosa se instala no nível dos joelhos;
- se o espaldar é muito alto: o aluno tem a barra de sustentação no meio das costas quando ela deveria agir como contenção das vértebras lombares;
- se a cadeira está fixada à mesa: o aluno não pode adaptar-se, tendendo a se curvar;
- se o assento da cadeira é de forma arredondada: o aluno escorrega para trás, sobretudo se a cadeira é de plástico.

2 O sociograma: um exemplo numa classe de Ensino Fundamental

A senhora P. Castagnoni, professora de uma classe na escola primária do bairro da Motte-Piquet Grenelle, em Paris, aceitou aplicar um teste sociométrico a seus alunos. No quadro de uma pesquisa sociológica, Sabine Chalvin aplicou o teste duas vezes aos 24 alunos da classe; a primeira em novembro e a segunda em janeiro.

Apresentamos aqui, para fins de exemplificação, os resultados da primeira aplicação (a meta proposta é a da primeira atividade). A professora escolhe três atividades que costuma propor à sua classe nesse período do ano; a pesquisadora, instalada num canto da classe, chama sucessivamente todos os alunos e apresenta as três perguntas a seguir a cada um individualmente:

1. "Você ouviu a história do esquilo; diga o nome de três colegas com os quais você adoraria representar essa história."
2. "Você vai fazer sua ficha de leitura da semana; dê o nome de três colegas com os quais gostaria de realizá-la."
3. "Observe esta folha; ela tem uma série de desenhos. Dê o nome de três colegas com os quais você gostaria de contar uma história a partir desses desenhos."

Os resultados obtidos são relatados na tabela A, de dupla entrada. Ela permite contar o número de escolhas que cada aluno fez e de que foi objeto. A tabela apresenta os nomes de todos os alunos classificados por ordem alfabética de sobrenome (de que só se indica a inicial). As escolhas estão registradas nos pequenos retângulos.

- — No eixo das ordenadas, indicam-se as escolhas feitas (emissor);
- — e, no das abscissas, as escolhas recebidas (receptor).
- — Um retângulo vazio significa que o aluno nunca foi escolhido por um colega.

— Um retângulo com um número significa que o aluno foi escolhido para uma ou várias atividades. Aqui, o primeiro número corresponde à história do esquilo, o segundo, à ficha de leitura e o terceiro, à história a contar.

O número "1" significa que o aluno foi escolhido; o "0", que não o foi.

Exemplo: *Lenny escolheu Éric para a primeira atividade, porém não para as duas outras: inscreve-se "100" no retângulo.*

— Quando a escolha foi recíproca, o número é indicado em negrito.

Exemplo: *Lenny escolheu Éric para a primeira proposição, e Éric também a escolheu para essa atividade: inscreve-se "**100**".*

— As escolhas serão visualizadas, por atividade, num diagrama chamado *meta* em que será empregada a mesma convenção da tabela A para indicar as escolhas recíprocas (número em negrito da tabela A = escolha recíproca = flecha dupla espessa na meta).

Exemplo: *Desenha-se na meta:* 

TABELA A – Escolha de alunos para as três atividades propostas

EMISSOR \ RECEPTOR	Lenny A.	Aurélie B.	Éric B.	Darius C.	Arnaud C.	Sébastien C.	Lorraine D.	Karine D.	Adèle D.	Adrian F.	Sabrina F.	Grégory G.	Romain G.	Paul-Édouard G.	Jonathan H.	Benoît L.	Maïka L.	Julien N.	Alexandre P.	Jonathan R.	Manuela S.	Sarah T.	Johan T.	David S.
Lenny A.			100	100	010	001			001			001	010	100										010
Aurélie B.	010									101			111				010			101				
Éric B.	111			101										111					010					
Darius C.	110		111											111						001				
Arnaud C.						100					001		010	010	100	100		001					001	010
Sébastien C.									111										111	111				
Lorraine D.	010		010					001	001	100			100				010				001	100		
Karine D.		110								110				111							001	001		
Adèle D.							101	010		100				010							011	101		
Adrian F.	011		001	101									100			010						010		100
Sabrina F.		010					001	100	011	010							100				100	001		
Grégory G.	100		001										010	010					111	100			001	
Romain G.		100		001			100		100	001				001			010				010	010		
Paul-Édouard G.	100		111	111											011									
Jonathan H.			010	100	101								010	101		011								
Benoît L.	001			010	100								100	010				010	101					001
Maïka L.	101	110				100							010		001	011								
Julien N.			010		100						001			100		001			100	010			001	010
Alexandre P.						111			101							010				111				
Jonathan R.		100				101			001	010						010			111					
Manuela S.							101	010	111		100											011		
Sarah T.	010		100				101	001	100	010				010							001			
Johan T.	010		101	010	111													101						
David S.	001	010		001	100					010				100				100		011				
Total das escolhas	**575**	**440**	**555**	**535**	**522**	**413**	**404**	**122**	**537**	**452**	**101**	**001**	**461**	**785**	**112**	**153**	**130**	**212**	**544**	**445**	**124**	**234**	**003**	**131**

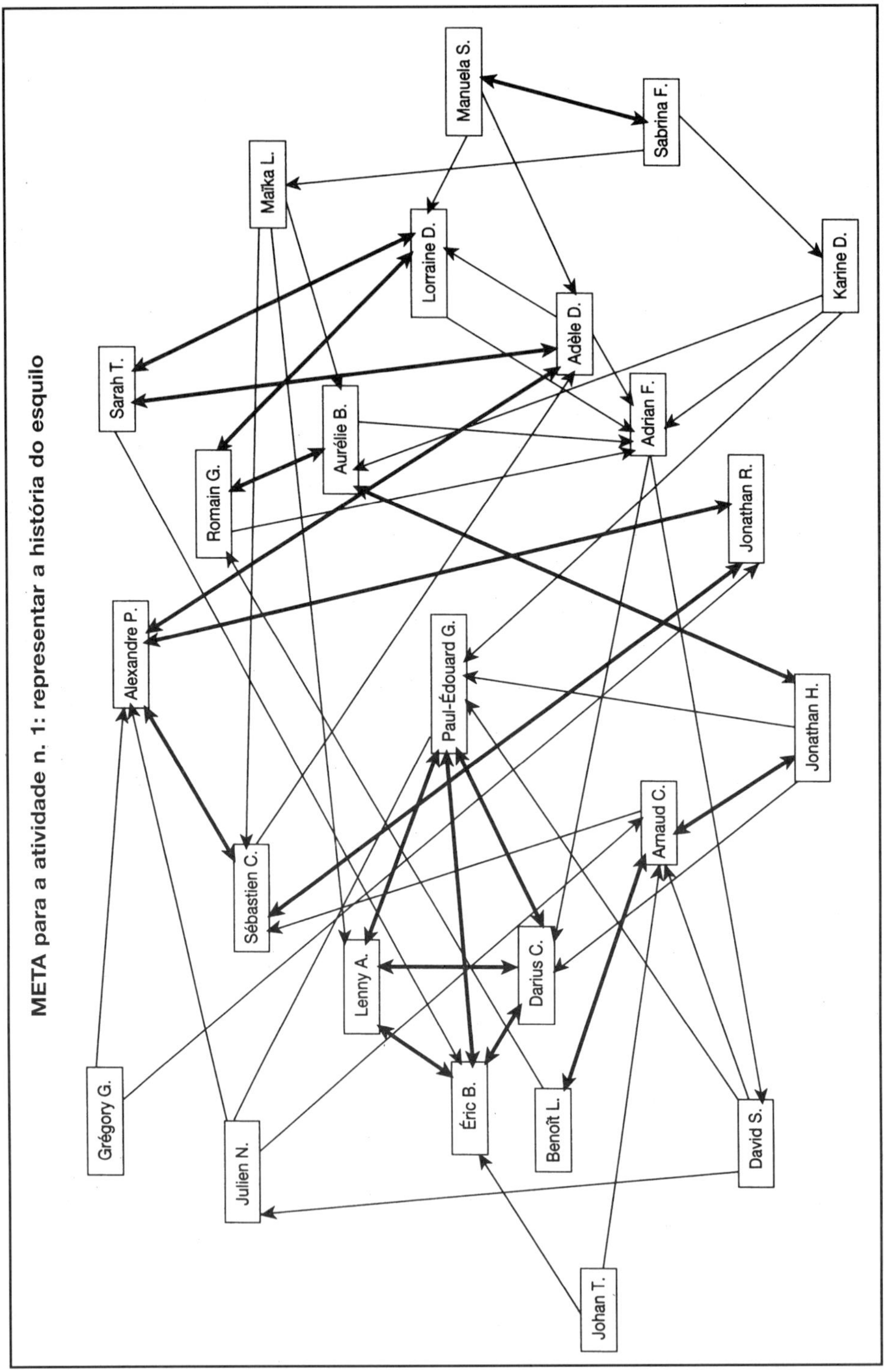

META para a atividade n. 1: representar a história do esquilo

TABELA B – Líderes e rejeitados com relação às três atividades propostas

Nomes	Escolhas recebidas	Número de colegas escolhidos	Escolhas recíprocas
Lenny A.	17	9	3
Aurélie B.	8	5	3
Éric B.	15	4	6
Darius C.	13	4	6
Arnaud C.	9	9	3
Sébastien C.	8	3	5
Lorraine D.	8	9	4
Karine D.	5	5	1
Adèle D.	15	6	4
Adrian F.	11	7	1
Sabrina F.	3	8	1
Grégory G.	1	7	0
Romain G.	11	9	3
Paul-Édouard G.	20	4	8
Jonathan H.	4	6	2
Benoît L.	9	8	1
Maïka L.	4	6	2
Julien N.	5	9	1
Alexandre P.	13	4	6
Jonathan R.	13	6	6
Manuela S.	7	5	5
Sarah T.	9	8	5
Johan T.	3	5	2
David S.	5	8	0

— Para facilitar a análise, os resultados da tabela A são sintetizados na tabela B, na qual se indica, para cada aluno, o número de vezes em que foi escolhido, o número de colegas diferentes que ele escolheu e o número de vezes em que suas escolhas foram recíprocas.

- Nessa classe, composta de 16 meninos e 8 meninas, observa-se a imposição do domínio dos meninos nas relações. De fato, se representam dois terços do contingente total, obtiveram 72,7% dos votos, enquanto as meninas, menos numerosas (um terço do contingente), só obtêm 27,3%, seis pontos menos do que teriam obtido se a paridade tivesse sido respeitada.
- Pode-se observar igualmente que o tema da atividade altera os agrupamentos e influencia as escolhas.
- Contudo, para além dessas variações, é possível observar constantes:
  — a presença de três líderes: Paul-Édouard, Lenny e Adèle;
  — o isolamento de um certo número de alunos, particularmente Grégory, David e Sabrina;
  — grupos solidamente constituídos que aparecem com as escolhas recíprocas, apenas entre os meninos: Éric, Darius e Paul-Édouard; Sébastien, Alexandre e Jonathan R.
- Também é interessante indicar o número de colegas escolhidos:
  — alguns são particularmente exclusivistas, escolhendo sempre os mesmos; esse tipo de escolha mostra a existência de pequenos grupos que podem envolver toda a classe por sua adesão, mas que também é fonte de rigidez e de exclusão. Esses grupos correm o risco de se opor uns aos outros ou de se fechar numa relação que os satisfaz sem se comunicar com os outros alunos.
  — Os dois líderes, Lenny e Paul-Édouard, são exemplares quanto a isso: Paul-Édouard é mais exclusivista, menos aberto que Lenny.
  — Lenny e Adèle serão as duas aliadas da professora para abrir o conjunto da classe a uma melhor socialização.

Observação

A pesquisa sociométrica necessita ser claramente **apresentada** de maneira que os alunos compreendam **os objetivos** do seu professor. Este deve de início se comprometer a respeitar a lei do silêncio e anunciar claramente que os resultados não serão comentados diante da classe. Trata-se de uma **pesquisa confidencial** que ajuda o professor a **melhorar o clima da classe** e melhor **organizar os trabalhos em grupo**. Claro que não é desejável revelar a alguns alunos que eles são rejeitados pela maioria quando o objetivo visado é a melhoria do clima da classe!

3 O lugar na classe

Questionário para o professor

Cada qual tem seus hábitos. Certos professores são estáveis e organizam a classe à sua maneira. Outros são mais flexíveis e menos diretivos na contenção da classe. Onde se situa você? Responda "sim" ou "não" a cada uma das perguntas a seguir.

		SIM	NÃO
1	Imponho lugares na classe.		
2	Ponho os alunos em ordem alfabética.		
3	Distribuir os alunos me permite vigiá-los melhor.		
4	Eu não gostaria que me impusessem um lugar; por isso, não atribuo lugares a meus alunos.		
5	A meu ver, não há lei na escolha do lugar na classe para os alunos; encontramos agitados, desmotivados e enganadores em todos os lugares.		
6	Dou aulas por trás da minha escrivaninha, entre meu material e a lousa.		
7	Na classe, cada qual tem seu lugar; eu fico no meu.		
8	Eu adoraria impor um lugar a cada um, mas não me atrevo a fazê-lo.		
9	Mudo os lugares regularmente, em datas predeterminadas.		
10	Desconfio dos alunos que vão para o fundo da classe; eles causam todos os problemas.		
11	Distribuir os alunos me permite ter calma.		
12	Falta-me organização e não consigo distribuir os alunos na classe.		
13	Circulo bastante na classe.		
14	A meu ver, os alunos não gostam que o professor circule na classe.		

		SIM	NÃO
15	Os alunos que ficam na frente são os alunos esforçados que desejam ser bem-sucedidos.		
16	Impor um lugar ao aluno é lesar sua liberdade.		
17	Aceito mudar um aluno de lugar caso ele queira.		
18	Distribuir os alunos me facilita a vida.		
19	Evito distribuí-los, sou distraído(a) e me esqueço de vigiá-los e de chamar sua atenção.		
20	Quando faço uma avaliação, divirto-me em observar as mudanças de lugar. Eu não deixo de vigiá-los, mas sem excesso.		
21	Gostaria de circular na classe, mas tenho medo de que eles façam bobagens.		
22	Quando me sento ao lado de um aluno, ele fica surpreso, mas em geral aprecia.		
23	A vantagem do plano de classe é identificar rapidamente os agitados e impedi-los de destruir o ambiente da classe.		
24	Nunca deixo de consultar o programa e cuido para que os alunos o respeitem.		
25	Os alunos têm o direito de mudar de lugar de uma aula para a outra. Eles são sensíveis ao ambiente e à vizinhança, e eu respeito isso!		
26	Distribuir os alunos me permite memorizar rapidamente os nomes e sobrenomes.		
27	Os que impõem um lugar aos alunos são rígidos e não compreendem nem um pouco a juventude.		
28	Costumo me sentar no fundo da classe quando interrogo um aluno na lousa. Isso os impressiona. Posso vigiá-los melhor!		
29	Andar pela classe me permite ver os alunos sob outro aspecto e a classe sob outro ângulo. É instrutivo.		
30	Não suporto a idéia de vigiar o ambiente em que se instala um aluno. Eles precisam de liberdade!		

Se você respondeu "sim" às perguntas:

3, 6, 7, 10, 14, 15, 23, 24, 28.

Você não tem descontração, e seu estilo, muito diretivo, impõe aos alunos uma imobilidade e uma tensão corporal sem dúvida excessivas para muitos deles. Dê-lhes um pouco mais de liberdade; eles não vão lhe tirar a autoridade e serão mais acessíveis àquilo que você lhes ensina.

Se você respondeu "sim" às perguntas:

1, 2, 5, 9, 11, 17, 18, 20, 22, 26, 29.

Você permite aos alunos viver num clima de segurança na classe sem demasiadas restrições corporais. Você instaura um bom clima e um ambiente favorável ao trabalho.

Se você respondeu sim às perguntas:

4, 8, 12, 13, 16, 19, 21, 25, 27, 30.

Interrogue-se sobre os limites que instaura na classe e entre você e seus alunos. Eles correm o risco de se cansar por falta de leis claras... Dê atenção às contradições e aos duplos vínculos.

Como temos aqui antes um questionamento que um teste, se suas respostas se distribuírem entre as três categorias, considere as perguntas como um modo de organizar a reflexão.

Se quiser que seu grupo seja aberto e acessível a esse tipo de exercício, dê o questionário aos alunos e peça-lhes que respondam por você... Eles lhe revelarão assim a imagem que têm de você; é outra maneira de refletir sobre seu relacionamento na classe.

► Questionário para o aluno

Este questionário, aplicado no início do ano pelo diretor ou por quem o desejar, permite identificar os hábitos dos alunos, sua noção de território e sua necessidade de limites, bem como compreender os valores que eles atribuem aos lugares na classe.

Aplique o questionário aos alunos acompanhado do plano de classe, em que cada lugar é identificado por um número.

1. Responda às perguntas indicando o (ou os) número(s) de lugares correspondentes do plano:

   - Os melhores lugares são:
     - em sua opinião: nº ....
     - na opinião de seus professores: nº ....
   - Qual é seu lugar preferido: nº ....
   - Que lugar você detesta mais: nº ....
   - Qual o lugar em que você trabalha melhor: nº ....
   - Você gosta de mudar de lugar? Sim ☐ Não ☐
     (Faça um X na sua opção)
   - Você prefere *(Faça um X na sua opção)*:
     - os professores que impõem um lugar na classe ☐
     - os professores que deixam os alunos livres para escolher seu lugar a cada aula ☐

2. Por que você gosta de mudar de lugar?
   (Faça um X diante das razões que já o fizeram querer mudar de lugar. Escolha todas as que quiser)
   - Para ficar perto do professor ☐
   - Para ficar diante da lousa ☐
   - Para fazer as tarefas ☐
   - Para escutar ☐
   - Para me fazer ouvir ☐
   - Para ficar ao lado da porta ☐
   - Para ficar ao lado da janela ☐
   - Para ver a classe ☐
   - Para ver o professor ☐
   - Para ficar aquecido ☐
   - Para ter ar ☐
   - Para evitar um colega ☐
   - Porque não gosto do meu vizinho ☐
   - Porque não sei nada dessa matéria ☐
   - Porque não quero repetir ☐
   - Porque vão fazer algo que não me interessa ☐
   - Porque vai haver uma avaliação ☐
   - Porque não gosto do professor ☐
   - Porque gosto do professor ☐
   - Porque quero descansar; não estou bem ☐

- Este questionário deve ser adaptado em função do plano da classe ou do tipo de classes (primário, ginásio, colégio).
- No primário, algumas classes têm vários "cantos"; o professor pode então orientar seu questionário para os lugares privilegiados para cada atividade proposta:
  - — Para onde vou quando leio sozinho
  - — Para onde vou quando trabalho
  - — Para onde vou quando desenho ou faço atividades de despertar
  - — Para onde vou quando pretendo relaxar
- O professor que julga importante ter a opinião dos alunos sobre o lugar na classe tem condições de usar as respostas a este questionário para adaptar o plano da classe (mudança de mesas e cadeiras); evitar a distribuição autoritária dos alunos ou, pelo contrário, distribuí-los quando eles pedem muito que você o faça e quando isso pareça garantir uma maior segurança; condenar um lugar julgado indesejável pela maioria (se o número de mesas for suficiente...).

O professor aprende bastante sobre a socialização dos alunos e sobre suas concepções do limite por meio desse questionamento sobre o lugar.

4 Mensagens não-verbais e juízos de valor

Os exercícios a seguir permitem a prática do autodiagnóstico ao professor que se interroga sobre as mensagens que induz por seu comportamento e sobre os juízos de valor que o influenciam.

IDENTIFICAR OS "TIQUES" DE COMPORTAMENTO

- Influenciamos fortemente os outros por meio do nosso comportamento não-verbal; um menear de cabeça, um estalar de dedos, cenho franzido, um dedo estendido são proibições ou sinais que trazem um julgamento, orientam ou bloqueiam nossas intenções de ação. Identificando nossos sinais não-verbais, podemos encontrar o código ideal para transmitir regras de comportamento e compreender os bloqueios que produzimos nos outros sem querer.
- Para praticar essa identificação, é sempre interessante perguntar aos outros sobre a imagem que transmitimos. Não convém perguntar diretamente aos alunos, que podem ser ferinos e se aproveitar da situação. Em contrapartida, um ex-aluno com quem se manteve contato mas sobretudo um (ou uma) colega e amigo(a) prestam um grande serviço. Suas observações sinceras e circunstanciadas permitem corrigir um ligeiro "defeito": "Sou demasiado severo(a) ou estrito(a)?"; "Sou demasiado descontraído(a)?"; "Que aspecto preciso mudar?"

IDENTIFICAR SEUS JULGAMENTOS NEGATIVOS SOBRE OS ALUNOS

Todo professor, sobretudo quando está cansado, emite juízos sobre os alunos, a juventude, as condições de ensino às vezes desesperadoras. Esses julgamentos influenciam a maneira pela qual nos comunicamos com os alunos.

Eis uma lista de frases negativas sobre os alunos. Continue esta lista completando-a com suas próprias reações. Depois de desabafar quanto quiser, pegue um papel e escreva nele todos os julgamentos positivos que a juventude atual lhe inspira... Se se vir bloqueado(a) nesse segundo tempo, procure um(a) amigo(a) que o ajude a restaurar a seus olhos a imagem dos jovens que estão a seu cargo a fim de lhe dar energia e não bloquear a dos alunos.

— Eles passam dos limites.
— São grosseiros.
— São agitados.
— Não param quietos.
— Já não conseguem se concentrar.
— Não sabem se comportar.
— Só pensam em se divertir.
— Não sabem escutar.
— Não trabalham seriamente.
— Enganam a todos.
— Copiam dos livros sem nada compreender.
— Falta-lhes maturidade...

IDENTIFICAR OS COMPORTAMENTOS INSUPORTÁVEIS DURANTE AS AULAS

Eis as reprovações mais freqüentemente expressas a propósito de comportamentos negativos dos alunos durante as aulas.

Elabore sua própria lista de coisas irritantes, enervantes, cansativas e que provocam seu descontrole na classe. Escreva até acabar a irritação. Registre em seguida os comportamentos ocasionais e que têm pouca incidência sobre a realização de sua aula. Dentre os mais irritantes, procure definir se se orientam contra você e contra a sua autoridade ou são mais simplesmente sinais canhestros de expressão da fadiga.

Eu não suporto:

— que os alunos se agitem
— que eles se virem
— que olhem pela janela
— que se espreguicem

— que bocejem
— que me interrompam
— que falem com o vizinho quando estou falando
— que fiquem amolecidos em sua mesa
— que se divirtam com seu material durante as correções
— que façam barulho com os pés
— que desenhem quando explico...

IDENTIFICAR AS EXIGÊNCIAS IMPRÓPRIAS FEITAS AOS ALUNOS

• *Faça o que eu digo mas não faça o que eu faço...*

O professor de modo geral considera que o aluno deve adotar, para trabalhar, atitudes corporais precisas e restritivas. Porém, por sua vez, ele se permite uma certa descontração para preparar as aulas e corrigir os exercícios.

A tabela a seguir revela as contradições que existem às vezes entre o comportamento pessoal do professor e as instruções rigorosas que ele dá aos alunos.

Para fazer seu trabalho pessoal em casa	
O que faz o professor	**O que ele desaconselha aos alunos**
Fico sozinho(a) no meu canto.	Trabalhar em meio ao ruído e perto da família.
Abro a janela para ouvir o canto dos pássaros.	Escutar os amiguinhos jogar futebol na rua através da janela aberta.
Escuto música.	Escutar música, *walkman*.
Instalo-me na minha mesa com uma xícara de café, de chocolate.	Comer ou beber à mesa de trabalho.
Às vezes me estico na poltrona para corrigir exercícios.	Trabalhar descontraído na cama para fazer seus deveres.
Levanto-me e ando, faço alguma outra coisa e volto depois de me descontrair...	Recitar as lições saltitante ou andando pelo cômodo. Ir e vir no apartamento...

Considerando aquilo que nos ensina a técnica do cérebro direito e do cérebro esquerdo, o professor adapta seus conselhos à personalidade dos alunos perguntando-lhes quais são as condições em que eles trabalham com maior eficácia.

BIBLIOGRAFIA

(A maioria das obras de referência é citada nas notas de rodapé.)

AJURRIAGUERA, J. de; AUZIAS, M. & DENNER, A., *L'Écriture de l'enfant*, Delachaux et Niestlé, 1964.

BAUDELOT, R. & ESTABLET, R., *L'Ecole primaire divisée*, Paris, Maspero, 1975.

BERGER, L., *Un sociologue retourne à l'école*, Le Centurion, 1976.

BERNARD, M., *Le Corps*, Édition universitaire, J.-P. Delage, 1976.

BERTHERAT, T. & BERNSTEIN, C., *O correio do corpo. Novas vias da antiginástica*, São Paulo, Martins Fontes, 9ª ed., 1995.

BERTHERAT, T., *O corpo tem suas razões*, São Paulo, Martins Fontes, 18ª ed., 1998.

——, *Dê saúde a seu corpo — a saúde pela antiginástica*, São Paulo, Martins Fontes, 1978.

BETTELHEIM, B., *Un lieu où renaître*, R. Laffont, Réponses, 1975.

CHARTIER, A.-M. & HÉBRARD, J., *L'Éducation en France: l'enfant à l'école*, Paris, Nathan, 1977.

CHOMBART DE LAUWE, P. H., *La Culture et le pouvoir*, Paris, Stock, 1975.

DENNIS, D., *Le Corps enseigné*, Paris, Édition universitaire, 1974.

DENNISON, P. e G., *Le Mouvement, clé de l'apprentissage, kinésiologie éducative*, Le Souffle d'or, 1994.

——, *Ginástica cerebral*, s. l., Século XXI, s.d.

DUFRENNE, H., *La Personnalité de base*, Paris, PUF, 1972.

ELBAZ, F., *La Bio-énergie*, Paris, Retz, 1979.

FOUCAULT, M., *Vigiar e punir*, Petrópolis, Vozes, 22ª ed. 2000.

GROOTAERS, D., *La Condition scolaire et l'échec*, Contradictions, 1980.

IMBERT, A.-M. e F., *L'École à la recherche d'une autorité*, Paris, Armand Colin, 1973.

LAVIER, J. A., *Médecine chinoise, mé decine totale*, Paris, Grasset, 1978.

——, *Micromassagem chinesa*, s. l., Andrei, s.d.

LENTIN, L., *Du parler au lire*, Paris, ESF, 1978.

MARC, V. e O., *L'Enfant qui fait naître*, Paris, Seuil, 1981.

MESMIN, G., *L'Enfant, l'architecte et l'espace*, Paris, Casterman.

MIRANDA, E. E. de, *O corpo: território do sagrado*, São Paulo, Edições Loyola, 2ª ed. 2000.

MOLES, A. & ROHMER, E., *Psychologie de l'espace*, Paris, Casterman.

MONTAGNER, H., *L'Attachement, les débuts de la tendresse*, Paris, Seuil.

——, *L'Enfant, l'animal et l'école*, Paris, Bayard, 1994.

MONTAGU, A., *Tocar, o significado humano da pele*, São Paulo, Summus, 5ª ed. 1988.

PERLS, F., *Rêve et existence en Gestalt thérapie*, EPI, 1976.

PIAGET, J., *A linguagem e o pensamento da criança*, São Paulo, Martins Fontes, 5ª ed. 1999.

PINCHAUD, A., *Ces normaux inadaptés, des enfants que l'école n'intéresse plus*, Paris, Fleurus, 1972.

PUJADE, RENAUD C. & ZIMMERMANN, D., *Voies non verbales de la relation pédagogique*, Paris, ESF, 1976.

REICH, W., *Análise do caráter*, São Paulo, Martins Fontes, 3ª ed., 1988.

SOUZENELLE, A. de, *O simbolismo do corpo humano,* São Paulo, Pensamento, 3ª ed., 1994.

SPITZ, R. A., *O não e o sim — a gênese da comunicação humana*, São Paulo, Martins Fontes, 3ª ed., 1998.

VERMEIL, C. e G., *Le Lièvre et le tourtue*, Paris, Stock, 1986.

VIGNAUX, G., *Les Sciences cognitives, une introduction*, Paris, La Découverte, 1992.

WALLON, H., *A evolução psicológica da criança,* Lisboa, Edições 70, s.d.

WALLON, H. & LURCAT, L., *Espace postural et espace environnant*, Enfance, 1962.

Edições Loyola

Editoração, Impressão e Acabamento
Rua 1822, n. 347 • Ipiranga
04216-000 SÃO PAULO, SP
Tel.: (0**11) 6914-1922